東日本大震災からのスタート

LESSONS
FROM THE 2011 GREAT
EAST JAPAN EARTHQUAKE

災害を考える51のアプローチ

51 APPROACHES
TO DISASTER SCIENCE

［編］東北大学災害科学国際研究所
EDITED BY INTERNATIONAL RESEARCH INSTITUTE OF DISASTER SCIENCE (IRIDeS), TOHOKU UNIVERSITY

東北大学出版会
TOHOKU UNIVERSITY PRESS, SENDAI

51 Approaches to Disaster Science :

Lessons from the 2011 Great East Japan Earthquake

International Research Institute of Disaster Science, Tohoku University

Tohoku University Press, Sendai

ISBN978-4-86163-357-7

巻頭言　東日本大震災とは何だったのか？

災害科学国際研究所 所長

今村文彦

要約

未曾有の大被害を出した東日本大震災から 10 年が経過しようとしている。人類が経験したことのない複合災害であり、現在も影響が継続している状況も報告されている。したがって、その実態は今も未確定の部分があり学術的な連携の中で研究が進んでいる。災害科学国際研究所では従来の自然科学としての側面のみならず、人文・社会科学、災害医学・健康科学として捉え、我々が知らない姿を他面から炙り出し、かつ、将来における防災・減災にも不可欠な要点を探っている。本書の 51 のアプローチは多彩であり、今後の災害科学の基礎になると期待している。

キーワード：学際研究、多段階発生、複合災害、津波対応レベル、事前復興

第 1 節　はじめに

　2011 年 3 月 11 日午後 2 時 46 分前頃に東北地方太平洋沖で発生した地震は気象庁により平成 23 年（2011 年）東北地方太平洋沖地震と命名され、その震災名は東日本大震災となった。日本の観測史上最大〔モーメントマグニチュード（Mw）＝9.0〕の超巨大地震であり、その後に発生した津波も広域に伝播し沿岸域を含めて多大な被害を出した。各地での被害像も多様で複雑であり、時々刻々に災害像も変化していった。所謂、広域での複合型災害であり、強震、津波、液状化、地滑り、火災に加えて原発事故も含めて人類で経験のない影響を受けた。震災直後には名称も多彩であった。東北関東大震災、東日本巨大地震、3.11 大震災など捉え方により違っていたが、いまは、最も広域な名称である東日本大震災が一般に使われている。

第 2 節　地震と津波の姿

　震災から 10 年が経つ中で、当時の地震や津波の像も新たに明らかにされつつある。500 km ×200 km に渡る巨大地震は過去の固有地震の繰り返し領域で連動させ、数百年から 1 千年間蓄積された歪みエネルギーを一気に解放したと推定されている。しかも、震源から多段階の破壊過程で生じていた[1]。これに伴った巨大な津波も複雑であった。時間経過とともに、断層破壊の場所つまり津波発生も変化していった。三陸北部では、地震だけでは未だ説明できない津波の姿もある。巨大で破壊力を持った津波のメカニズムに加えて、2 日以上継続した伝播過程、

都市型と言われる黒い津波や逆流する河川津波、市街地での縮流・合流、津波火災、なども実態が少しずつ明らかにされている。従来では経験の少ない姿であるので、その実態を踏まえたハザードマップ作成や避難のあり方、復旧・復興のあり方を再検討しなければならない[2]。

第3節　被害発生のプロセス

　Mw9.0 の巨大地震と津波の発生により生じた様々な被害の様相を誘因・素因に分類しながらの整理が必要である。誘因とは災害（被害：ダメージやディザスター）を引き起こす自然力（ハザード）を、素因には地形・地盤条件など地球表面の性質にかかわる自然素因と、人口・建物・施設など人間・社会にかかわる社会的素因とに分類される。主に津波の場合には、浸水・冠水、流れ、波力の3つに誘因が分類され、素因としては、海底に加えて陸上も含み沿岸地形、土地利用形態、防護施設などがある。

　さらに、複数の現象がほぼ同時または時間経過の中で発生することによって起こる災害がある。一つの災害事象が別の災害事象の発生誘因となって災害が拡大していく場合、一次災害の拡大要因となる場合、複数の災害事象が同時に発生する場合、一つの災害事象から二次災害・三次炎害へと発展する場合などを総称して「複合型災害」と定義されるが、東日本大震災で見られた災害像はまさに広域で複合的な災害になる。

　災害の時間スケールの整理も必要である。現在でも余震活動が続き、誘発地震も含めて地震のリスクがある。また、現在も余震はあり、完全に収束はしていない中で、誘発地震も発生し、それによる被害等も発生している。さらに、断層による地殻変動や沿岸地形変化（回復）は復旧・復興にも影響を与えている。

第4節　津波対応レベル1とレベル2

　今回の悲劇を繰り返さないため、現在まで様々な取り組みが進められている。低頻度巨大災害のリスク評価や事前対策の強化と発生後のリスク回避体制、そして、回復力を高める取り組みに整理できると考える。津波についての代表的な対応が2段階津波レベルの設定であり、津波総合対策（防潮堤などのハード対策、避難などのソフト対策、地域計画）の中で、それぞれの役割整理が出来たと考えている。レベル1は数十年から百数十年に一度の津波に対し、人命に加えて地域全体を守るハードな対策であり、レベル2は、それを上回る規模の津波に対して、命を守るためのソフト対策や地域計画が中心となる。

　当時、被災地復旧の中では、施設設計（防潮堤等の配置や高さ）において安全と環境・景観との調和のあり方、地域での合意形成の進め方など課題は残されたものの、迅速な事業実施の原動力になったと考える。しかしながら、今後はレベル1の設計だけでなくその整備（施設防護）をいつ・どのような段階で実施していくかを議論しなければならない。なぜならば、決められた事業期間の中で多くの拘束・制約があり、また、甚大な被災を目の当たりにした直後と

その後の経過の中で国民感情や防災や安全の意識変化があったからである。そのためにも、未災地においては事前復興の議論が必要であり、現時点で復旧も含む復旧のあり方を整理したい。

　今後も想定を上回る津波（レベル 2 に相当）の発生は考えられ、その対応として過去イベントに限定しない確率的な評価の導入、リアルタイムでの津波観測による監視、高精度予測や避難体制の充実が挙げられる。いずれも、不確定性を常に持つ自然災害に対して、柔軟性を持ち、状況を踏まえた臨機応変な判断と行動を支援するための取り組みである。防災における自助・共助への強化になるが、あくまで主体は個人や地域であり、自主的な取り組みが不可欠であることは言うまでもない。

おわりに

　東日本大震災においては、強震動、液状化、地滑り、その後、津波の浸水・冠水が発生し、沿岸構造物、防潮林、家屋・建物、インフラへの破壊、浸食・堆積による地形変化、破壊し移動された瓦礫、沖合での養殖筏や船舶などの漂流、さらには、可燃物の流出と火災、道路・鉄道（車両も含む）など交通網への被害、そして、原子力・火力発電所など施設への影響など、現在想定される複合的な津波被害のほとんどのパターンが発生したと考えられる。自然科学の情報をベースに震災を人文・社会科学、災害医学・健康科学としても捉え、なぜ被害が生じたのか？当時何が出来たのか？今後、何が必要なのかを、問いながら今後の防災・減災のあり方をまとめ提言したい。今後も災害は進化し続け、その発生から拡大の過程は連鎖により複雑化していくと考える。

　研究実施および書籍出版については、指定国立大学災害科学世界トップレベル研究拠点からの支援を受けた。ここに記して謝意を表す。

　なお、本書に掲載の図版は、下記の災害科学国際研究所ウェブサイトにて、カラーで閲覧可能である。是非ご覧いただきたい。
https://irides.tohoku.ac.jp/publication/51approaches.html

参考文献

1）長谷川昭（2015）2011 年東北沖地震の震源域で何が起きたのか？―東北沖地震の発生機構、地震ジャーナル 60: 2-15.
2）今村文彦（2015）2011 年東北沖地震による巨大津波のメカニズムと被害予測、地震ジャーナル 60: 16-23.

目　次

第 1 部
東日本大震災によって進化した災害の評価と防災

1章　海の地震の科学

専門分野：海底測地学

執筆者：木戸元之

要約

東北地方の沈み込み帯でマグニチュード9クラスの超巨大地震が発生することは、当時多くの研究者が予測できていなかった。地震の原動力である、海底下の地殻の歪みの蓄積状態を知るための観測技術が足りなかったためである。地震後に海域での地殻変動観測技術が急速に発展し、巨大地震発生と関連付けられる多くの現象の存在が知られるようになった。また、観測網の整備は、地震発生時の津波等の即時予測にも利用できるものである。

キーワード：海溝型巨大地震、スロー地震、津波、海底地殻変動、海底測地観測網

はじめに

　地震は地殻変動が活発な様々な場所で発生するが、マグニチュード9クラスの超巨大地震は、海溝と呼ばれる海洋プレートの沈み込む場所付近でのみ発生する。その頻度は個々の海溝で見れば500〜1000年に一度程度と言われているが、世界全体では10〜20年に一度ほどになり、グローバル化した現代社会では、人類が頻繁に共有する災害であると言える。

第1節　東日本大震災が明らかにした問題

　「何が起きたのか？」　2011年3月11日の東北地方太平洋沖地震（東北沖地震・本震）の2日前に、三陸沖でマグニチュード7.3のプレート境界型地震が発生した。後に東北沖地震の前震であったと判明するこの地震自体の緊急調査のため、調査船に積み込む観測機材の準備に追われていた。過去の再来頻度が平均して約38年のいわゆる宮城県沖地震が満期に近づいていた当時、宮城県沖地震との関連を調べることを第一に考えていた。もし本震の発生が1日遅ければ港で津波に巻き込まれていたかも知れないし、もし2日遅ければ、偶然にせよ地震発生直前・直後の観測が実現し、地震に関するもっと決定的な知見が得られていたかも知れない。

　大学は高台にあるため本震による津波の被害は免れたが、ライフラインが止まり調査船の確保もままならず、陸上の緊急調査が開始される中、海域観測は中断されたままだった。国内も含め世界各地の研究者から入ってくる情報では、宮城県沖地震よりもっと沖合の、これまで想定されていなかった、海溝に近い広い領域が地震断層として大きくずれ動いたことが示唆され

ていた。しかし、これらの推定は、各地の津波浸水深、地震波形、陸上の地殻変動データ等の間接的な手段によるものであり、断層の正確なすべり分布推定に必要な海底での地殻変動観測データは含まれていなかった。海底地殻変動観測を実施する機会を得、本震による断層の直上の海底が動いた距離を直接計測できたのは 2 週間以上経ってからであった。しかし、その移動距離は沖合に行くほど大きくなり、最大で 30 m を超え（図 1-1）、断層面が数 10 m ずれ動いたことを実証し、本震の特徴を描き出すことに大きく貢献した。

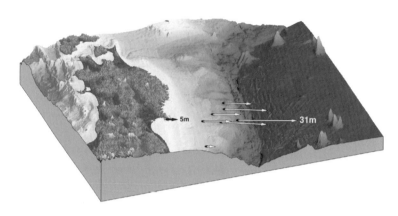

図 1-1　東北沖地震時の海底地殻変動（東北大学と海上保安庁による観測）

第 2 節　震災が破壊したパラダイム

　「従来までの常識と必要だった対応」　地震に関する観測は、科学目的と防災目的とで要求されるスピードが全く異なる。科学目的では、時間がかかってもより正確に、より広範囲で観測することが重要である。一方で防災目的では、例えば津波警報であれば一刻の猶予もなくリアルタイムでの処理が求められるし、誘発地震等のリスク評価でも即日程度の迅速性が必要である。そもそも海底地殻変動観測は本震当時ようやく軌道に乗り始めた新しい技術であり、本震前の観測点の数も少なく、何年もかけて変動をしっかりと計測し、長期的な歪みの蓄積を調べる段階であった。そのため、大災害発生時の緊急観測等への備えはほとんど想定しておらず、前述のように観測までに時間がかかってしまった経緯がある。巨大地震は溜まった歪みを解放する過程であるが、同時に新たに生じる局所的な歪みもあり、その緩和過程である余効変動が年単位で続く。緩和過程も知ることが地震の全体像の把握につながるが、最も変動量の大きい地震直後の一ヶ月間のデータを取得できなかったのは痛恨である。

　また、科学的な知見としても、普段地震が起きない沖合の海溝軸付近に歪みが溜まっているのか否か、一部の海溝で存在が知られているスロー地震が東北沖の日本海溝にも普遍的に存在するのかなど、観測データがないことで不明な点が多かった。近年スロー地震の伝搬が巨大地震のトリガーとなる場合があることがわかってきており、注目されている[1]。

第3節　新しいアプローチ

　震源域を間近で見る海底地殻変動観測を、陸上観測レベルに近づけることが急務である。陸上の測地観測は、現在では GPS やみちびき等の総称である GNSS 観測網があり、日本全国の 1000 点を超える観測点で 24 時間自動で連続データを取り続けており、リアルタイム処理も可能である。一方、海底地殻変動観測点は、東北沖地震前は全国で 20 箇所余り[2]であったものが、現在では 60 を超える（図 1-2）。しかし、1 点 1 点調査船で回り時間をかけてデータを蓄積する必要があり、各観測点の時間分解能（観測頻度）は高くて 1 ヶ月、多くは 1 年程度と陸上の連続観測には程遠い。このような厳しい条件ながら、特に東北沖地震後に精力的に観測が続けられた。日本海溝では、地震後の余効変動が東北沖地震の断層主破壊域である宮城沖の隣接海域である、三陸沖と福島沖とで大きく異なることを見出した。また、将来ほぼ確実に巨大地震が発生するとされる南海トラフのプレート間固着分布を明らかにした。さらに、これまで全くデータのなかった琉球海溝、千島海溝でも観測が始まった。

　一方、リアルタイム性が要求される防災面では、地震計と、海底の上下変位および津波の発生を検知できる圧力計とを海底ケーブルで面的に配置し、リアルタイムでデータを取得することで、緊急地震速報や津波早期警報に役立てる体制ができてきた[3]。

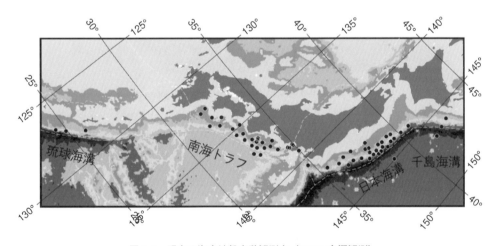

図 1-2　現在の海底地殻変動観測点（GNSS-音響観測）

第4節　到達点とこれから

　「新たな災害科学の手法」　海底地殻変動観測の進化は東北沖地震前と比べ僅か 10 年で隔世の感があり、多くの科学的知見が得られたが、巨大地震発生時に海底ケーブルの観測網のように防災・減災に直接役立てられる段階には、未だ達していない。これは、予算的な問題の他、観測自体に人手がかかりすぎるため、観測点が多くなるほど観測頻度が下がるというジレンマを抱えているからである。これを解決する方法として、近年急速に身近になったドローンと同

様な、海上無人プラットフォームによる自動観測の導入に取り組んでいる。既に海上を無人で移動できるプラットフォーム自体は民生品として供給されており、これに海底地殻変動観測を安定して自動で行わせるための技術開発を行い、実証試験に成功した段階である（図 1-3）。今後、衛星通信によるデータのリアルタイム伝送やコストダウンによる多数の同時展開が課題となる。

　このようなプラットフォームを多数運用すれば、これまでとは次元の違う頻度で海底地殻変動を把握でき、数週間から数ヶ月の時定数をもつスロー地震の検出が可能になると期待される。また、常時海上で稼働させることにより、巨大地震が発生した際に直ちに観測が行えるだけでなく、地震発生中の動きすら捉えられる可能性があり、陸上観測に近づくきっかけとなろう。またリアルタイム性が向上すれば、津波の即時予測にまで貢献できる可能性を秘めている。

図 1-3　実証試験中の無人海上プラットフォーム（**Wave Glider**）

おわりに　〜執筆者から

　日本の地震学は、1923 年の関東大震災、1995 年の阪神・淡路大震災、2011 年の東日本大震災等、大きな地震被害を経験するたびに発展してきた。しかし、数百年に一度と言われるような超巨大地震のデータは一度取り逃すと半永久的に未知のままとなる。防災にしても科学的な観測にしても、的確な予測のもと十分な体制を整えた上で迎え撃つという教訓を活かしたい。

参考文献

1）新学術領域研究「スロー地震学」事務局. スロー地震学リーフレット. 2018 年 10 月発行 http://www.eri.u-tokyo. ac.jp/project/sloweq/newsletters/［2020 年 8 月 28 日アクセス］
2）木戸元之.（2013）海底地殻変動観測の現状と今後の展開. 測地学会誌, 59. No.3: 99–109. https://doi.org/10.11366/ sokuchi.59.99
3）海底地震津波観測網（S-net/DONET）. 防災科学技術研究所. https://www.seafloor.bosai.go.jp/［2020 年 8 月 28 日 アクセス］

2章 陸の地震の科学

専門分野：地震地質学

執筆者：**遠田晋次**

要約

東北地方太平洋沖地震は東日本に蓄積していた歪みを解放した。しかし、その「反動」として多くの地震を誘発した。陸域でも地震が多発した。1ヵ月後の福島県浜通りの地震など、活断層による被害地震も発生した。個々の活断層は数千年〜数万年に一度しか大地震を発生させないが、海溝型巨大地震によって一時的に動きやすくなることもある。内陸地震の危険度は時間変化する。地震の連鎖を考慮した予測評価が不可欠である。

キーワード：内陸地震、直下型地震、活断層、誘発地震、余震

はじめに

　陸の地震、すなわち内陸地震は、陸側のプレート内部で発生する深さ20 km よりも浅い地震をいう。東北地方太平洋沖地震とはまったく無関係に思われるが、海で発生する巨大地震の影響を色濃く受ける。

第1節　東日本大震災が明らかにした問題

　「何が起きたのか」　東北地方太平洋沖地震（マグニチュード M9）を引き起こしたプレート境界断層は長さ約500 km、幅200 km におよんだ。そのズレ動き（変位）は最大約50 m に達し、日本海溝沿いの海底面を動かし大津波を発生させた。震源からやや離れた陸地でも地面は大きく動き、牡鹿半島は約5 m 南東に移動した。本震前までゆっくり東西に圧縮されていた東北地方内陸はわずか3分間で逆に東西に引っ張られることになり、地震発生の場所とメカニズムが反転した。これによって、秋田県南部、秋田沖、福島県会津盆地北部、日光周辺、長野県北部、福島県・茨城県県境付近、銚子周辺などで地震活動が活発化した[1]。静岡県東部でも M6.4 の地震が発生した。被害をともなう内陸大地震も誘発された（図 2-1 a)）。1ヵ月後の4月11日に発生した福島県浜通りの地震（M7.0）では、いわき市に分布する湯ノ岳断層と井戸沢断層がズレ動き、長さ30 km もの断層が地表に現れた（図 2-1 b)）。首都圏の地震活動も活発化し、東京では M9 震源断層の余震だけではなく、直下の地震活動によっても頻繁な揺れを観測した。首都圏の地震活動はその後衰えたものの、東北沖地震前よりも高い状態は続いてい

る（図 2-2）。

図 2-1 a)　東北地方太平洋沖地震による約半年間の広域余震分布。震源となった海域以外でも多数の地
　　　　震が誘発された。b）：2011 年 4 月 11 日福島県浜通りの地震（M7.0）で地表に出現した断層

　「被害の実態」　東北沖地震直後の内陸地震による被害は、本震そのものの被害に比べるときわめて軽微であった。しかし、約 13 時間後に発生した長野県北部地震（M6.7）では栄村で震度 6 強を観測し、民家や学校、公民館などの一部損壊、道路陥没などの被害を生じた。また、福島県浜通りの地震（M7.0）では、いわき市で震度 6 弱の揺れを記録し、4 名の死者、10 名の負傷者を出した。複数箇所で大規模斜面崩壊も発生した。

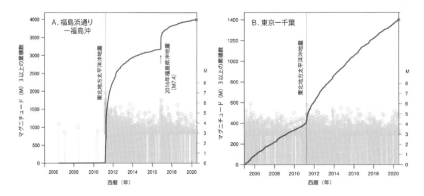

図 2-2　福島県浜通り（A）と首都圏（B）の地震活動の時系列。青線：累積曲線、緑縦
　　　　線：個々の地震とそのマグニチュード。両地域とも依然として地震活動は活発

第 2 節　震災が破壊したパラダイム

「従来までの常識と必要だった対応」　内陸地震は海溝型地震に比較すると M は小さいが震源が浅い。そのため、局所的に震度 7 や震度 6 強の強烈な揺れを引き起こす。人口密集地で発生すると甚大な被害につながる。その原因は活断層である。活断層は数千年〜数万年間隔で動き、そのたびに M7〜8 の直下型地震を引き起こす。個々の活断層による大地震はめったに発生しない。しかし、日本列島には少なくとも 2 千以上の活断層が存在するため、数年に 1 度このような活断層型の被害地震がどこかで発生する[2]。一方で、東北沖地震後のように、海溝型巨大地震の直後には内陸大地震のリスクが一時的に急上昇する。例えば、1944 年 12 月 7 日の昭和東南海地震（M7.9）の 37 日後の 1945 年 1 月 13 日には愛知県南部で三河地震（M6.8）が発生した。2 千名以上もの犠牲者、全半壊 5 万棟以上など甚大な被害となった。深溝断層という活断層が震源であった。また、1854 年安政東海地震（M8.4）、安政南海地震（M8.4）の約 1 年後の 1855 年には江戸直下を震源とする安政江戸地震（M7.0）が発生した。江戸での死者は 1 万人にも達したと推定されている。

　海溝型巨大地震後には広域で地震活動が活発化し、内陸まで被害が拡大する可能性がある。これが東北沖地震や過去の地震からの教訓である。今後南海トラフ巨大地震が発生すると、短中期的な影響は関東や南東北にまで広がる可能性がある。

第 3 節　到達点と新しいアプローチ

　1995 年に阪神・淡路大震災を引き起こした兵庫県南部地震（M7.3）を踏まえて文部科学省（当時は内閣府）に地震調査研究推進本部が設置された。その地震本部の指揮のもと、全国の活断層が精力的に調査され（図 2-3）、確率論的地震動予測地図に反映されてきた[3]。しかし、個々の活断層はまれにしか大地震を起こさないので、数年〜数十年の危険度が必ずしも適確に示されているわけではない。地震活動は連鎖する傾向がある。特に巨大地震の影響は時間的にも空間的にも大きい。そのため、長期評価に加えて、直近の活動を加味することが重要となる。

　1 つの巨大地震によって周辺の地震活動がどう変化するか。1990 年代頃から、断層運動による周辺への応力伝播、地震活動の応答についての研究が盛んになっていた。東北沖地震はその状況を後押しした。さらに、2016 年熊本地震では連鎖型の大地震となった（M6.5 の 28 時間後に M7.3）。地震発生確率は状況に応じて変化するという「時間依存性を考慮した地震危険度予測」の重要性が増している。ただし、現状では、事後の状況理解や、大雑把なメカニズムの説明にとどまっている。

　その一方で、即時観測データを用いて震源断層運動をモデル化、応力変化を計算し、周辺の地震活動を予測するモデルが複数提案されている。また、それらを自動化しリアルタイムに危険度変化を予測するという試みも行われている。今後、このような「地震のつながり」が地震

被害シナリオや減災策に適確に反映されていく。特に、地震の揺れによる直接的な被害を軽減するには、内陸地震についての現実的評価が不可欠である。

図 2-3　トレンチ掘削によって露出した過去の断層活動を記録する地層断面。もともと礫層
A と礫層 A' は同じ地層であるが、過去の断層運動で食い違った。岩手県一ノ関市

おわりに　〜執筆者から

　人は体調不良に陥ると、取り急ぎ症状を緩和する策をとる。同時に、診察や検査によって症状の原因（病気）が何であるかを探る。病名を突き止めるまでは安心できないし、最善の治療は行えない。地震災害も同様で、ひとたび大地震が発生すれば救助・救援・避難など早急な対処が最優先となるが、原因究明と進行中の大地の動きを理解することも重要となる（地震の場合は薬も外科手術もなくコントロール不能であるが）。健康診断と同じく、平時でも地震の原因がどこに潜んでいるのかを探る研究は欠かせない。ハザード（災害誘因）の正しい理解が、より効果的な減災・防災につながると信じている。

参考文献

1）遠田晋次.（2013）連鎖する大地震. 岩波科学ライブラリー. 岩波書店（東京）. 110p. ISBN 9784000296045.

2）遠田晋次.（2016）活断層地震はどこまで予測できるか. 講談社ブルーバックス. 講談社（東京）. 262p. ISBN 9784062579957.

3）地震調査研究推進本部.（2018）全国地震動予測地図 2018 年版.　https://www.jishin.go.jp/evaluation/seismic_hazard_map/［2020 年 5 月 28 日アクセス］

3章 津波歴史の科学

専門分野：地質学

執筆者：**菅原大助**

要約

津波堆積物研究は、地層から過去の津波の歴史を読み取ることを目的としている。これにより、観測データや古文書がカバーできない時代・地域の古津波履歴を知ることができる。津波堆積物を地震予測に活用していれば、東日本大震災の被害を大きく低減できたかもしれない。震災後の 10 年間、その教訓を将来に活かすための調査研究が展開されている。

キーワード：地質記録、津波堆積物、宮城県沖地震、貞観地震、スーパーサイクル

はじめに

　将来の津波災害を予測し、対策を講じるとき、何が必要だろうか？地球の構造・動態や物理・化学の法則が不変であると仮定すれば、古文書、遺跡・遺物や地層・化石といった過去の記録から将来への示唆を得られる。しかし、各々の記録は時代が古くなるにつれ断片的であいまいになる。記録を頼りに津波災害に備えるとき、どれほどの過去まで遡って原因や規模、頻度を知らなければならないのだろうか？

第 1 節　東日本大震災が明らかにした問題

　「何が起きたのか？」　日本海溝に面する東北地方太平洋沿岸は古来、津波に繰り返し襲われてきた。その最古の歴史記録は平安時代に遡るが、江戸時代より古い記録は質・量とも乏しい。**東日本大震災**以前に広く知られていた歴史上の津波は、三陸地方の地震津波である。明治 29（1896）年の**明治三陸地震**（Mw8.1）の津波は、岩手県大船渡市の綾里湾で高さ 38.2 m まで打ち上がり、死者 21,753 人を出すなど国内最悪の津波災害をもたらした。昭和 8（1933）年の**昭和三陸地震**（Mw8.5）の津波も、綾里湾で高さ 28.7 m に達し、死者・行方不明者 3,064 人の大災害を引き起こした。これらの被害と教訓を背景に、三陸地方では大津波に備える防潮堤が築かれるようになった。その後も、昭和 35（1960）年には**チリ地震**（Mw9.5）の津波が約 23 時間かけて太平洋を横断して日本に到達し、岩手県野田村で遡上高 8.1 m を記録するなど、岩手・宮城で死者・行方不明者 116 人（全国では 139 人）の災害をもたらした。

　一方、宮城県沖では、明治 30（1897）年から平成 17（2005）年までの間に 4 回、平均発生

間隔38年の大地震が発生していた。これは宮城県沖の陸寄りで発生するプレート間地震であり、M7.1〜7.4の規模ということもあり、津波の影響は限定的であった。例えば、昭和53（1978）年の地震による津波の高さは仙台湾以南で1m程度である。寛政5（1793）年には、宮城県沖でM8.0前後の巨大地震があった。津波の高さは岩手県中部から福島県の沿岸で2〜5mで、宮城県沖の陸寄りと日本海溝寄りの震源域が連動して破壊したと考えられている。震災前、近世以降の歴史記録に基づいて評価されたM7.5級の**宮城県沖地震**の10年以内の発生確率は70%に達しており、状況は極めて切迫していた。そうした中、平成23（2011）年3月9日、宮城県沖でMw7.3の地震が起こった。震源域と規模はおおむね想定通りであり、多くの人は宮城県沖地震の脅威は過ぎ去ったと考えたかもしれない。ところがその2日後、人々が想像もしなかったMw9.0の**東北地方太平洋沖地震**が発生したのであった。

　「被害の実態」　地震の大きさの指標である地震モーメントで比較すると、Mw9.0はMw7.5よりも約180倍大きい。巨大津波の発生は、プレート境界の深部での広範囲の大きな滑りと、海溝軸付近の浅部での非常に大きな滑りが重なったことが原因とされている。三陸地方は近現代にたびたび津波災害に見舞われ、その後備えがなされてきたはずであったが、再び壊滅的な被害を蒙った。綾里湾での津波高は40.1mに達した。それ以外の地域も含め、震災の津波は想定を超える規模であり、海水氾濫による直接の被害だけでなく、あらゆる形態の複合災害が広域で発生した。

第2節　震災が破壊したパラダイム

　「従来までの常識と必要だった対応」　東日本大震災前の地震予測は、情報の信頼性を重視し、江戸時代以降の古文書や、近代以降の地震・測地観測データに基づいていた。測地学的な観測期間（100年程度）の地殻の歪み速度が、地質学的な観測期間（数千年以上）の地殻の歪み速度より1桁大きく、この差を解消する**超巨大地震**の発生を指摘する研究もあったが、未解明の点が多いとして地震予測では考慮されていなかった。東北地方太平洋沖地震は、その指摘の妥当性を示すものとなった。震災後、Mw9.0の地震の発生は**スーパーサイクル**によって説明されるようになった。それによると、数10〜100年のサイクルで大地震が繰り返す間にプレート間に歪みが蓄積し、数100〜1000年程度のスーパーサイクルの超巨大地震で歪みが解放される。このような超巨大地震の予測には、近世の古文書や測地学的な観測よりも長い期間の記録が必要であった。そして、それを得るための手段は当時既に存在していた。

第3節　新しいアプローチ

　東日本大震災を千年に一度の災害とする見方がある。これは、震災の様相が、貞観11（869）年の陸奥国大地震・大津波と類似していることによる。歴史書「**日本三代実録**」は、**貞観地震・津波**による多賀城、すなわち仙台平野での被害の様子を伝えている。古文書としては克明

な記録ではあるが、その記述から津波の高さ・浸水域や波源域などの詳しい情報を読み取ることは難しく、関連する伝説・伝承も含め議論の対象となってきた。実は、我々が貞観地震・津波について知ることの多くは、津波の地質学的痕跡である**津波堆積物**に基づいている（図 3-1）。その調査は 1980 年代末に始まり、2010 年頃までには貞観地震の津波堆積物が仙台湾沿岸から常磐海岸中部にかけて分布し、津波浸水域が海岸から数 km 以上に及んだこと、その原因が Mw8.4 以上のプレート間巨大地震であったことなどが推定されていた。調査地域からは過去約 3,000 年間に 4 ないし 5 層の津波堆積物が見つかっており、再来間隔は 500〜800 年程度と推定されていた。津波堆積物による知見を地震予測に取り入れていれば、震災の被害を

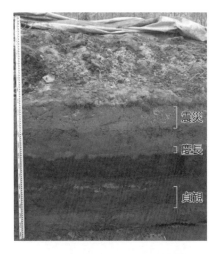

図 3-1　岩沼市で確認された津波堆積物。時代の異なる 3 つの津波堆積物が重なっている。

低減できたであろう。その教訓は直ちに政府の津波対策の基本方針に反映された。この 10 年間、津波堆積物調査が国内各地で進められ、その成果が地震予測に反映されるようになってきた。

第 4 節　到達点とこれから

　「新たな災害科学の手法」　津波堆積物が形成され、地層として残るか否かは、津波規模の大小に加え、地形・地質など場所ごとの環境に左右される。また、人間活動による地形・地層の改変も、津波堆積物の保存に大きく影響する。地層記録は不完全かもしれず、津波の年代と広がりを推定するには、様々な場所のデータを対比する必要がある。**災害科学国際研究所**では、日本国内の津波痕跡に関する歴史記録とともに、既知の津波堆積物の発見場所や年代を整理し、ウェブ上で公開している（図 3-2）。これは、古津波の履歴を明らかにする上で情報が不足している地域や時代を調べ、津波堆積物調査の対象地域を検討することに役立つ。

　千島海溝や南海トラフ沿いの地方では、次の大地震の発生が切迫している。津波堆積物を大地震の予測に活かすためには、調査の迅速化・高精度化にも取り組まなければならない。**災害科学国際研究所**では、地下レーダーやコアスキャナーなどの非破壊検査技術を応用した調査・分析効率の向上、放射性炭素同位体（^{14}C）年代測定の精度向上、津波土砂移動数値シミュレーションによる調査候補地点の事前評価と浸水域・波源パラメータの推定といったテーマの研究を推進している。

　歴史上の津波の中には、比較的新しい時代の出来事ながら実態解明が進んでいない事例もある。東北地方では、貞観地震と東日本大震災の間に起こった巨大地震の候補として、2 つの歴史地震が知られている。**慶長 16（1611）年の奥州地震**は、歴史記録が乏しい上、その解釈に

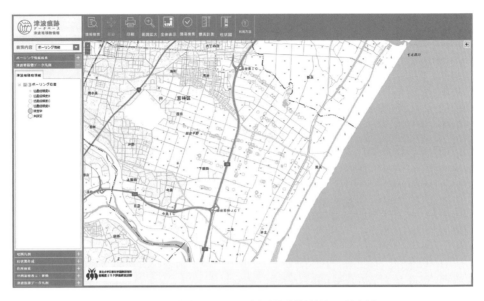

図 3-2　津波痕跡データベース（津波堆積物情報）の検索例。

も難しい点があり、断層破壊域が千島海溝と日本海溝のどちらなのか良く分かっていない。津波堆積物は近世以降の人間活動の影響でかなり消失しており、得られる情報が限られている。**享徳** 3 （1454）年にも奥州で大地震と津波があったことが古文書に伝えられているが、その実態はほとんど不明である。この年代に該当する津波堆積物が仙台湾沿岸で幾つか見つかっているが、地域的な広がりは分かっていない。最大の問題は、¹⁴C 年代測定の原理上の制約から、慶長と享徳の津波堆積物を年代値ではっきり区別できないことにある。**災害科学国際研究所**では、このような時代の地震・津波災害の実態解明を目指し、断片的で質的にも異なる情報を統合・活用する文理融合の取り組みを進めている。

おわりに　〜執筆者から

　東日本大震災をきっかけに、津波堆積物を始めとする地質記録の重要性は格段に高まった。将来の地震・津波を再び想定外にしないために、地質記録からより多くの古地震・古津波履歴を正確に読み取り、他の記録と合わせて災害低減に活用する研究の発展が必要である。

参考文献

1）地震調査研究推進本部（2000）宮城県沖地震の長期評価. https://www.jishin.go.jp/main/chousa/kaikou_pdf/miyagi.pdf ［2020 年 8 月 12 日アクセス］

2）地震調査研究推進本部（2002）三陸沖から房総沖にかけての地震活動の長期評価について. https://www.jishin.go.jp/main/chousa/kaikou_pdf/sanriku_boso.pdf ［2020 年 8 月 12 日アクセス］

3）谷口宏充、菅原大助、植木貞人. (2019) 東日本大震災［災害遺産］に学ぶ：来るべき大地震で同じ過ちを繰り返さないために. 海文堂出版（東京）. 191p. ISBN 9784303731359.

4章　津波工学の深化

専門分野：津波工学

執筆者：サッパシー・アナワット、今村文彦、門廻充侍

要約

東日本大震災における津波工学の役割と課題、そして10年間の深化している状況を振り返りたい。なぜ、沖合で巨大津波が発生したのか？当時の観測・警報システムの状況、巨大津波の被害実態と低減する対策、今後、どのように巨大津波を予測できるか？人的被害を減らす為の新しい学問領域の創生について紹介したい。

キーワード：津波工学、数値解析、複合災害、総合防災対策

はじめに

　1933年の昭和三陸津波と1960年のチリ津波の経験より津波観測・警報システムや構造施設等が整備され、以降に津波防災に貢献していたが、東日本大震災より様々な課題が明らかになり、今後の被害を軽減するために津波工学において、新たに文理融合の研究が始まった。

第1節　東日本大震災が明らかにした問題

　東北地方は昔から様々な津波の特徴を経験してきた地域である。869年貞観津波では約1千人の犠牲者が記録されている。1611年慶長奥州津波では北海道から関東まで津波が来襲し、東北地方では大きな被害があった。1896年明治三陸津波では「津波地震」という地震による揺れが小さいものにもかかわらず、巨大な津波により2万人以上の犠牲者が出た。1960年チリ津波は揺れを感じなかった「遠地津波」として地球の反対側であるチリからの津波が約23時間で三陸地方に到達し、約140人が犠牲となった。当研究分野では、地質学的な方法も入れた過去の津波リスクの評価、行政に協力し数値解析技術を提供した津波浸水域の想定、地域での津波防災の推進、避難訓練の実施や啓発支援活動を行ってきた。しかしながら、東日本大震災では経験したことない規模と影響を与えた。地震のマグニチュードは9であって、日本ではこれまで予測や想定していなかった規模であった。青森県沖から茨城県沖まで広く断層が破壊され、更に巨大地震による海底地すべりの可能性も考えられた。これらの理由で仙台平野では10m以上、三陸地方では最大約40mまでの津波が来襲した。巨大地震による揺れと液状化に加えて、巨大津波による構造物や建物被害、大量な土砂移動・瓦礫の発生、様々な原因による

火災、長期的健康被害、環境的被害、生態系への影響、福島第一原子力発電所での事故による被害等、現在想定できる被害のすべてが一気に連鎖し発生したと考える。それによる直接被害と間接的被害（風評被害も含む）は最悪であった。

第2節　震災が破壊したパラダイム

　従来より、津波による被害を防ぐためには防潮堤等のような「構造対策」が挙げられ、さらに、津波警報、避難体制、ハザードマップ作成等といった「非構造対策」が挙げられていた。1933年昭和三陸津波の発生後に、津波警報システムは1941年には運用が始まり、津波災害の度に改善され、東日本大震災の時には地震発生から約3分後に第一報の警報が出た。事前に想定した地震による津波数値解析結果をデータベースとして構築し、地震が発生したらデータベースを利用し実際に近い地震の規模から予想津波の高さと到達時間を取り出すという仕組みであったが、東北地方太平洋沖地震には適用できなかった。これまでは地震の規模が9であることが想定されなかったため、想定津波の高さが過小評価になった。一方で、いくつかの沖合観測点によって実際の巨大津波が確認され、津波警報のレベル上げ、警報発信がなされたが、すでに沿岸部に津波の第一波は到達していた。また、巨大津波の規模は想定したハザードマップより大きかったため、津波警報と津波観測システムの課題に述べられたことに加えて、避難できなかったことが大きな犠牲者が出た理由の一つである。

　一方、構造対策である防潮堤、防波堤、水門では、1960年チリ津波以降に三陸地方を中心に整備され、2003年十勝沖津波等によって津波による被害を低減できた。しかしながら、東日本大震災の巨大津波は設計された構造物の高さよりはるかに大きかったため、背後で大きな被害が発生した。構造物の背後で津波の流速が速くなり洗掘が発生し、これが構造物の大きな被害の原因となった。また、構造物の開口部（陸閘）はすべてが遠隔操作や自動制御ではなく、手動で閉鎖に向かった消防団等が犠牲者になった事例も報告されている。

第3節　新しいアプローチ

　この節は東日本大震災からの経験と教訓として、新しいアプローチを紹介する。

1）沖合で巨大津波が発生からの観測・警報システム：東日本大震災当時では限られたGPS波浪計（図4-1）で対応されたが、それに加えて、日本海溝海底地震津波観測網（S-net）等による約200点の海底津波計が設置された。気象庁では、津波が沿岸に到達する前にリアルタイム沖合観測できるため、迅速な津波警報・注意報の更新や解除等の判断に有用な情報である。更に、沖合で観測された津波波形データから津波の発生場所と大きさを推定し、沿岸での津波を予測する新しい手法（tFISH）を開発している。

　当研究分野では、遺伝的アルゴリズムを活用した観測網の最適利用に着眼しさらなる効率的な手法改善の検討を進めている。現在、気象では津波警報の発表についても、巨大な地震であ

る可能性が疑われる場合には、その海域で想定される最大のマグニチュード等を用いて津波警報の第 1 報を発表するが、想定される最大のマグニチュード等を用いた場合は、的確な地震規模が求まるまでは、数値表示ではなく「巨大」等の定性的な表現を用いる。また、予想される津波の高さを従来の 8 区分から 5 区分に変更し、高さ予想の区分の高い方の値を発表する等が改善された事例である。

2）巨大津波の浸水を防ぐまたは低減する防災施設：
「レベル 1 とレベル 2」の津波対策を土木学会等で審議し提案していった。レベル 1 に対象する津波は近代

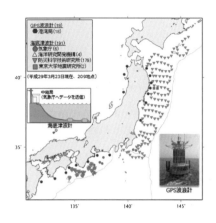

図 4-1　現在の津波観測点（気象庁、2020）

で最大（100 年で 1 回程度の発生確率）、防災性能として、人命だけでなく財産・経済活動を守ると期待されるハード対策である。一方、レベル 2 に対象する津波は最大級（1000 年に 1 回程度の発生確率）であり、減災性能として、人命を守るかつ、経済的損失を軽減し、大きな二次災害を引き起こさない、早期復旧を可能にすると期待される総合対策である。それに伴い、津波防災施設設計の考え方も変わった。従来では一つの設計レベルに対して津波を防ぎ、壊れない設計という防災対策であるが一方、複数の設計レベルに応じた機能や安定性能を決めた設計かつ重要度に応じた機能や安定性能という

防災と減災対策になった。

　これによって、津波防災施設の技術基準の改善及び技術開発の推進が必要になった。例えば、防災施設の被災パターンを明らかにし、様々な研究・開発で被災箇所の「粘り強い構造」として補修する（図 4-2）。

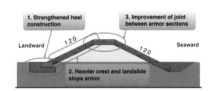

図 4-2　粘り強い構造の事例（Suppasri ら（2016））

3）巨大津波による被害予測：東日本大震災後、25 万軒以上の被災建物データより、構造別、階数別、用途別等の様々な被害関数（津波外力と建物等の被害の関係を示す）が構築していた。また、対象を建物だけでなく、船舶、海岸堤防、道路橋、養殖施設等にも幅広く、展開しており、より複雑な津波被害の予測の改善を図っている。最近は、先進の計算学やパソコンの性能により、細かい津波の流れ、漂流物の再現ができ、詳細な構造解析が可能になったため、津波による被害予測の精度が高くなっている。

4）災害から生き残るための新たな研究（生存科学）：今後も起こるであろう様々な自然災害から人の命を守るために、新たな研究が開始された。本研究所は、宮城県警察本部から、東日本大震災の津波で亡くなった約 9 千名の犠牲者情報の提供を受け、現在分析を行っている。この分析では、法医学、災害医学、津波工学、流体力学等が連携し、津波災害における死因の再整理、各地域での被害実態や特性を明らかにしつつある。今後、これらの成果を救助や避難方法に繋げることで、津波に巻き込まれても生き残るための手段が検討されていく。東日本大震災

の膨大な犠牲者情報を活用した研究は初めてであり、人的被害軽減に大きく貢献すると期待されている。

5）新たに設立された組織：世界的にも新たな取り組みが始められている。2015年第3回国連防災世界会議の成果文書である「仙台防災枠組2015–2030」は、2005年の「兵庫行動枠組」の後継となるもので、国際的な防災の取り組み指針として、世界各国で仙台防災枠組に基づいた取り組みが始まっている。同時に災害統計グローバルセンターが設立された。本研究所が国連開発計画との連携を中心に、その他防災関連機関との連携体制を構築し、津波も含めた災害被害統計の収集・分析・活用を切り口に、途上国の防災能力の向上に向けた支援を実施している。

第4節　到達点とこれから

　現時点でも地震発生直後に沖合観測点によって、津波発生の確認や、津波警報発表の有用な参考データになってきている。リアルタイムで地震の断層パラメータを決定し、津波浸水範囲を計算・可視化し、実際の津波が到達する前に想定浸水マップや、様々な被害関数で被害予測等が発表できる可能性がある。人的被害を根本的に低減する学問としての生存科学の構築においては、東日本大震災の死因を細かく分類し、死因（溺死、不詳、焼死、低体温症）、住所、遺体発見場所、地域特性等の具体的な実態と関係が分かった。津波外力に加えて、詳細な検討をしながら、命を守るための提案をしていきたい。最後に、新たに設立された国際機関等においては、データ収集や解析の最中であり、それらの結果に基づいた国際的なガイドライン等が期待される。

おわりに　〜執筆者から

　今後も津波リスク評価、観測と予測、被害推定と低減対策、そして津波防災文化も含めた地域づくりという基本が変わらない。津波工学は実践的な被害低減に寄与する技術の提供を目的とするが、その開発のベースは多様な学問分野との融合と基礎科学であり、この方向性は今後も堅持していきたい。

参考文献

1) 気象庁. 沖合でいち早く津波を捉える！〜海底津波計の活 https://www.jma.go.jp/jma/kishou/jma-magazine/1707/index.html［2020年7月31日アクセス］

2) Suppasri A, et al.（2016）Improvement of tsunami countermeasures based on lessons from the 2011 great east japan earthquake and tsunami –Situation after five years–. Coastal Engineering Journal. 58（4）: 1640011. https://doi.org/10.1142/S0578563416400118

3) Seto S and Imamura F（2020）Classification of tsunami deaths by modifying ICD-10 categories in the 2011 Tohoku earthquake tsunami - A case study in Miyagi prefecture. International Journal of Disaster Risk Reduction. 50: 101743. https://doi.org/10.1016/j.ijdrr.2020.101743

5章　地盤災害と斜面災害の科学

専門分野：地盤工学

執筆者：**森口周二**

要約

東日本大震災では、多くの地盤災害が発生した。沿岸部では津波による被害や液状化が注目され、内陸部でも斜面災害や丘陵地の造成宅地の被害が発生した。とくに、造成宅地については、高度経済成長期などの古い時代に造成された丘陵地の宅地のリスクが顕在化する結果となった。このような地盤災害や斜面災害は、地震だけでなく豪雨災害でも同様に発生するものであり、そのリスクを知る、または事前に予測するための法整備や技術の高度化が重要である。

キーワード：地盤災害、造成宅地、数値解析

はじめに

　東日本大震災では、多くの地盤災害や斜面災害を発生させた。地盤や斜面に変状が発生すれば、周辺の建物やインフラに大きな影響を与え、人的被害にも直結する。これらの災害を完全に防ぐことは不可能であるが、事前のリスク評価に基づくハード・ソフトの両対策を通じて被害の軽減・抑制が可能であり、それを効率的に達成するための研究が重要である。

第1節　東日本大震災が明らかにした問題

　「何が起きたのか？」　東日本大震災では、地震動が広範囲に伝播し、多くの地盤災害や斜面災害を発生させた。これらの被害の詳細は、複数学会の合同調査団の報告書（地盤編）[1]としてまとめられている。とくに、東北地方の沿岸部では、津波が防潮堤や河川堤防を乗り越える、または破壊する結果となり、それらに守られていた建物やインフラを流出させ、多くの人的被害を発生させた。また、沿岸部は太平洋側の海域へと引き込まれるような動きとなり、特に東北地方の沿岸部では地盤沈下も発生した。この地盤沈下は、堤防高さの低下などの問題を引き起こし、遡上した津波による海水が引かず、復興の妨げや塩害などの二次被害にもつながった。さらに、関東地方の東京湾沿岸部や利根川の流域周辺では大規模な液状化が発生し、とくに埋立地における被害が大きかった。なお、東北地方の沿岸部でも液状化が発生したことが確認できる写真や動画などが残ってはいる。ただし、津波によってその痕跡も流出し、東北地方沿岸部における液状化の発生状況については不明な部分が多い。

　このように、沿岸部では津波による直接的な建物やインフラの被害と液状化が注目されたが、内陸部でも多くの被害が発生した。斜面災害は広域で発生し、丘陵地の造成宅地[2)3)]の被害も顕著であった。

　これまでに述べたように、沿岸部と内陸部で形態の異なる地盤災害や斜面災害が発生したが、沿岸部の被害については他の章でも多くとり上げられているため、ここでは内陸部の被害に注目して説明する。

　「被害の実態」　斜面災害については、国土交通省の調べによれば、土石流、地すべり、急傾斜地崩壊（がけ崩れ）の3つの災害形態について、141箇所の発生とそれによる死者数13名が確認されている（http://www.sabo.or.jp/saigai/110311touhoku-earthquake.htm）。ただし、この中には、小規模の崩壊は含まれておらず、沿岸部では痕跡が流出して確認不可能となっているため、そのようなものを含めれば、より多くの被害があったものと推察される。

　造成宅地については、1950年代から1970年代にかけての我が国の高度経済成長期に造成された丘陵地で被害が多く発生した。丘陵地における造成宅地では、平坦な土地を造るために、もとの地形を切り取った切土部と土を盛った盛土部が混在することになる。佐藤ら[3)]は、2011年東北地方太平洋沖地震で被害が発生したに仙台市内の造成宅地について分析し、盛土部や切盛境界（盛土と切土の境目）での地盤変状や木造建物の被害の発生率が切土部に比べて2倍以上になることを報告している。また、造成年代と被害率の間にも相関があることが報告されており、それは造成宅地に関する法令や設計基準の変遷と強い関係があることがわかっている。

第2節　震災が破壊したパラダイム

　東日本大震災以降、災害リスクに関する事前情報と予測の重要性が増した。これらは、必ずしも震災を契機として新しく認識されたものではないが、震災によってその重要性に対する共有認識が高まり、関連する研究を加速化させた。

　事前情報については、津波のハザードマップなどについては当然のことながらクローズアップされたが、それに伴って土砂災害などについても、その重要性を認知する転機にもなった。また、造成宅地については、震災以前は造成宅地の詳細に関する情報はほとんど表に出ることはなく、住民はその情報を知る必要性すら理解されていなかったが、震災以降はそのような情報を事前に知ることの重要性が認知されることになった。

　予測については、災害の中に含まれる複雑な現象や大きな空間スケールを対象とすることが求められるようになった。例えば、斜面災害については、外力に対して斜面が安定か否かの評価だけではなく、崩壊した場合に土砂がどこまで到達し、それが建物に衝突した場合にどの程度の衝撃力になるのかということまでをも対象としたリスク評価が実務レベルでも求められる場面が増えた。また、単一斜面の安定計算だけでなく、多数の斜面が含まれる広域を対象とした評価も求められるようになった。

第 3 節　新しいアプローチ

　まず、事前情報の整備として、仙台市の宅地における宅地造成履歴等情報マップを紹介する。仙台市では、震災後に造成宅地の切土と盛土の分布図や造成年代のマップを公開した（http://www.city.sendai.jp/kaihatsuchose-chose/kurashi/anzen/saigaitaisaku/kanren/joho/index.html）。これは、仙台市内で造成宅地の被害が多く発生したことを受けて整備されたものである。インターネットを通じて誰もがこの情報にアクセス可能であり、自宅が盛土・切土・切盛境界のどの上に位置するのか、また、その土地がいつ造成されたものであるかを簡単に知ることができる。図 5-1 は、仙台市の一部の地域の切土・盛土図であり、オレンジが盛土部を、青が切土部を表現している。造成地の中で盛土と切土が複雑に混在していることがわかる。造成宅地の崩壊は、地震だけでなく豪雨でも発生する。実際に 2019 年の令和元年東日本台風（台風 19 号）の襲来時には、仙台市泉区将監で大規模な崩壊が生じた。このマップによれば、その崩壊箇所が 1960 年代に造成された腹付け盛土（斜面に土を張り付けるように造成された形態の盛土）であることが確認できる。

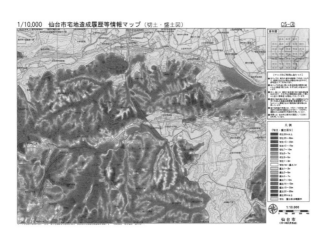

図 5-1　仙台市宅地造成履歴等情報マップの例

　次に、予測に関する新しいアプローチとして、広域の土砂災害のリスク評価を対象としたシミュレーションを紹介する。このシミュレーション手法は、力学をベースとして東北大学で開発されたものであり、筆者らの研究グループが広域の評価を可能にするために高度化したものである。図 5-2 は、2018 年北海道胆振東部地震で発生した実際の斜面災害の発生分布図とそのシミュレーション結果である。実際の崩壊分布図は国土地理院が Web 上で公開しているものであり、シミュレーション結果では崩壊する厚さをコンター図で表現している。シミュレーション結果は、斜面災害の発生分布と概ね一致している。現在、検証の段階にあるが、地震だけでなく降雨の影響も考慮可能なものであり、今後の斜面防災に対して高いポテンシャルを秘めている。

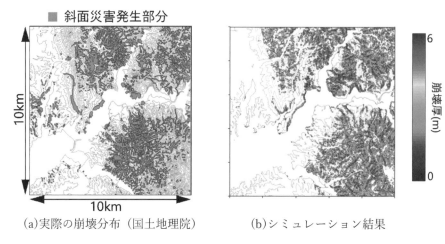

(a)実際の崩壊分布（国土地理院）　　　　(b)シミュレーション結果

図 5-2　北海道胆振東部地震の斜面災害

第4節　到達点とこれから

　先述のように、地盤災害や土砂災害のリスクを事前に知る、または評価するための新たな試みが展開されている。しかし、これらの情報や技術は実務レベルの防災対策の中で有効に機能しているとは言い難い。とくに、シミュレーションについては、入力条件となる地盤内部の構造や地盤材料の特性の情報が不足しており、それらの情報の整備も含めて高度化してく必要がある。

おわりに　〜執筆者から

　ここまでに説明した地盤災害や土砂災害を対象とした情報整備や予測技術の他にも様々な情報や技術の高度化がなされており、それらは日々進化している。しかし、地盤災害や土砂災害から人命を守るためには、やはり個人の防災意識の高まりが必須である。事前に災害リスクを正確に把握し、その上に個人の高い防災能力が備わることで、災害とうまく共存できる世の中が生まれることを切に願う。

参考文献

1) 地盤工学会、他7学会. 東日本大震災合同調査報告（地盤編）、2014年.
2) 森口周二、近年の土地開発によって造成された地域の地震に対する脆弱性、社団法人文教施設協会、季刊文教施設、2011年春号、No.42、pp.19-22、2011年.
3) 佐藤真吾、風間基樹、大野晋、森友宏、南陽介、山口秀平. 2011年東北地方太平洋沖地震における仙台市丘陵地造成宅地の被害分析、日本地震工学会論文集、第15巻、第2号、pp.97-126、2015年.

6章　海岸の科学

専門分野：海岸工学

執筆者：**有働恵子**

要約

2011 年東北地方太平洋沖地震・津波により、広範囲で地盤沈下が生じ、また海岸堤防が破堤した。これにより広域の浸水被害が生じ、大規模な砂浜侵食が生じるなど沿岸部に多大な影響があった。本章では、震災時の海岸堤防の被災と砂浜侵食状況、そしてその後の復旧・回復過程について述べ、震災がそれ以後の海岸管理に与えた影響について概説する。

キーワード：海岸侵食、海岸堤防、地盤沈下、砂浜回復、沿岸環境、海岸管理

はじめに

　海岸は、海と岸の境界に存在する空間である。そこでは豊かな環境が育まれ、レクリエーションの場としても大いに利用されている。東日本大震災が発生したとき、全国の海岸、特に砂浜海岸では戦後の急速な国土開発によりすでに深刻な侵食が進行し、十分には対策が行き渡っていない状況にあった。本章では、仙台湾南部の山元海岸の例を示しながら、東日本大震災の海岸管理への影響と今後の展望について述べる。

第 1 節　東日本大震災が明らかにした問題

　「何が起きたのか？」　2011 年地震発生後、私が最初に目にしたのは、仙台平野を遡上する津波の映像だった。仙台湾南部海岸（宮城県仙台市から福島県境までの約 60 km の海岸）は図 6-1[1]（2011 年 3 月）のように、南部を中心に顕著な侵食被害を受けた。海岸林の多くが津波により流失した海岸もあった。特に、もともと海岸侵食が進行していた山元海岸（図 6-1(d)、2006 年 9 月参照）では、いたるところで海岸堤防が破堤し、最大で数百メートル内陸まで侵食された。震災前後の地形解析の結果、侵食された土砂は、引き波により水深 5〜10 m 付近の海域に堆積したことが分かっている。

　図 6-1(d) の 2011 年 3 月および 6 月の空中写真を比較すると、震災後の数か月間で、鋭角にえぐられた地形が丸みを帯びた形状に変化しており、砂浜の回復が認められる。地中レーダによる地中構造の分析結果によれば、震災直後は回復速度が最大で 18 m/月と最も大きく、1 年後には 2〜3 m/月まで減少した。

　「被害の実態」　地震・津波により岩手、宮城、福島各県では 515 地区海岸（海岸堤防・護岸延長約 300 km）のうち 426 地区海岸（約 190 km）が被災し、広範囲にわたり壊滅的な被害が生じた。震災による岩手県から福島県にかけての海岸侵食とその後の回復状況を図 6-2[2] に示す。円の大きさが津波による侵食の規模を、円の青表示が震災から 4 年後の汀線の回復割合を示している。宮城県南部の仙台湾海岸には長大な砂浜が存在し、震災前に十分な砂浜幅を維持していた海岸では侵食が限定的であった。一方で、仙台湾海岸の中でも震災時点で既に砂浜の侵食が進行して砂浜幅が狭くなっていた海岸や、砂浜の長さが短くポケットビーチ状の砂浜が点在する岩手県南部と宮城県北部の三陸沿岸の海岸では、図 6-2 の円の大きさが大きく、顕著な侵食が生じたことがわかる。このような地域では、円の赤表示の割合が大きく、周辺からの砂の供給が見込めないため、その後の回復がほとんど見られなかった。

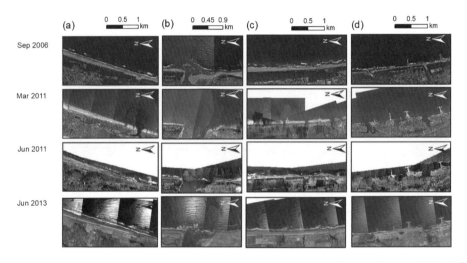

図 6-1　仙台湾南部海岸の 2006 年 9 月、2011 年 3 月、2011 年 6 月、ならびに 2013 年 6 月の空中写真[1]

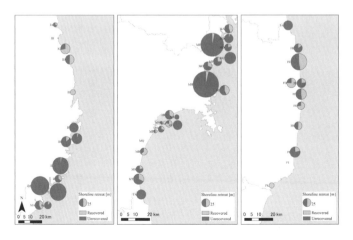

図 6-2　岩手県から福島県にかけての震災前後の砂浜侵食量と震災から 4 年後までの砂浜回復状況[2]

第 2 節　震災が破壊したパラダイム

「従来までの常識と必要だった対応」　岩手、宮城、福島三県の海岸線延長約 1,700 km のうち海岸堤防等がある海岸は約 300 km で、その約 190 km が全半壊し、被災沿岸部では台風期の高波や高潮等の沿岸災害への備えを急ぐ必要があった（www.thr.mlit.go.jp/sendai/kasen_kaigan/fukkou/kouzishi.html）。復旧・復興に不可欠な施設等が背後にある区間約 50 km については、高潮位や波浪等の高さに対応した応急復旧が 2011 年 9 月末までに概ね完了した。応急復旧後は、海岸復旧・復興についての議論が急ピッチで進められたが、初期段階では景観や環境を考慮しつつも防災を軸とした議論が中心であった。

　広範囲にわたる地盤沈下や浸水に加え海岸堤防に甚大な被害が生じた仙台湾南部海岸では、約 20 km の海岸線において応急復旧を行うことになり、2011 年 6 月までに第 1 ステップ（近年最大高潮を防御）を、8 月までに第 2 ステップ（重要区間では近年最大高波を防御）を完了した。震災直後には急速な地形回復が認められた海岸においても地形回復は徐々に鈍化し、地形が回復しない状態のまま、津波に比べてリスクが大きい、高潮に対応した海岸堤防の建設が進められた。山元海岸では、震災前から海岸侵食が顕著であり、2000 年より国土交通省が直轄事業として海岸整備を実施していた。直轄事業の全体計画では 400 万 m^3 の養浜が予定され、2012 年度末時点で 13.8 万 m^3 の養浜が施されたが、津波により大規模な侵食が生じ更なる養浜が必要となった。養浜事業の実施には、今後さらに数十年以上が見込まれている。

第 3 節　新しいアプローチ

　震災後の時間経過とともに、通常の生活の中での砂浜の位置づけなど、防災のみならず景観や環境の重要性が広く認知され、将来の海岸の在り方について住民間で勉強会を行うなど多大な努力が払われるケースもあった。被災海岸において、砂浜の維持など環境に対する高い要望があったことも特筆すべき点である。

　戦後経験した長期的な海岸侵食問題より、一旦侵食された砂浜海岸を回復させることが極めて困難であることは認識されていたが、巨大津波のような一時的なイベントでこれほど大規模で海岸整備を大幅に見直す必要があるような海岸侵食が生じうることは、震災前には想定されていなかったように思われる。沿岸災害においては、気候変動の影響も危惧されており、著者らの砂浜消失予測結果によれば、日本全国で最大 9 割以上の砂浜が消失すると予測される[3]。津波発生の規模とそのタイミングの予測は困難であることから、津波による砂浜消失量を将来予測に取り込むことは不可能ではあるものの、長期的な対策を考えるときに、津波のような比較的低頻度の突発災害の影響も前提とした議論になってきていると感じられる。

第4節　到達点とこれから

「**新たな災害科学の手法**」「**東日本大震災という広域災害に対する緊急対応**」という意味では、発災後の対応は迅速で的確に行われたと評価できる。一方、海岸の復旧・復興を考える上で、防災面だけでなく環境や利用面も防災と同等に重要な要素であり、バランス良く考慮していくことが市民感覚としても望まれていることを改めて認識した。

　海岸事業計画の策定においては、一般に事業の投資効果を検討するため費用便益分析が行われる。この便益の算定では、海岸法の法目的にもなっている防災・環境・利用のすべての便益を考慮することが望ましいが、中でも環境に対する便益の評価は難しく、十分な知見が蓄積されていない。気候変動を含む様々な災害リスクに対応しつつ、よりよい海岸環境を将来世代に残していくために、適切な海岸価値を評価するための研究の発展が期待される。

おわりに　～執筆者から

　世界で6番目の海岸線長さを有する日本。その海岸線においては、津波リスクだけでなく、台風等による高潮・高波リスクと絶えず接している。将来の気候変動に伴う海面上昇や台風の巨大化により、我が国の海岸環境も厳しさを増すことが懸念される。しかし、防災だけに偏った関心が向けられれば、貴重な自然環境が失われてしまう可能性もある。様々な沿岸災害リスクに備えつつも、防災・環境・利用のバランスの取れた海岸管理を行っていくことが重要である。

参考文献

1) Udo K, Takeda Y, Takayama M, and Mano A.（2015）Serious erosion of the southern Sendai Coast due to the 2011 Tohoku Earthquake Tsunami and its recovery process, in: Kontar Y, Kaneda Y, and Santiago-Fandino V.（eds.）Post-Tsunami Hazard Advances in Natural and Technological Hazards Research, vol 44: pp. 225–236. Springer, Cham. https://doi.org/10.1007/978-3-319-10202-3_15

2) Tojo K and Udo K.（2018）Analysis of beach recovery after the 2011 Tohoku Earthquake Tsunami based on shoreline extraction by ISODATA, Journal of Coastal Research. SI 85: 171–175. https://doi.org/10.2112/SI85-035.1

3) Udo, K. and Y. Takeda（2017）Projections of future beach loss in Japan due to sea-level rise and uncertainties in projected beach loss, Coastal Engineering Journal, Vol. 59, 1740006.

7章 原子力災害対策と一般災害対策の連携

専門分野：災害放射線医学

執筆者：**細井義夫**

要約

日本では、1979年の米国スリーマイル島原発事故、1999年の東海村JCO臨界事故を受けて原子力防災に関する法令等が制定されたが、それらは東海村JCO臨界事故と同程度の規模の事故を想定したものであった。2011年の福島原発事故では、多数の住民等の避難・屋内退避並びに被災者の生活に対する支援等が必要となった。このため、その後の原子力災害対策では一般災害対策との連携が強調されている。

キーワード：原子力災害、福島原発事故、東海村JCO臨界事故、原子力災害拠点病院、災害対策基本法

第1節　日本における原子力災害対策の契機

　1974年9月1日に原子力船「むつ」は試験航行中に遮蔽リングの設計ミス（ウエスティングハウス社）により、北太平洋を試験航行中に放射線（高速中性子）漏れを観測した。日本の原子力防災は、この放射線漏れを契機に1978年に設置された原子力安全委員会の設置から始まる（図1）。原子力安全委員会は福島第一原子力発電所事故後の2012年9月18日に廃止され、同年9月19日に原子力規制委員会・規制庁が設置された（図7-1）。

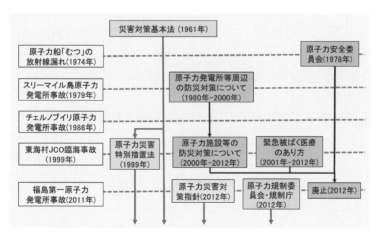

図7-1　主な原子力災害と日本の原子力災害対策関連法令の変遷

　1979年3月28日に米国スリーマイル島（TMI）原子力発電所事故が発生し、炉心の一部が溶融し、周辺に放射性物質が放出された。事故の2日後に州知事は、発電所から5マイル（約8km）以内の妊婦と学齢前の乳幼児の避難を勧告し、同時にこの地域の全ての学校の閉鎖を命じた。これを聞いて住民は自発的に避難し、20マイル以内の人口は約63万人でその10%程度の人が避難したとされる。この事故を契機として、原子力安全委員会は1980年6月に「原子力発電所等周辺の防災対策について」をとりまとめた。

　1986年4月26日午前1時24分に旧ソビエト連邦ウクライナ共和国にあるチェルノブイリ原子力発電所4号炉で事故が起こり、大量の放射性物質が環境中に放出された。ソビエト連邦政府は、同年5月6日までに、原発から30km圏内の住民の強制避難を行い、合計約13万5000人が避難し、その後も避難は拡大された。日本ではこの事故が発生しても原子力防災体制に大きな変更は加えられなかった（図7-1）。

第2節　東海村JCO臨界事故とその後の原子力災害対策

　1999年9月30日午前10時35分頃に発生した東海村JCO臨界事故では、周辺に放射性物質が放出され、9月30日15時に東海村村長はJCOから半径350mの住民に対して避難勧告を行ない、150名を避難させた。10月2日19時過ぎに避難解除を行なった。この事故を契機として、1999年12月に「原子力災害対策特別措置法」が制定され、「原子力発電所等周辺の防災対策について」は2000年に原災法に基づいた内容に改訂され、名称は「原子力施設等の防災対策について」に変更された（図7-1）。2001年6月には、原子力安全委員会により「緊急被ばく医療のあり方について」がとりまとめられた。

　このように、福島第一原子力発電所事故前の日本の原子力防災体制は、東海村JCO臨界事故と同程度の事故に対応するためのものであった。具体的には、東海村JCO臨界事故後に制定された「原子力災害対策特別措置法」でオフサイトセンターの設置が義務づけられた。実際に設置されたオフサイトセンターの多くは原子力施設から5-10km程度の距離にあった。同様に、東海村JCO臨界事故後に制定された「緊急被ばく医療のあり方について」では、被ばく医療体制として、汚染の有無にかかわらず初期診療や救急診療を実践する「初期被ばく医療機関」は原子力事業所から20km圏内の病院が指定されることが多かった[1]。

第3節　福島第一原子力発電所事故とその後の原子力災害対策

　2011年3月11日14時46分に発生した東北地方太平洋沖地震後に福島第一原子力発電所の1・2・3号機は全交流電源喪失状態となり、東京電力は同15時42分、原子力災害対策特別措置法第10条に基づく特定事象発生の通報を行い、同16時42分に同法第15条に基づく通報を行い、同19時03分には政府から原子力災害対策特別措置法に基づく原子力緊急事態宣言が発令された。避難に関しては、翌3月12日同18時25分までに段階的に半径20km圏内の住民

に避難指示を出した。避難者数は 2012 年 5 月のピーク時に 164,865 人と報告されている。

　福島第一原子力発電所事故では、原発から 5 km 離れた大熊町に設置された旧原子力災害対策センター（オフサイトセンター）は、3 月 11 日の地震発生から 3 日後の 14 日夜には原発から 60 km 離れた福島市に移動せざるを得なかった。同様に、原発事故発生時に指定されていた初期被ばく医療機関の大部分は福島第一原子力発電所から 20 km 圏内に位置しており、初期被ばく医療機関としての役割は果たせなかった。

　福島第一原子力発電所事故後に、「原子力施設等の防災対策について」と「緊急被ばく医療のあり方」は廃止され、代わりに「原子力災害対策指針」が制定された（図 1）。この「原子力災害対策指針」は福島第一原子力発電所事故と同規模の事故を想定したもので、チェルノブイリ原子力発電所事故を想定したものではない[2]。

第 4 節　原子力災害対策と一般災害対策との連携

　福島第一原子力発電所事故後に「原子力災害対策指針」の特徴として、一般の災害対策との連携が強調されている点が挙げられる[2]。これは、福島第一原子力発電所事故では、避難者や屋内退避者の数が大きく、情報連絡、住民等の屋内退避・避難、被災者の生活に対する支援等の実施については、一般的な防災対策との共通性又は類似性があり、それらとの連携が強調されている。

　「原子力災害対策指針」では、それまでの「三次被ばく医療機関」、「二次被ばく医療機関」、「初期被ばく医療機関」の代わりに、「原子力災害拠点病院」を定めている[2]。原子力災害拠点病院は、原子力事業所から原則 30 km 以上離れた場所に位置する災害拠点病院が指定されることとなった（図 7-2）。

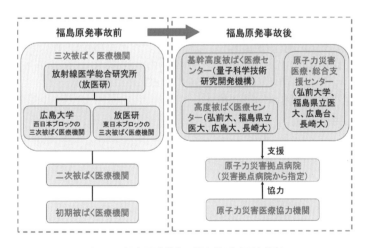

図 7-2　福島原発前後の緊急被ばく医療体制

おわりに ～執筆者から～

　災害全般に対する法律としては、1959年に発生した伊勢湾台風を契機として1961年に制定された「災害対策基本法」がその中心となる（図7-3）。災害対策基本法に基づき内閣府に設置される中央防災会議により「災害基本計画」が策定されている（図7-3）[3]。「防災基本計画」内には、第12編に「原子力災害対策編」として原子力災害に対する備えが詳細に記載されている[3]。「災害対策基本法の関連法令」である「原子力災害対策特別措置法」に基づき設置されている「原子力災害対策本部」は内閣府におかれ、緊急事態応急対策を推進する役割を持つ（図7-4）。平時には内閣に「原子力基本法」に基づく「原子力防災会議」が設置される（図7-4）。このように、日本における原子力災害対策に関する法令は災害対策基本法を基本として、その中心は内閣府及び内閣に設置されている。法令では、原子力災害は一般災害の一部という建付けとなっている。

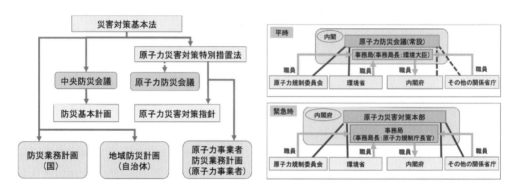

図7-3　現在の原子力防災体制　　　図7-4　原子力防災と関係行政機関の事務分担・位置づけ

参考文献

1）原子力安全委員会. 緊急被ばく医療のあり方について. 平成13年6月（平成20年10月一部改訂）
2）原子力規制委員会. 原子力災害対策指針. 令和元年7月3日
3）中央防災会議. 防災基本計画. 令和2年5月

8章 レスキューロボット

専門分野：災害対応ロボティクス

執筆者：田所　諭

要約
レジリエンス向上のために、ドローンなどロボット技術の活用が求められている。
震災や原発事故の経験に基づき、研究開発と社会実装の取り組みが進みつつある。

キーワード：災害ロボット、災害予防、緊急対応、災害復旧、遠隔技術、自動化

はじめに

　レスキューロボットは、阪神淡路大震災を契機として研究が世界的に活性化した新しい研究分野であり、ドローン、水中ロボ、地上走行調査ロボ、遠隔操作ロボット建機が代表例である。

第1節　東日本大震災が明らかにした問題

　「何が起きたのか？」　ロボットを使う目的は主として、危険で困難な場所での災害救助・緊急対応・調査修繕作業などを人間の身代わりとして遠隔で安全に実施すること、センサやアクチュエータやロボット知能によって人間や従来機器を超える能力・性能・精度を実現すること、活動の迅速性や効率を自動化によって飛躍的に向上させることにある。

　東日本大震災では、津波や地震動による被害の調査、遺体捜索、放射線量計測などに多種多様なロボットが使用され、また、原発事故の緊急対応・冷温停止・廃炉準備には本来原子力を目的としていなかったロボットまでが活用されて効果を上げた。ロボットがこのように大量に災害現場に適用されたのは歴史上初めてであり、阪神淡路大震災以降のロボットの研究開発が果たした役割は小さくなかったと考えている。

　ところが一方で、緊急対応可能なロボットが対応組織や施設に配備されていなかったため、特に福島第一原発では初期対応を迅速に行えず、被害が拡大したことについて、広く世間の非難を浴びた。東日本大震災の被害の多くは津波により発生し、構造破壊現場での調査・発見・救助を目的としたロボットが果たせない活動が多かったという問題もあった。

第2節　震災が破壊したパラダイム

　「従来までの常識とそれに対する反省」　震災は、ロボットの持つ技術的課題を浮き彫りにし

た。人間の仕事を代替できる性能を十分に満たしていない、または、満たしていても活用できない、防爆などの安全基準が取得できていない、技術的なタフさの不足のため使用条件が悪いと性能を発揮できない、といった課題があった。ロボット技術の技術成熟度（TRL）が災害現場に十分なレベルに達していなかったことが、大きな問題だった。

　同時に、社会的課題も明らかになった。そもそも防災基本計画にロボットの使用が明記されていないことが大きな問題だった。そのため、災害対応組織への配備が進まず、訓練もなされていなかった。現場では、使用基準が明らかでないため現場指揮官がロボットを使う判断ができない、現場組織や活動と整合が取れない、という問題があった。原発事故や広域調査など遠隔での災害情報収集や緊急作業にはロボットが効果的あるいは不可欠であるものの、頻度の低い災害事象への備えとしての優先順位、どの程度コストをかけるべきかの判断も重要である。これらを充分に検討し社会にコンセンサスを醸成して配備を進め、高度技術によって社会のレジリエンスを向上させる取り組みを一歩一歩進めておくべきであった。経済性のみを重視すると、コストを抑えて最小限の備えで済ませようとする判断に至り、今後も同様の災害被害を繰り返す結果に陥ってしまう。

　産業競争力懇談会（COCN）（図 8-1）は、震災と原発事故が引き起こした社会問題を重く捉え、原発事故対応・廃炉や、頻度が高くなっている大規模災害を対象として、備えるべきロボットの仕様・実施すべき標準化・研究開発などの技術的要素、技術開発の継続方策・経済原理を働かせるための産業との連結・保険制度・安全基準などの整備などの社会的要素について、産業界を中心とした議論を行い、提言を行った。その多くは重点施策として実施された。

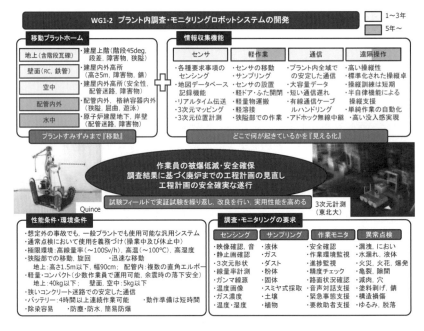

図 8-1　産業競争力懇談会（COCN）の提言（抜粋）

第3節 新しいアプローチ

「新たな災害科学の手法」 災害の予防・緊急対応・復旧のロボット技術を開発するため、内閣府 ImPACT タフ・ロボティクス・チャレンジ（2014〜18年）が実施された。災害の極限環境で有効な「タフな」ロボット技術の開発を目指し、国内外 62 のグループが、飛行ロボット（ドローン）、建設ロボット（遠隔建機）、索状ロボット（ヘビ型）、脚ロボット（4脚）、サイバー救助犬（デジタルスーツ）を開発し、極限環境で能力を発揮する視聴触覚センシング、自動認識、自律知能、極限機構などを統合し、模擬現場でシステムの機能を示した。

　飛行ロボットとして、強風 20 m/s、降雨 300 mm/h の悪環境、1 枚のプロペラが停止しても飛行を継続できる技術や、上空から瓦礫内からの人の声を聞き取る技術などを開発した。2017年の九州北部豪雨災害では、福岡県東峰村に出動し、有視界外自律飛行によってドローンが解像度 2 cm の 2D オルソ画像（図 8-2）を撮影し、関係機関へ提供した。

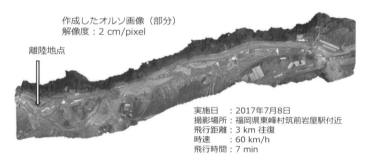

作成したオルソ画像（部分）
解像度：2 cm/pixel

離陸地点

実施日　　：2017年7月8日
撮影場所：福岡県東峰村筑前岩屋駅付近
飛行距離：3 km 往復
時速　　　：60 km/h
飛行時間：7 min

図 8-2　九州北部豪雨災害のオルソ画像（福岡県東峰村）

図 8-3　空飛ぶ消火ホース「ドラゴンファイヤーファイター」

図 8-4　サイバー救助犬スーツ

図 8-5　ドラゴンハイパー・コマンドユニット

　索状（ヘビ型）ロボットとして、瓦礫との接触を検知する触覚、狭い瓦礫内の 3D マップを作成し遺留品を自動認識する視覚、騒音を除去して音声を聞き取る聴覚などを搭載し、瓦礫内を浮上しながら潜り込んで要救助者を捜索できる「能動スコープカメラ」を開発した。プロトタイプは、調査が困難だった福島第一原発の狭隘部で使用された。また、産業施設の配管・ダクト・垂直梯子・階段などを移動して点検調査できるロボット、空飛ぶ消火ホースロボット

（図 8-3）、火の中の任意形状の物体を把持できる「耐火グリッパ」が開発された。

　「サイバー救助犬スーツ」（図 8-4）は、救助犬の位置や行動（歩く、走る、嗅ぐ、吠える）を遠隔でモニタリングでき、多数の救助犬を遠隔に放って捜索活動を実施することを可能にした。日本救助犬協会他の組織に貸し出され、使用訓練が続けられている。犬のやる気の推定や、遠隔からの犬の行動誘導の研究にも取り組まれた。

　内閣府 SIP では、インフラ点検の災害予防ロボットが開発された。「球殻ヘリ」は橋梁の構造内を自由に飛行し、ひび割れをマッピングして、点検調書を自動作成できる。

　総務省消防研究センターは、石油タンクの大規模火災を消火するためのロボット「ドラゴンハイパー・コマンドユニット」（図 8-5）を開発した。ドローンからの情報収集に基づき、放水車がホースを展開しながら部署し、放水消火できる。システムは市川消防に配備された。

　ロボットの試験を行える施設として、福島ロボットテストフィールドが設置された。

第 4 節　到達点とこれから

　発災直後にドローンが自動離陸、広域を飛行して危険箇所の情報収集を行い、災害対策本部の意志決定を支援する。遠隔建機が危険箇所の工事を実施し、道路を啓開する。救助犬が迅速に要救助者を発見し、救助隊に知らせる。能動スコープカメラが瓦礫の中の要求者の位置を特定し、状態を調べて、救助や緊急医療を支援する。大規模火災や危険な現場には、ロボットが出動し、安全かつ迅速に沈静化を図る。産業施設やインフラの点検コストが飛躍的に下がり、その結果、社会全体のレジリエンスが向上する。ロボット技術の高度化と普及によって、このようなシナリオが現実のものとなりつつある。

おわりに　～執筆者から

　災害の克服のためには既存の方法論の徹底だけでは限界があり、新しい技術を積極的に適用したイノベーションが必須である。研究開発はもとより、実用化と配備に向けた取り組みを進め、社会がそれを将来への投資として積極的に活用し、新しい試みを不断に実施し続けることが求められている。人の命が理不尽に失われないで済む、社会の実現のために。

参考文献

1）ImPACT タフ・ロボティクス・チャレンジ研究開発ストーリー、YouTube, 2019.（https://youtu.be/_sSLKsRBPxk）
2）田所、防災ロボットについて我が国が取り組むべき中長期的課題、日本ロボット学会誌、Vol. 32, No. 2, pp. 64-, 2014.
3）Tadokoro Ed., Disaster Robotics, Results from the ImPACT Tough Robotics Challenge, Springer, 2019.

9章 原発事故の教訓と復興への取り組み

専門分野：保全工学

執筆者：**渡邉　豊、青木孝行**

要約

福島原発の廃止措置は、高放射線量率と高汚染のため接近が困難な条件下で、ダメージを受け安全機能が低下した主要設備を維持しながら燃料デブリの取り出しを行うという前例のない取り組みが必要である。放射性物質の外部放出リスクを最小化するため、安全に管理できる状態へ早期に移行させるための戦略的取り組みとともに、効率的・効果的な燃料デブリ取り出し方法とダメージを受けた主要設備の長期設備保全管理方法の考案が必要不可欠であり、そのための新技術開発と人材育成が急務となっている。

キーワード：原子力発電所、事故、廃炉/廃止措置、リスク低減、安全確保、基盤研究、人材育成

はじめに

2011 年 3 月 11 日、東北地方太平洋沖地震が発生した。この地震は千年に一度とも言われる大地震であった。その揺れの大きさもさることながら、それに随伴して発生した巨大津波が東京電力ホールディングス㈱福島第一原子力発電所（以下、1F という。）を直撃した。これが引き金となって我が国初めての原発事故が発生した。この事故で放射線による死者は出なかったが、放射性物質の外部放出により周辺住民の避難が必要となり、地域コミュニティの崩壊と環境汚染等の深刻な問題を発生させた。

第 1 節　その時、1F で何が起きたのか

運転中であった 1F の原子炉（1～3 号機）は、地震による大きな揺れを感知して制御棒が炉心に自動的に挿入され原子炉は停止した。地震によって外部からの電源供給が途絶えたが、非常用の発電機が正常に働き、ポンプなどに電源を供給することができたため、原子炉を冷却するための「冷やす機能」を維持することができた。しかし、その約 1 時間後、想定を大幅に超える高さ 14～15 m の津波が押し寄せ、敷地内および建屋内に浸水。建屋内の非常用電源設備が水浸しになって使えなくなり、その結果、原子炉を冷やすためのポンプや非常用の発電機などの重要な設備に電源供給することもできなくなって「冷やす機能」を失うこととなった。

　核燃料は、核分裂が停止した後もそれまでに核分裂で生じた放射性物質が安定化するために
α線、β線及びγ線を放出する、いわゆる崩壊熱[1]が大量に放出される。崩壊熱を除去する機
能を失ったために、原子炉内の冷却材が徐々に蒸発して水位が低下したので、緊急対応として
外部から消防用の淡水を、それが枯渇後は海水の注入も試みたが、結局、空炊き状態となって
燃料が溶融し原子炉圧力容器（RPV）の壁を突き破って外へ溶け落ちるという重大事故に発展
した。さらに、原子炉を囲っている原子炉格納容器（PCV）の圧力が過大となって破損し、炉
心で発生した水素[2]が漏れて爆発を起こし、原子炉建屋が損傷するとともに放射性物質が外部
へ放出され、環境を広範囲に汚染させることとなった（図9-1）。

　以上のように、1F
事故の現場では、想定
していなかった事故に
対しシナリオのない対
応を迫られたが、消防
車や仮設ポンプ等を活
用した臨機応変の対応
で原子炉及び使用済燃
料プールに水を注入し
続けて収束させるとと
もに、その間に構築し
た循環冷却システムで
定常的に冷却できるよ
うにして現在に至って
いる。1F事故の調査・

図9-1　福島第一原子力発電所1〜3号機の事故の経過の概要
（東京電力ホールディングス㈱ホームページより）

検討は、東京電力福島原子力発電所事故調査委員会（国会事故調）、東京電力福島原子力発電
所における事故調査・検証委員会（政府事故調）、福島原発事故独立検証委員会（民間事故調）、
及び東京電力福島原子力事故調査委員会（東電事故調）によってそれぞれ実施され、報告書が
出されている。これらの報告書において未解決問題などの指摘等はあるものの、福島事故の直
接的な原因は津波による全電源喪失であるとされている。その後、原子力規制委員会は2013
年に「東京電力福島第一原子力発電所における事故の分析に係る検討会」を設置し、「福島第
一原子力発電所の現状には、現地調査が困難である等の制約要因が存在するため、現時点では
確証を得ることができない論点など、今後を待たざるを得ない技術的な論点も残されているこ
とは事実である。」として現在も調査・検討を継続している。同検討会は2014年に中間報告書
をとりまとめ、その中で「これまでの検討において、国会事故調報告書において未解明問題と

---

[1] 停止直後では、1号機で約97 MW程度、2,3号機で約167 MW程度の崩壊熱が放出される。
[2] 冷却材喪失事故を起こして冷却水から燃料が露出し800℃〜900℃以上の高温になると、燃料の被覆管に使用
　されているジルコニウムが水蒸気と反応して熱と水素が発生することが知られている。

して指摘されている事項については、概ね検討を終えたと考えており、本報告書においてそれぞれとりまとめている。しかし、高線量であることなどの理由により現地調査に着手できない事項などもあり、引き続き、継続した現地調査・評価・検討が必要である。」としているが、現時点においてもこれまでに報告されている主な事象経過や直接的原因を否定するような事実は確認されていない。

第2節　1Fの現状と廃炉計画

　事故後10年目を迎えた現時点において1F構内の環境は大幅に改善され、放射線防護服やマスクを装着せずに立ち入ることも可能となったが、1〜3号機の原子炉建屋等の内部は依然として放射性物質による高放射線量率と高汚染のため、作業員等が容易に接近することができない。このため、外部被ばく低減三原則（距離確保、遮蔽設置、時間制限）を徹底し、立ち入る場所を限定し特別な放射線防護服等を装着するなどの対策を講じるとともに、遠隔操作装置やロボットを多用するなどして建屋内やPCV内部の調査を実施してきた。その結果、1号機RPV下のPCV底部には燃料デブリと構造物と思われる堆積物があること、2号機の同場所には燃料デブリと構造物と思われる堆積物のほか、燃料集合体の一部（上部対プレート）が落下していること、3号機の同場所には燃料デブリと構造物と思われる堆積物のほか、炉内構造物の1つであるCRDガイドチューブと推定されるものがあることなどが判明した（図9-2）。

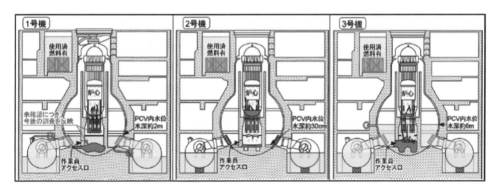

図9-2　福島第一原子力発電所のプラント状況
（原子力損害賠償・廃炉等支援機構「技術戦略プラン[1]」より）

　政府の廃炉・汚染水対策関係閣僚等会議が策定した「中長期ロードマップ」とそれに基づく燃料デブリ取り出し方法等の方向性を示すための「技術戦略プラン」[1]、そして原子力規制委員会のリスクマップ[2]に掲げられた目標を達成するため、東京電力は本年3月「廃炉中長期実行プラン2020」を発表した[3]。この中で東京電力は燃料デブリの試験取り出しをここ3年程度かけて2号機で実施し、それで得られた情報を本格取り出し装置等の設計に反映して段階的な取り出し規模の拡大を図っていくこととしている。1号機と3号機については、2号機での燃

料デブリ取り出しの経験を反映しながら進めていくこととしている（図9-3）。

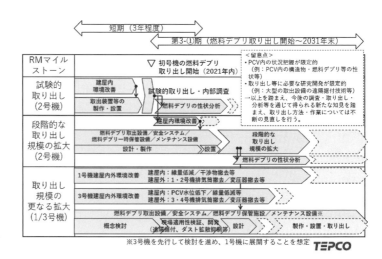

図 9-3 燃料デブリ取り出しのプロセス

1F のような事故炉の廃炉は、放射性物質による高放射線量率と高汚染のため、接近が困難な条件下で、ダメージを受けて機能が低下した主要設備を維持しながら燃料デブリの取り出しを行わねばならないという世界的にみて前例のない取り組みを実行しようとしている。このような未曾有のプロジェクトを安全着実に進めるには、放射性物質の外部への追加放出リスクを、現状の比較的リスクの高い状態から早期により安全に管理できる状態にまで低減し、時間余裕を確保した上で腰を据えて安全着実に廃炉作業を進められるようにする等、戦略的な取り組みが必要である。また、燃料デブリ取出し方法やダメージを受けた主要設備の長期設備管理方法を立案するにあたっては、効率的・効果的なアイデア/方法の導入によって、長期の要員確保や被ばく低減、そして資金確保を可能にする必要がある。そのためには、多種多様の研究及び技術開発が必要となり、これを実現するための人材育成が重要な課題となる。

第3節 事故の教訓と今後

原子力規制委員会は、1F事故の教訓として「福島原発事故では地震や津波などの共通要因により安全機能が一斉に喪失。」「さらに、その後のシビアアクシデントの進展を食い止めることができなかった。」を挙げ、共通原因による機能喪失及びシビアアクシデントの進展を防止するための基準を策定した（図9-4）。この基準は、世界の規

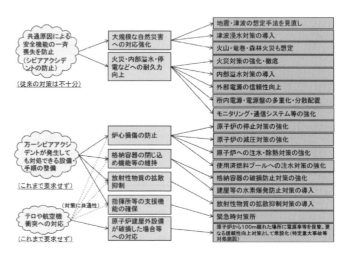

図 9-4 新規制基準の基本的な考え方と主な要求事項

格・基準類を網羅的に調査し、その上で原子力規制委員会独自の検討を重ねた上で策定したものであり、世界一厳しい基準であると言われている。

　事故後の後付けで考えれば、なぜこのようなことを想定しなかったのか、なぜ対策を取らなかったのか、ということになる。そして事故発生が想定されれば、それに対応できる対策を策定することは可能である。したがって、1Fのような事故を再発させないようにするには、ハザード（あるいはリスク）を想定する力あるいは想像力を鍛えておくことが第一に必要である。そのためには、原子力発電所という機械系とその事故対応を含む保安活動を実行する人間系の全体を俯瞰し、確率論的手法を含むリスク評価分析手法を身に着けることが重要である。第二に、想定されるハザード（あるいはリスク源）に対する対策を実行するか否かを適切に判断する能力が必要である。そのためには、そのような問題に対し組織として決断する仕組みと能力を備えておくことが必須である。

第4節　安全・着実な 1F 廃炉のために：東北大学の取り組み

　今後30年以上の長期に亘ることが予想されている1Fの廃炉は、国家の威信を賭けた大事業として政府を筆頭とするオールジャパン体制で懸命な努力がなされている。この世界的にも前例の無い大きな課題を解決し、廃炉を安全かつ着実に進めていくには、我が国の関連組織の総力を挙げた取組みが必要となっている。

　このような中、東北大学の1F廃炉への取り組みは、事故の翌年に総長自らが1F現場を訪問して、この未曾有の課題の解決（技術的挑戦）に被災地の総合大学として貢献しなければならないと決意した時に開始された。本学は「研究第一」「門戸開放」及び「実学尊重」の伝統的理念の下、「東日本大震災からの復興・新生の先導」を全学ビジョンに掲げ、その一環として「事故炉廃止措置・環境修復プロジェクト」を立ち上げて、2014度より廃止措置基盤研究・人材育成事業に取り組んだ。本事業では、事故炉の廃炉に資する基盤研究並びに今後の廃炉を担う若い技術者や研究者の育成に当たってきたが、2016年12月1日、これまでの活動をさらに発展させ、廃炉に関する我が国の基礎・基盤研究をリードするため、全学を横断した災害復興新生研究機構の構成組織として「原子炉廃止措置基盤研究センター（CFReND）」が設置され、学内の広範囲な学術と技術の結集による全学的な取り組みの推進を図ることで着実かつ安全な廃炉等に継続的に貢献する体制が整備された。2020年4月には、1F廃炉に関する東京電力との共同研究を実施するため、1F廃炉支援基盤研究部門が新たに設置された（図9-5）。CFReNDは、本学と外部機関をつなぐ橋渡し役として外部組織のニーズを咀嚼して学内へ伝え、学内のシーズや考え方を外部へわかりやすく伝えるインタープリター機能（ハブ機能）を

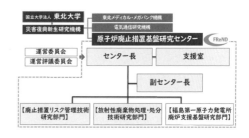

図9-5　原子炉廃止措置基盤研究センターの概要

果たすとともに（図 9-6）、このような実
践的研究の場を活用して廃炉を担う次世代
人材の養成にも貢献するものである。

おわりに　〜執筆者から

　過酷事故を経た 1F 廃炉の完遂のために
は、既存技術の組み合わせのみならず、革
新的技術の開発あるいは現象等の原理的解
明などが不可欠であり、学術的にも広範な
分野での高度な挑戦が求められている。東

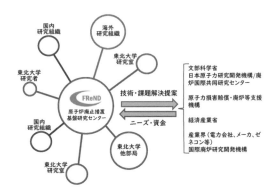

**図 9-6　原子炉廃止措置基盤研究センターの研究連携
ハブ機能**

京電力との連携が成立した現在、1F 現場の真のニーズや生のデータを的確に、しかも迅速に
入手できるようになった。CFReND が機能し、本学のあらゆる分野の研究ポテンシャルが効率
的・効果的に発揮されて、1F 廃炉の安全かつ着実な進展に貢献することが期待される。

参考文献

1）廃炉・汚染水対策関係閣僚等会議, "東京電力ホールディングス㈱福島第一原子力発電所の廃止措置等に向け
た中長期ロードマップ", 令和元年 12 月 27 日（https://www.meti.go.jp/earthquake/nuclear/pdf/20191227.pdf）
上記に基づき下記が策定されている。
原子力損害賠償・廃炉等支援機構, "東京電力ホールディングス㈱福島第一原子力発電所の廃炉のための技術
戦略プラン 2019", 平茂 26 年 10 月 8 日

2）原子力規制委員会, "東京電力福島第一原子力発電所の中期的リスクの低減目標マップ（2020 年 3 月版）", 令
和 2 年 3 月 4 日（https://www.nsr.go.jp/data/000306118.pdf）

3）東京電力ホーディングス㈱, "廃炉中長期実行プラン 2020", 2020 年 3 月 27 日
（https://www.tepco.co.jp/decommission/information/newsrelease/reference/pdf/2020/1h/rf_20200327_1.pdf）

10章 地震の揺れの科学

専門分野：地震工学、強震動地震学

執筆者：**大野 晋**

要約

東北地方太平洋沖地震は海溝沿いと陸域に近い場所で放出された地震波の周波数特性が全く異なる複雑な震源であり、このような周期帯域別の震源モデル構築が強震動評価上の課題となっている。また、地震被害予測や長周期地震動評価には地下構造モデルの高精度化が不可欠であり、多くの観測記録を活用した信頼性の高いモデルの構築が求められている。

キーワード：強震動、震動被害、長周期地震動、地下構造、震源モデル、緊急地震速報

はじめに

　強震動は主に震源・伝播経路・地盤増幅の3つの性質で整理されるが、東日本大震災では巨大地震の震源のモデル化、特に周期依存性と遠方での長周期地震動に寄与する地下構造のモデル化が課題となった。また、緊急地震速報についても手法の見直しが行われた。

第1節　東日本大震災が明らかにした問題

　「何が起きたのか？」　東北地方太平洋沖地震のマグニチュードは9であり、それまで日本では観測されなかった非常に大きな地震であった。そのため、図10-1に示すように震度6以上、一部では震度7となる大きな揺れが東北地方太平洋沿岸の広い範囲で長い時間観測された。全体的には周期0.5秒以下の短周期成分が卓越した場所が多かったが、関東・濃尾・大阪平野などの大規模な平野では基盤が深く柔らかい地下構造の影響で周期数秒以上の長周期地震動が卓越した[1]。

　仙台市では1978年宮城県沖地震（マグニチュード7.4）も経験しているが、同じ地点で観測された強震記録を比較すると、建物や地盤の震動被害に関係する周期10秒以下の帯域

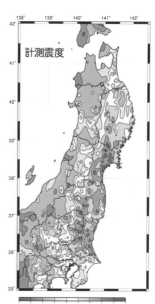

図 10-1　東日本大震災の震度分布

では周期特性はよく似ていること、振幅は東北地方太平洋沖地震の方が3割増し程度と地震規模の違いに比べて差は少なかったこと、一方継続時間は東北地方太平洋沖地震の方が非常に長かったことが報告されている[1]。

　観測された初期微動から震源位置と地震規模を推定して大きな揺れが到達する前に警報を発する緊急地震速報では、主要な滑りに先立って起った初期破壊の規模が小さかったことから、地震規模を過小評価する結果となった。

　「被害の実態」　揺れによる被害としては、宮城県など震源に近い場所では、主に旧い基準で建てられた建物に倒壊や大破で建て替えが必要となるなどの被害が生じたと共に、多くの古い造成宅地で宅地崩壊が生じた。仙台市は1978年宮城県沖地震も経験しているが、被害が大きかった場所は概ね重なっており、地盤応答の影響が大きいことが指摘されている。また、特に関東地方の広い範囲で液状化による地盤の沈下被害が生じた。

　大規模平野では長周期地震動が卓越したため、超高層建物が非常に長い時間揺れにさらされた。震源から700 km離れた大阪湾沿岸の咲洲庁舎では、建物の固有周期と長周期地震動が共振し、建物頂部で1 mを超える揺れとなった。建物の安全性を脅かすような構造的な被害は少ない場合でも、天井や間仕切り壁など非構造材と呼ばれる二次的な部材や、設備機器には大きな被害が生じた場合があり、単に構造安全性のみならず室内の安全性も確保することの重要性が指摘された。

第2節　震災が破壊したパラダイム

　「従来までの常識と必要だった対応」　建物の設計用入力地震動や地震被害想定のための地震ハザード評価では、想定された震源域と地震規模を用いて評価が行われてきた。1995年兵庫県南部地震（阪神・淡路大震災）以降、構造物に重要な周期帯域の地震動を評価するには、単に断層面に一様な滑りを設定するだけでは不十分であり、強震動生成域と呼ばれる特に地震動を強く放出する場所のモデル化が重要とされてきており、主要な地震についてはそのような震源のモデル化が行われてきた。

　東日本大震災では、単独で動くと思われてきた震源域が複数連動し、想定をはるかに越える地震規模となった。大きな津波や地殻変動を引き起こした非常に長い周期帯域（周期20s以上）では海溝沿いの浅い部分の滑りが大きかった一方、震動被害を引き起こした周期帯域（周期10s以下）ではより陸域に近い深い部分の滑りが大きく、両者の場所が大きく異なることが指摘された。このような周期帯域による違いが存在し得ることは以前から指摘されていたが、観測例も少なく強震動評価のスキームとして組み入れられてはいなかった。

　長周期地震動については、2003年十勝沖地震の苫小牧での石油タンク被害に代表されるように、構造物との共振により遠方でも被害を引き起こし得ることは認識されていたが、東日本大震災のような超巨大地震により、震源から700 km離れた大阪湾の超高層で揺れが大きくなるとは想定されていなかった。

　緊急地震速報では基本的に震源を点震源として推定するため、断層が広い範囲で破壊する巨大地震への適用性に課題があることは指摘されていたが、その問題は解決されていなかった。

第 3 節　新しいアプローチ

　第 2 節で述べたような主要な滑り域が周期帯によって異なることを強震動評価のスキームに取り入れるために、周期帯域別のモデル化の検討を進める必要がある。なお、震動に影響する周期帯域でも同じ強震動生成域では不十分で、さらに階層化したモデル化が必要との指摘もされている。東日本大震災は海溝型巨大地震であったが、2016 年熊本地震のような内陸地震においても、断層が地表に達しない場合（伏在断層）と地表に現れる場合では異なり、前者では深い部分の速い滑りが短周期成分を生み出すが、後者では浅い部分のゆっくりした滑りにより長周期成分が卓越することや、震動卓越方向が前者と異なることなどが指摘されている。このような震源の周期帯域別の詳細なモデル化や設計用地震動評価スキームへの組み込みの検討は、観測例も少ないことからまだ十分ではないが、特に長周期構造物に与える影響は大きく、今後検討を進める必要がある。

　長周期地震動の評価には震源のモデル化に加えて地下構造が大きく影響することから、地下構造モデルの精度（正確さおよび空間分解能）を高める必要がある。陸域は地震観測点が比較的密にある一方海域の観測点は少なかったが、東日本大震災後に防災科学技術研究所で海域の地震・強震・津波観測網（S-net）が整備されており、この観測網を用いた強震動評価のための海域の地下構造モデルの高精度化が期待される。また、震動被害が集中的に生じる地域は構造物に影響が大きい周期帯域（低層建物では周期 1 秒強、免震や超高層建物ではより長い周期）で増幅が大きい地域と重なることが多く、陸域での地下構造モデルの精度も高める必要がある。

　建物に比べると地盤の強震観測は兵庫県南部地震以降の全国的な震度観測網や強震観測網の整備により充実しているが、それでも被災時に得られる揺れの空間分解能は低い。被災時の揺れの補足精度を高めるためには、強震観測自体の密度を上げること、空間補間精度を上げるために地下構造モデルの精度と空間分解能を上げることが必要である。

　緊急地震速報については、震源を点震源として推定することが過小評価の原因であったことから、初期微動から一旦震源を推定する手法ではなく、揺れの波動場自体を推定する手法の開発・適用が進められている[2]。

第 4 節　到達点とこれから

　「新たな災害科学の手法」　地下構造モデルの高精度化や高解像度化は、設計用地震動や震災時の揺れの分布を精度よく求めるために必要である。そのために、これまで物理探査手法の利用や、常時微動測定による地下構造のモデル化などが行われているが、強震観測記録を用いて

広域の3次元構造を直接最適化できる新たな手法とし
て、随伴法による地下構造の最適化の研究を進めてい
る。これは、3次元構造を直接最適化できること、複数
の記録を同時に最適化できるなどの長所がある。

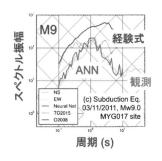

　また、日本の地震活動は世界でも特に活発なことか
ら、強震動の観測データは日々蓄積されており、データ
駆動型のアプローチが可能になっている。強震動評価精
度の向上や予測時間の短縮を目指して、機械学習による
設計用強震動や即時の揺れの予測への研究を行っている
（図 10–2）[3]。

図 10-2　深層学習による地震動評価例[3]

おわりに　～執筆者から

　東日本大震災に代表される近年の地震災害（震動被害）では、被害集中域が出現することが
あるが、多くは構造物が揺れやすい周期帯域で地盤増幅率が大きい地域に古い基準の建物が多
く存在した場合である。観測データから事前に揺れやすい場所を把握し、設計用地震動に反映
させるとともに、建物の補強を優先的に行うことが必要と思われる。また、強震動の評価精度
が建物応答の評価精度よりも低いことがしばしば指摘されるが、これまで多くの強震記録が蓄
積されており、データ駆動型アプローチなどを駆使して評価精度を高める必要があると思われ
る。

参考文献

1）Preliminary Reconnaissance Report of the 2011 Tohoku-Chiho Taiheiyo-Oki Earthquake, Architectural Institute of
　Japan（Ed.）, Springer, 2012.
2）気象庁、https://www.data.jma.go.jp/svd/eew/data/nc/plum/index.html
3）S. Ohno and R. Tsuruta（2018）Ground-motion prediction by ANN using machine learning for the Tohoku region,
　Japan, Proc. 11NCEE, Paper No. 998.

11章　スマートストラクチャの科学

専門分野：建築構造工学

執筆者：**榎田竜太、五十子幸樹**

要約

スマートストラクチャとは、構造物の応答を計測する装置と制御を行う装置を備えた構造体であり、今後発生が危惧される南海トラフ沿いを震源とする巨大地震や都市直下地震における地震減災を実現する有望な方策の一つである。また、スマートストラクチャの実現と構造ヘルスモニタリングに重要な役割を果たす構造物物理量推定技術の現状についても解説する。

キーワード：スマートストラクチャ、長周期地震動、高層建物、モニタリング、損傷検知

はじめに

我が国には超高層建物や免震建物が数千棟建設されている。東日本大震災は、これら長周期構造物が長周期長時間地震動の脅威に晒されているという事実を改めて社会的課題として突きつけた。本稿では、この新しい課題への対応方策をスマートストラクチャとそれを実現する計測技術、構造物物理量推定技術の観点から解説する。

第1節　東日本大震災が明らかにした問題

「何が起きたのか？」　2011 年 3 月 11 日に発生したマグニチュード 9.0 の東北地方太平洋沖地震では、東北地方の各所に配置された数多くの地震計において、重力加速度（＝9.8 m/s^2）を優に超える大加速度の地震動波形が記録された。

「被害の実態」　この大加速度の地震動波形によって、避難所として機能すべき体育館などの大空間構造物に天井の落下などが生じ、避難所として利用できないなどの問題が生じた。なお、観測された地震波形は、低層の構造物に被害を生じさせるキラーパルスの振動（1～2 秒の周期）成分が多く含まれていなかった。そのため、これらの地震動波形が大加速度を記録した割には、戸建て住宅等の低層構造物への直接的な被害は軽微なものにとどまり、直下型地震に起因する 1995 年の阪神・淡路大震災ほどの構造物の崩壊には至らなかった[1]。

一方、震源から約 300 km 以上も離れた東京の多くの高層建物が、長周期地震動によって、長時間にわたって大きく揺すられ、機能不全や機能障害に陥った。さらに、震源から約 770

km も離れた大阪湾の埋め立て地に立つ 55 建ての超高層建物は、10 分間にもおよぶ長時間の揺れを経験した[1]。その最上階は水平方向に最大 2.7 m も揺れ、その後の調査によって、天井の落下や床の亀裂などの約 360 か所の被害が生じていたことが明らかとなった。この東日本大震災によって、高層建物はその土地の近傍で発生する直下型地震のみならず、数百キロ以上も離れた場所で発生する地震の長周期地震動に対しても備える必要があることが社会的にも認識されるようになった。

　高層建物が大きく揺さぶられた後も、続発する余震に対する安全性の確保が求められ、地震後の健全性（損傷の有無、場所の検知、深刻度）評価の要望が高まった。しかし、巨大地震では被害地域が広範になることに加えて、構造物が大規模になるにつれて目視等による健全性評価は難しくなり、余震による危険性が高い中膨大な人的労力を費やさなければならないなどの課題が顕在化した。この東日本大震災を機に、人的な労力を必要としない計測機器を用いた建築構造物のモニタリング技術や損傷検知技術の重要性が強く認識された。

　東日本大震災以降、建築構造分野においては、主に、下記の 2 つが重要な課題となった。

① 高層建物の耐震性能の向上

② 地震後の構造物健全性の評価

この上記の 2 課題に対して、著者らの取り組みと今後の課題を下記にまとめる。

第 2 節　高層建物の耐震性能向上のためのスマートストラクチャ

　電車やバスなどの乗り物に乗っていて、急に動き出したり止まったりした時に、その動きを感じて足を踏ん張ったり、つり革を掴む手に力を入れたりして体の安定性を保とうとした経験は誰しも持っているであろう。建築構造物にも、人間の感覚と筋肉にそれぞれ相当するセンサー（計測装置）と動的ジャッキを設置し、頭脳に相当するコンピュータで制御する方法がある。スマートストラクチャである。我が国では、1980 年代後半から 1990 年代前半にかけての未曾有の好景気を背景としてスマートストラクチャが建設された時期があった。残念ながらそのような状況が長続きせず下火になってしまったのは、その後の景気後退の影響も大きいが、大地震時や巨大台風などが発生して停電してしまうとシステムが稼働しない恐れや、思わぬ動作や装置の暴走により構造物に有害な力や損傷を与えてしまう懸念があったことも要因として考えられる。

　2000 年以降も同様の状況が続いていたが、近年古くからあった受動的（パッシブ）な振動制御技術が見直され別の形でスマートストラクチャが復活の兆しを見せている。注目すべきは、動吸振器または同調質量ダンパー（tuned mass damper [TMD]）と呼ばれているものである。建物の頂部に大質量の振り子を取り付け意図的に共振させるもので、建物が地震動や強風によって揺れだすと、振り子が建物の揺れを打ち消す方向に動いて建物の揺れを抑える。実際、東京新宿の超高層建物の中には、6 基の同調質量ダンパー合計で 1,800 トンもの錘を用いて長周期地震動対策とした事例もある[2]。外部電源を必要とする計測装置と動的ジャッキがなくて

も、吊り下げられた錘が建物の揺れとその周期を受動的（パッシブ）に検知して振動し、受動的に揺れる錘に接続された減衰装置が建物本体の振動エネルギーを吸収するので、揺れの検知機構と制御機構を併せ持つスマートストラクチャ的な側面もある。建築構造物の地震時応答制御においては、低コスト化と災害時の安定的動作性能が求められており、外部電源を必要としない受動的スマートストラクチャが今後の主流となるかも知れない。

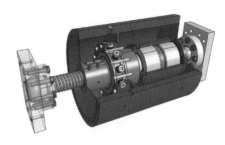

図 11-1　ダイナミック・マス装置の一例

　近年、直線運動を高速回転運動に変換するボールねじ機構に円筒錘を取り付けその質量効果を数千倍に増幅させるダイナミック・マス（図 11-1）と呼ばれる装置が東北大学と民間企業の共同研究で開発されたことで、コンパクトで重量負荷の小さい同調質量ダンパーの可能性が広がった。これは既に 3 棟の高層ビルに採用されている。また免震建物において、免震層変位が過大になったことを検知すると油圧システムにより制御力を増大させて過大になった変位を抑制する性能可変オイルダンパー（図 11-2）も開発した。これも受動的スマートストラクチャの一つで、実用化へ向けた開発研究が進んでいる。

図 11-2　性能可変オイルダンパー

第 3 節　地震後の構造物健全性を評価するモニタリング技術

　構造物の損傷の有無、深刻度合いの確認には、人による目視検査が最も直接的な方法である。ただし、この手法の検出精度は、それを実施する人の経験や能力と損傷した箇所の視認性に強く依存する。そのため、構造物に計測機器を設置し、その取得データを利用して、構造物の健全性を評価することが試みられている。周波数領域の手法が健全性評価に使われることが多いが、周波数領域の手法では構造物全体が著しい損傷を被った場合のみに有効である。そのため、この手法では、構造物のどの階のどの部分でどの程度の損傷が生じているかを評価するのは難しい。現在、周波数領域の情報ではなく、構造物の直接の物理量（質量、剛性、減衰）によって構造物の損傷を評価する技術が求められている。

図 11-3　三層構造物の E ディフェンス実験

これに対して、著者らは、SPLiTS（Simple Piecewise Linearisation in Time Series）という新たな手法を開発することで、地震被害を受けた構造物の物理量を時刻領域で検知できるようにした[3]。この手法を、図 11–3 の世界最大の 3 次元振動台実験施設である E-Defense において実施された実大 3 層鉄骨造（幅：奥行：高さ＝18 m: 12 m: 13.5 m、総重量 140 t）の実験に適用し、その有効性を検証した。この検証では、図 11–4 のように、SPLiTS は構造物の剛性や減衰の変化を時刻歴で表現できること、ならびに、その構造物がその地震によって吸収したエネルギーも時刻歴で表現できることを示した。これによって、

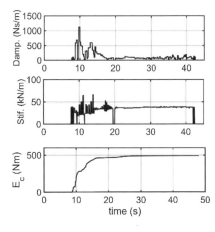

図 11-4　一層目の推定結果

どの階にどのタイミングで、どのぐらいの損傷が生じるかが視覚的に確認できるようになった。

　現在の SPLiTS の利用には、構造物の各階に設置した計測機器によって、加速度応答と変位応答の両方のデータ取得が必要になる。無線センサーの技術進歩により、以前にもまして、市中構造物の加速度データが簡単に取得できるようになったが、変位データの取得は依然として難しい課題である。そのため、SPLiTS を市中の構造物に適用させるために、変位データを使用せず、加速度データのみで同じ精度の物理量推定が実現できるようにする。

おわりに　～執筆者から

　2011 年の東日本大震災においては津波によって人的・物的被害が拡大した。1995 年の阪神・淡路大震災では構造物の倒壊が、1923 年の関東大震災では火災が、主な被害の拡大要因であった。いつ、どこで、どのくらいの強さで発生するかが未だ予知できない地震に対して、その被害を軽減するためには、地震に付随する各種の被害拡大要因に対抗していかなければならない。これに対して、著者らは長期的な視野に立ちながら、積極的に先端技術（例えば、AI や無線技術）を応用することで、将来生じる地震災害の低減を目指している。

参考文献

1) 東北地方太平洋沖地震を教訓とした地震・津波対策に関する専門調査会（第 8 回）、
　http://www.bousai.go.jp/kaigirep/chousakai/tohokukyokun/8/pdf/sub2.pdf［2020 年 7 月 29 日アクセス］
2) 三井不動産株式会社、鹿島建設株式会社、「新宿三井ビルディング」で長周期地震動の揺れを半減 日本初 屋上に超大型制震装置（約 1,800 t）工事完了 https://www.mitsuifudosan.co.jp/corporate/news/2015/0514/
3) Ryuta Enokida, K. Kajiwara, Simple piecewise linearisation in time series for time-domain inversion to estimate physical parameters of nonlinear structures, Struct Control Health Monit. 2020

12章 災害シミュレーション

専門分野：計算力学・計算災害科学

執筆者：**寺田賢二郎**

要約

東日本大震災におけるキーワードの一つが「想定外」である。数値シミュレーションほどこの想定の外に弱いものはない。災害の種類や規模等の条件設定、計算ツール、予測（出力）結果から構成される災害シミュレーションは、どのような類のもので、どう改善すべきか、その役割と課題について概観してみる。

キーワード：数値シミュレーション、地震・津波、破壊現象、代理モデル

はじめに

　数値シミュレーションによれば、想定した条件設定の範囲内であれば災害に対する備えを行うために有益な事前情報を提供してくれるものと期待されている。一方で、東日本大震災におけるキーワードは「想定外」であった。本稿では、災害シミュレーションにとって想定が最重要であることを再確認するとともに、現状の課題と展開についての私見を述べる。

第1節　東日本大震災が明らかにした問題

　「何が起きたのか？」　シミュレーションは災害時に何が起こるのかを予測する手段であるが、想定していないものは予測できない。この当たり前のことが露呈し、甚大な被害を予見できなかった。数値シミュレーションを専門の立場からするとそれに尽きるが、東日本大震災においてどんな役割を担ったのか、あるいは担うべきだったのか、そしてそれを教訓として今後どうあるべきなのか整理しておく必要がある。

　「未だ見えない実態」　様々な被害に関する数字は他稿に委ねるが、襲来した地震のエネルギーは、構造物や地域・都市が保有していた性能を遙かに超え、長時間かつ広域にわたって破壊行為を行った。そして、事前の対策が無意味だったのでは無いかと思わせる程に苛烈であった。しかし、事前の対策にも何らかの意味はあったはずである。実際、阪神・淡路大震災以後の対策により、東日本太平洋沖地震による建物被害は地盤との相互作用の問題を除けば想定内に収まったといえる。また、津波のすさまじい破壊力に対して、事前のハード対策は完全な防

御までには至らなかったことは事実であるが、エネルギーを吸収することで被害の軽減に多少なりとも貢献したはずである。しかし、後述するように、現在のシミュレーション技術ではこの種の破壊現象を適切に再現できないため、未だ実態解明には至っていない。本項は、災害シミュレーションの有する"予測機能"に主に焦点を当てるが、このような事前対策の有効性に関する"科学的検証機能"も重要であり、技術の高度化が望まれる。

第2節　変わらない常識の再認識

　一般に、シミュレーションには対象があり、その対象に合わせて作り込まれたツール（道具）がある。道具はいわば箱である。ある条件（データ）をその箱に入れると結果（予測）が出力される。したがって、シミュレーションにとって想定は入力そのものであり、予測結果と一対一の対応にある。しかし、用意していなかった条件であっても、条件の範囲さえ決めておけば、精度の範囲内で起こり得る事象の"予見"は可能である。つまり、想定した条件の範囲で複数の予測を事前に行っておけば、"内挿"することで災害への備えのために有益な事前情報が提供されるのである。これは従来までの常識でもあり、これからも変わらない。

　想定した箱への入力が実態と異なれば予測は合わないという当たり前の結論がある一方で、入力が正しければすべてOKなわけではない。その箱は思ったような働きをして信頼できる予測を出力してくれるかといった問いが常に投げかけられる。シミュレーションの道具（すなわち箱）の実体は計算プログラムであるが、ある種の災害を模擬できるであろうと想定して作った"数学モデル＝方程式"である。実はここにも「想定」があることを忘れてはならない。すなわち、そのモデルは信頼に足るものか、予測したい現象の表現性能は十分か、物性などの入力情報は確からしいか、などについて十分な検証が必要とされる。

第3節　高度化と表現性能への要求

　自然災害という物理現象の予測・再現計算に限定すれば、シミュレーションは物理的な事象を数学の世界の言葉で表現し、それを計算機（コンピュータ）の理解できる言葉に置き換えて話をさせる行為であり、そこから何か防災・減災に資する有益な情報を導くことを目的としている。図12-1は、地震・津波災害を対象とした数値シミュレーションとハード／ソフトウェアの変遷等をまとめたものである。時代を経るごとに、スパコンに代表されるハードウェアの高性能化とソフトウェアの高度化が足並みをそろえて進み、より複雑で大規模な（つまり、現実的な対象領域における）災害の再現・予測が要求されてきた。合わせて、大きな災害を契機に設計基準や法制度の見直しが行われるのと並行して、計算災害科学にも精度改善や新しい計算対象への対応が要求されるようになった。

　特に、阪神・淡路大震災以後は、建物の破壊や崩壊といった設計上計算に考慮されなかった現象の再現が要求されるようになり、今でも計算科学分野における重要な研究課題の一つとさ

れている。一方、東日本大震災時の巨大津波は、仮に想定できていたとしても、流体力による都市や構造物の損壊状況は、当時のシミュレーションの技術が対応可能な複雑さや規模をはるかに超えていた。実際、津波が構造物を破壊し、がれきを巻き込んで人や建物に襲いかかる現象は、今日でも再現できない現象の一つであり、多くの研究者がしのぎを削ってその数値シミュレーションの高度化に取り組んでいる。このように、破壊の問題、また地盤・構造物、構造物・流体の相互作用の問題などは持続的に挑戦すべき課題である。

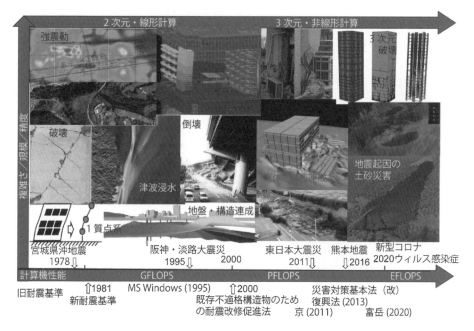

図 12-1　災害シミュレーションとハード／ソフトウェアの変遷

第 4 節　効率化と確からしさへの要求

　十分な実績があり、現状でもある程度の信頼性をもって実用に供しているシミュレーションツールも幾つかある。津波の到達時間や浸水予測はその類であろう。地震発生と同時に津波の発生、規模を推定して、事前に多くのシナリオ（ケース）に対して計算しておいた結果を踏まえて最も確からしい予測を行う方法は、（欲をいえば切りがないが）実用上は十分な精度が保証できている。このようにツールとして完成していれば、モデル縮約や代理モデルの導入によって計算コストを下げることでリアルタイム性を追求したり、確率論的なリスク評価を確立したりすることが課題として挙げられる。

　図 12-2 は、断層のすべり角と滑り量（説明変数）を変化させて仙台湾に押し寄せる津波を計算した例である。図 12-3 のように、最大波高を説明変数の関数として表現することでリアルタイムの被害推定が可能となると同時に、最も起こりやすいと考えられるシナリオの結果を

期待値として他のシナリ
オが起こり得る確率を示
すことが可能となる（図
12-4)[1]。各シナリオの結
果としてより何が起こる
のかが明示されたうえで
確率が分かれば、それに
対してどう備えればよい
かめどを立てやすくな
る。

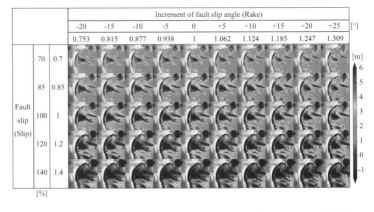

図12-2　津波の発生源となる断層のすべり量とすべり角のばらつきを想定し
たシミュレーション結果として得られた仙台湾に到達する津波の最
大波高のばらつき

　このように、解けない
問題を解けるようにする
研究と、解ける問題については効率化や確からしさを明示する実践的な研究、その両輪をうま
く回していくことが肝要である。

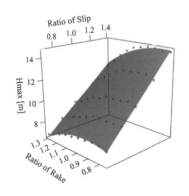

図12-3　断層のすべり量とすべり角を説明変数と
した最大波高の関数表現

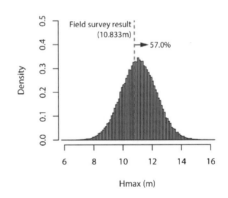

図12-4　想定したシナリオの最大波高の津波が
襲来する確率の密度分布

おわりに　～執筆者から

　地域・都市や構造物が、災害から人の命を守るという最重要機能を有しているか否か、有し
ていなければどのような対策が必要なのか、そのような問いに確度をもって答え得る防災技術
として数値シミュレーションを発展させたいと考えている。

参考文献

1) T. Kotani, K. Tozato, S. Takase, S. Moriguchi, K. Terada, Y. Fukutani, Y. Otake, K. Nojima, M. Sakuraba, Y. Choe.（2020）
Probabilistic tsunami hazard assessment with simulation-based response surface, Coastal Engineering, Vol.160. 103719.
doi: 10.1016/j.coastaleng.2020.103719

13章 津波の広域被害把握技術の発展と今後

専門分野：広域被害把握

執筆者：**越村俊一、マス・エリック**

要約

津波の広域被害把握のためのリモートセンシングの活用について、浸水域・遡上特性の把握、建物被害の抽出、瓦礫の把握、被災者の探索という課題に着目して、研究の現状と展望について概説する。

キーワード：津波災害、広域被害把握、リモートセンシング、空間情報、災害対応

はじめに

　リモートセンシングは、巨大災害時の広域被害把握の要諦となる技術として、その活用に対する社会的要請が高かった。東日本大震災においても有効に活用され、被災地の被害把握や復旧のモニタリングに有効であった。その後 10 年で、センサの性能、プラットフォームの多様化、解析技術の高度化により大きな変革が起きている。

第 1 節　東日本大震災が明らかにした問題

　「何が起きたのか？」　巨大災害後の対応や被災地での救援活動において最も重要な課題の一つは被害の全容把握である。災害の発生直後は、深刻な被害を受けた地域からの情報が断片的となり、被害の全容把握が極めて困難になるとともに、被災地での救援活動や復旧活動も難航する。2011 年東日本大震災の被災地は広大で、発災直後に激甚な被災地がどこにあるかを迅速に把握することは困難を極めた。現地での被害把握に関する対応は、調査期間や人的資源の制約により限界があるため、被災地外からの把握が必要であると考えられており、そのための人工衛星、航空機等によるリモートセンシング技術が広く利用された。

　「被害の実態」　2011 年東北地方太平洋沖地震発生直後には、複数の機関による緊急観測が実施された。たとえば JAXA は 2011 年当時、陸域観測技術衛星「だいち」を運用しており、標高などの地表の地形状況を把握するパンクロマチック立体視センサ（PRISM）、土地被覆や土地利用状況の把握のための可視近赤外放射計 2 型（AVNIR-2）、および昼夜を問わず陸域観測が可能な L バンド合成開口レーダ（PALSAR）の 3 つの地球観測センサを搭載していた。AVNIR-2 センサは、RGB の可視光の 3 バンドに加え、近赤外のセンサもあり、地上分解能は

直下視で 10 m である。図 13-1 に、2011
年 3 月 14 日に撮影された ALOS AVNIR-2
の画像を用いて作成した浸水域図を示す。
水の分光反射特性に着目して画素値の閾値
を求めることにより、簡易に陸域の浸水範
囲の把握を行った。このほか、航空写真を
用いた建物被害の把握も行われたが、主に
目視判読による人海戦術で流失・残存の判
定が行われていった。たとえば、発災直後
に取得が可能になりつつある航空機・無人
機による写真は、目視での解釈・判読が可
能である。著者らは国土地理院が撮影した
宮城県の被災地の航空写真を用いて、県内
16 万棟の建物被害を目視判読により抽出

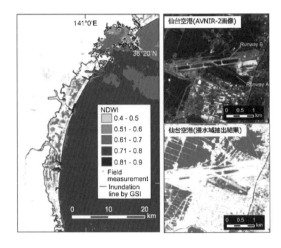

図 13-1　ALOS AVNIR-2 の画像から推定した津波浸水
域。実線は国土地理院が航空写真から抽出し
た浸水ライン、緑点は現地調査結果。

した。人の目で解釈・判読するので時間がかかるのが難点であるが、近年急速に発展している
機械学習・深層学習の応用で、自動化が進みつつあるので、問題はすぐに解消されるだろう。

第 2 節　震災が破壊したパラダイム

　「従来までの常識（認識、知見、定説）」　表 13-1 に、東日本大震災後の研究において、広域
被害把握に用いられたセンサ・プラットフォーム、および解析手法をまとめる。災害リモート
センシングに利用されるプラットフォームは、現在では人工衛星から航空機、無人機など、幅
広い選択肢がある。センサについては、主に可視光・近赤外を捉える光学センサ、合成開口
レーダ、LiDAR（Light Detection and Ranging）が用いられる。把握したい項目や用途、把握し
たい時期、空間スケールに応じてセンサ、プラットフォームを使い分ける必要がある。

表 13-1　津波の広域被害把握のためのセンサ・プラットフォーム

抽出内容	センサ・プラットフォーム	解析手法
陸上遡上特性	航空機、空光学センサ、撮ビデオ	目視判読、エッジ抽出
浸水域	航空写真、無人機、光学・赤外センサ、合成開口レーダ	目視判読、画像フィルタ、変化抽出
建物被害	航空写真、無人機、光学センサ、合成開口レーダ	目視判読、変化抽出、機械学習、深層学習
瓦礫量	航空写真、光学センサ、合成開口レーダ、LiDAR	機械学習、3 次元計測・マッピング
被災者捜索	無人機、光学センサ	画像認識、機械学習

第 3 節　新しいアプローチ

　とくに、昼夜・天候を問わず観測が可能
な合成開口レーダを利用して、建物被害の
量的な把握を目指す解析手法が整備されて
きた。最も知見の蓄積が進んでいるのが変
化抽出法である。被災前後に撮像された画
像データセットの変化（画素値の差分や相
関係数）と建物被害程度を関連づけ、変化
量に対する閾値の決定や分類器を構築する
のが一般的である。図 13-2 に示すのは、2
時期の TerraSAR-X 画像から建物域をまず
抽出し、Decision Tree 法に基づく分類器
（Classifier）を構築して津波被災地の建物
被害抽出に適用した例である。流出建物抽
出に関して 80% の正解率で把握が可能で
あることが実証されている。ただし、この
変化抽出法が優れた結果を示せるのは、被
災前後のデータが同じ撮像条件で得られ
た場合に限られる。この欠点を克服し得
るのが、機械学習や深層学習である。事
前に建物被害の学習データを整備する
か、被災直後の限られた被害データを用
いて学習し、被災後のデータのみから建
物被害を抽出する手法開発が進められて
おり、優れた成果が得られている。たと
えば、図 13-3 に示すのは、SqueezeNet
という DNN（Deep Neural Network）を
用いて建物域を抽出した後に wide resid-
ual networks（Wide ResNet）という畳み

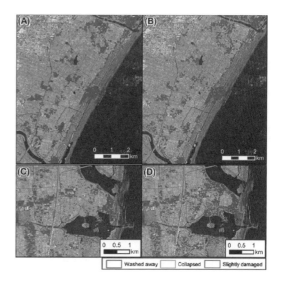

図 13-2　仙台市と亘理町における津波による建物被害の
　　　　抽出結果。(A)と(C)が調査結果、(B)と(C)が
　　　　TerraSAR-X 画像からの被害抽出結果である。

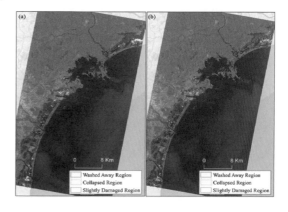

図 13-3　深層学習により、被災後の TerraSAR-X データ
　　　　のみから得られた建物被害抽出結果[7]。(a)建物
　　　　被害調査結果、(b)深層学習による被害抽出結果

込みニューラルネットワークのアーキテクチャを用いて被害を分類した結果である。総合精度
約 75% を得ており、適切な学習データを整備することで正確・詳細かつ迅速な被害把握が可
能となる。

　リモートセンシングの特徴と利点には、広域性（広い領域を観測できること）と周期性（一
定の時間間隔で同じ場所を観測できること）、継続性（長期間観測を継続できること）が挙げ
られる。すなわち、災害発生直後の広域被害把握だけでなく、その後の被災地の広域モニタリ

ングも可能である。東日本大震災の発生直後には、東北 3 県で 2300 万 t 以上の瓦礫が発生したと推定された。瓦礫の迅速な処理が災害復旧の迅速化において重要かつ喫緊の課題であり、そのためには被災地ごとの正確な瓦礫量の推計が必要である。著者らは、航空写真と LiDAR データから、瓦礫の堆積・分布を 3 次元的かつ定量的に把握する手法を開発した。図 13-4 に示すのは、宮城県女川町における瓦礫の 3 次元抽出を行った結果である。同領域内の瓦礫の総体積は 23.8 万 m³ と推定され、瓦礫の嵩比重 1.2 t/m³（国立環境研究所発表）を考慮すると、総重量 28.6 万 t の推定値を得た。瓦礫を現場で直接計測しなくとも、被災直後の航空写真撮影と LiDAR 測量を実施すれば、瓦礫量を迅速かつ定量的に把握可能であることが示された。

図 13-4　女川町全域の瓦礫分布の 3 次元把握結果。上は女川町市街地地域の鳥瞰写真、下が瓦礫の分布（推定）である。

第 4 節　到達点とこれから

「新たな災害科学の手法」　大規模災害の広域被害把握を実現するリモートセンシング技術は、多様なプラットフォームの利用、センサ性能と分解能の向上、情報通信技術の発展、機械学習・深層学習による画像認識の AI 化により、今後の飛躍的な発展が期待できる。課題は、観測の迅速性の確保であろう。例えば人工衛星によるリモートセンシングにはコンステレーションの問題がある。災害直後に迅速に被災地を撮像できる衛星を自国のものだけでまかなうことは不可能であるから、国際的な協調が必要であり、センシング、解析技術の標準化も必要になる。また、無人機についてもタフな状況化での機動性が求められる。ハードウェアの開発、センサの開発、解析技術・解釈法の確立を連携しておこなうと同時に、最も重要なユーザニーズに応えながら、様々な災害現場での実証が必要である。

おわりに　～執筆者から

　紙数の制限から、リモートセンシング分野における多様な分析手法や事例、その性能について論ずることはできなかった。とくに東日本大震災以降の津波の広域被害把握の進展については、参考文献として挙げたレビュー論文を参照いただければ幸いである。

参考文献

1)　Koshimura S., Moya L., Mas E., Bai Y.（2020）Tsunami Damage Detection with Remote Sensing: A Review, Geosciences 2020, 10（5）, 177. doi:10.3390/geosciences10050177

コラム1

あなたも人類に貢献する災害科学へ

平川　新

東北大学災害科学国際研究所 初代所長

専門分野：歴史学

　災害科学というと理系のイメージが強いが、文系の分野でも災害を科学する研究が盛んになってきた。歴史学では歴史記録をもとに過去の災害のサイクルや、災害の規模、被害の実態などを解明する。文化財を災害からどうやって守るかも大事な研究課題であり、実践的課題でもある。

　心理学は人間の認知・行動を対象とし、経済学は災害に強い経済システム、法学は災害関連の法制や防災政策などが研究課題になる。社会学は地域の防災組織のあり方を検討し、哲学も防災の思想を考える。災害が人間社会や人間のメンタリティにどのような影響を与えているのか。そのダメージからのレジリエンスのあり方など、文系の学問でも解明すべき課題は多い。

　理系の災害科学は、地震、津波、噴火、気象、土石流、洪水、土木、建築など、自然現象や破壊現象、構造物など、ハードな分野の研究が多い。災害時の救命・救急や医療問題などもある。

　もちろん、ここにあげた以外の分野でも災害研究へのアプローチは多い。それは、どの分野からでも災害研究ができるということである。なぜなら災害は、地球と自然と人間と社会のすべてにかかわっているからである。それだけではない。災害科学の分野では、文理連携が非常に分かりやすく展開されてきた。災害科学は学問分野を超えた総合科学だといってよい。

　しかも災害科学は、災害を予測し、備えを固め、被害を低減させ、立ち直りを支援する大きな役割を負っている。すべての分野が社会貢献につながる実学である。学問の成果がとても見えやすい。

　人類の発展は、自然の脅威から身を守り、災害を克服するなかで実現してきた。災害科学は、これからますます重要になる。大勢の人たちの命と生活と社会を守る学問だからだ。ぜひ、あなたも、あなたの志す専門分野から災害科学にアプローチしてほしい。

第 2 部
東日本大震災によって進化した人間と社会の科学

14章 学び手が伝え手になる

専門分野：災害認知科学

執筆者：**邑本俊亮**

要約

東日本大震災は、リスクを過小評価しがちな人間の認知バイアスの強さを顕在化させた。災害時の的確な判断と迅速な避難行動を促すには、事前の防災教育が必要不可欠である。だが、「誰が」「何を」「どうやって」教育するかはまだ手探りの状態である。我々は、震災を経験していない学生が、被災地で震災を学び、それを地域と世代を超えて伝える試みをスタートさせている。

キーワード：災害情報、避難行動、認知バイアス、災害学習、防災教育、災害伝承

はじめに

　災害時に自分の命を守るためには、的確な判断と迅速な避難行動が必要である。しかし、それが必ずしも容易ではないことは、これまでの災害から明らかである。我々は、災害に備えて何を学んでおかなければならないのか。どんな防災教育がなされるべきなのか。

第1節　東日本大震災が明らかにした問題

　「何が起きたのか？」　2011年3月11日14時46分、東北地方太平洋沖を震源とするM9の巨大地震が発生した。その後、東北地方と関東地方の太平洋沿岸部に巨大津波が襲来し、多数の犠牲者が出た。死者・行方不明者は1万8千人以上で、その約9割が津波によるものとされている。

　「被害の実態」　地震による揺れは、被災地の住民にとっては今までに経験したことのない大きなものであった。それにもかかわらず迅速に避難した人の割合は高いわけではなかった。震災直後に行われた内閣府・消防庁・気象庁の共同調査によれば、被災3県（岩手・宮城・福島）の沿岸地域の被災者870名のうち、揺れが収まった直後にすぐに避難したと回答した人は57％であり、残りの43％の人は迅速な避難行動をとっていないことがわかっている。

　災害時に迅速な避難行動が生じにくい理由として、人間の認知バイアスの存在がある。認知バイアスとは、情報を認知したり判断したりする際に生じる「ゆがみ」や「偏り」のことである。認知バイアスにはさまざまなものがあるが、とくに災害時に生じやすい認知バイアスの例

として、正常性バイアスが挙げることができよう。正常性バイアスは、災害時の異変を異変と
感じずに正常の範囲で事態を解釈しようとする認知傾向である。ほかにも、自分の身に災害は
ふりかからないと思う楽観主義バイアスや、周囲の人と同様の行動をとろうとする集団同調性
バイアスも生じやすいことが指摘されている（邑本、2017）。

第2節　震災が破壊したパラダイム

「従来までの常識と必要だった対応」　災害時に避難を呼びかける情報を見聞きしても、必ず
しも避難行動につながらないことは東日本大震災前からわかっていた。表 14-1 に東日本大震
災以前の津波警報発令時の避難率と災害情報認知率を示す。住民に情報が届いていないわけで
はない。情報を見聞きしても人々は避難しないのである。

　東日本大震災はしばしば「想定外」と言われる。災害の規模もそうであるが、人間の認知バ
イアスの頑健さについても想定を超えるものであったといえよう。東日本大震災後、こうした
認知バイアスを打ち破るべく災害時の情報の工夫が議論されるようになった。2013 年には津
波警報の表現が改定され、2017 年には大雨や洪水に関する情報が改定された。現在も、避難
勧告と避難指示を後者に一本化することで検討が進められている。

　しかし、災害情報の工夫だけでは限界がある。さまざまな工夫・改定がなされているにもか
かわらず、人間の避難行動の特徴は同様であり、認知バイアスによる避難の遅れがしばしば指
摘されている。たとえば、2018 年の西日本豪雨の際にも避難の遅れが問題となった。

　認知バイアスの呪縛から逃れる方法はない。むしろ、バイアスを知り、バイアスとともに生
きることを考えるべきである。そのためにはバイアスの存在についての認識を共有し、そのう
えで災害時に適切な行動がとれるような防災教育システムを構築しなければならない。

表 14-1　東日本大震災以前の津波警報発令時の避難率と情報認知率

	十勝沖地震 （2003）	千島列島東方の 地震（2006）	千島列島東方の 地震（2007）	チリ中部地震 （2010）
避難率	55.8 %	46.7 %	31.8 %	37.5 %
津波警報を見聞きした割合	86.8 %	82.2 %	81.2 %	98.4 %
避難指示等を見聞きした割合	81.0 %	78.3 %	65.3 %	84.9 %

第3節　新しいアプローチ

　災害の記憶や教訓を伝承する上で障害となるのは、受け手側の「リアリティの欠如」と「他
人事意識」である。災害を経験していない地域に住む人々や、災害を直接経験していない次の
世代の子どもたちに伝えようとするときには、とりわけそのことが問題となる。

　災害のリアリティを感じるためには、たとえば VR（バーチャルリアリティ）による災害シ

ミュレーション体験なども有効だが、何よりも実際に被災現場に赴き、その場に自分の身を置いて、雰囲気を肌で感じることが重要であろう。

　また、人間の学習は、学ぶべき内容が自分に関係するものであると思えるか否かで、受け止め方や理解に大きな違いが現れる。つまり防災教育は、それが「他人事」ではなく、将来自分の身に降りかかる可能性がある「我が事」と思ってもらえるかどうかがカギになる。

第4節　到達点とこれから

「新たな災害科学の手法」　著者らは、2015年より学生とともに東日本大震災の被災地を訪問し、語り部の話を聞き、慰霊碑や資料館をめぐり、被災者と交流することを通して、学生たちに復興をめぐる課題を発見させ、それを解決するための手立てを探究させる教育活動を実施してきた。学生たちの多くは震災を直接経験していないため、被災地での実習は震災のリアリティを感じさせることを意図したものとなっている。また、課題を自ら解決する方法を探究させることで震災を自分事として考えるきっかけを与えている。

　ゼミの最後に提出を求めているレポートからは、学生たちが新たな気づきや学習観を獲得したことが明らかとなった。たとえば、主体的・能動的な学びや他者と共同することの意義、物事を多角的な視点で見ることの重要性、現場に行って体験することの重要性などが比較的多く言及された。また、震災や教訓を他地域や次の世代へ伝えることの必要性や決意を述べた意見も多かった。

　そこで、そのような学生の願いを叶えるべく、2019年よりゼミのさらなる発展・拡張に着手した。具体的には、学生が学んだ震災のことを、他地域の小・中・高校生へ伝えるイベントを学生自身が企画し、実際に開催するといった実践的研究を開始した（図14-1）。この取り組みは、学び手による学び手目線での防災教育イベントをつくり、そのような事例を蓄積することによって、有効な災害伝承・防災教育システムの開発を目指そうとするものである。

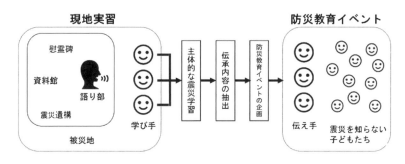

図14-1　学び手が伝え手になる震災伝承・防災教育システム

　2019年に行った取り組みでは、大学生たちの手で中学生向けの3種類の防災教育授業がデザインされ、東京都内の中学校で実践が行われた。中学1年生を対象とした授業『楽しみなが

ら防災グッズを知ろう！』では、5～6人の班ごとに防災リュックの中に入れておくグッズを集め、その重要度から合計得点を競うゲーム形式の授業が行われた。防災グッズにはどんなものがあるか、被災した時のためにどんな対策が必要なのかをゲームという形式で楽しみながら考える授業となった。中学2年生を対象とした授業『将来の災害に備えて～東日本大震災の記録から～』では、東日本大震災時の問題点を学び、首都直下型地震の被害想定を踏まえて、将来発生する震災に備えるにはどうすればいいのかを、話し合いを通して学ぶ授業であった。東京という地域に特有の災害に焦点を当てることで、災害をまさに自分事として強く意識させた点が特徴である。中学3年生を対象とした授業『災害に備えて心理を学ぶ！』では、災害が起こった時、人はどのような心理状態になるのか、本当に危険な時に身を守るためにはどうすればいいのかを、みんなで学び、考える授業であった。授業内では認知バイアスが自分の身近にも起こりうるということをクイズ形式で紹介している。認知バイアスの存在を我が事として学び、いざというときにバイアスを振り払える心構えの育成を目指したものとなった。

　学び手が災害を自分事として捉え、学んだことを伝えたい気持ちになり、それを自らの手で実現させる。そこには、かつては災害の知識を持っていなかった自らの視点で何を学ぶべきかを考え、それを教育内容として導入しようとする姿がある。教師や専門家主導での防災教育では決して実現できないものであろう。そして、このような学び手が伝え手になる学習・教育のあり方は、まさに社会全体での継続的な学びになる。今後、こうした災害伝承・災害教育システムが認識され、広がっていくことを期待したい。

おわりに　～執筆者から

　災害の記憶と教訓について、社会全体で学びの輪を作っていこうとする試みは緒についたばかりである。災害を我が事として学ぶこと。認知バイアスの存在を伝えること。学び手が自らの学びを他者に伝えること。若い世代である中高生のみなさんが、この試みを継承し、発展させていくことを心から願ってやまない。

参考文献

1) 中央防災会議. (2011) 東北地方太平洋沖地震を教訓とした地震・津波対策に関する専門調査会報告　参考図表集
　http://www.bousai.go.jp/kaigirep/chousakai/tohokukyokun/pdf/sankou.pdf［2020年7月6日アクセス］
2) 邑本俊亮. (2017) 災害時、人は何を思い、どう行動するのか：邑本俊亮・池田まさみ（編）心理学の神話をめぐって――信じる心と見抜く心. 誠信書房（東京）ISBN 9784414311198.

15章 人間行動の科学

専門分野：認知神経科学

執筆者：**杉浦元亮**

要約

東日本大震災は、想定される状況への備えや知識の普及を中心とした従来の防災教育から、多様な想定外状況への対応に必要な多面的な力を持った人材育成への意識変革を促した。我々は「災害を生きる力」の8因子を被災者の経験から抽出し、その力の本質を解明する基礎研究から防災教育での現場応用まで、新しい人間行動の科学を開拓している。

キーワード：想定外、復興、レジリエンス、性格、防災、心理学、脳科学

はじめに

災害による被害は、それに関わる人間の行動によって大きく影響される。地震や津波といった自然災害のハザードが同じでも、個人や社会が事前にどう備えていたか、ハザードに対してどう行動したかで被害の程度や内容は大きく変わってくる。ハザードに対する人間行動の科学。防災教育におけるその重要性に、東日本大震災が光を当てた。

第1節 東日本大震災が明らかにした問題

「何が起きたのか？」 東日本大震災はその被害の規模においても内容においても「想定外」であった。それは我が国そして世界の防災の考え方を一変させた。対象とする「災害の質」は想定可能な単一災害から予測不能な複合災害へ、また対象とする「災害のフェーズ」は発災・応急時対応から復興へ、と大きく拡大した（図15-1）。

「被害の実態」 東日本の太平洋側の想定外に広大な震源域から生じた想定外の規模の地震は、想定外の高さの津波を発生させた。津波はハザードマッ

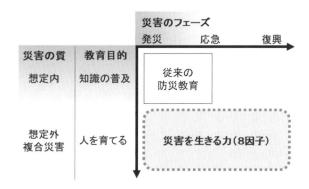

図15-1 防災の視野拡大. 予測不能な複合災害への対応や地域固有のより良い復興に必要な多面的な力として期待される「災害を生きる力8因子」

プの想定浸水範囲外の地域にまで及び多くの住民を犠牲にした。地震・津波の被害は東日本の広範囲に及び、想定していた応急対応のシナリオは通用しなかった。さらに想定外の原子力発電所の事故が複合し、そのインパクトは全国・世界へと拡がった。復興は多くの地域において道半ばである。

第2節　震災が破壊したパラダイム

　「従来までの常識と必要だった対応」　このような防災の考え方の変化を受けて、防災教育も全く新しい視野の導入を求められた（図15-1）。従来の防災教育は、想定される災害への備えや発災時・応急時対応の知識の普及を目的としていた。しかし、この考え方だけでは想定外の災害に対して立ち向かうことができないことを東日本大震災は教えた。想定外の事態は必ず起こる。その被害を受けることを前提に、そこからどう立ち上がるかまで、始めから考えておかなければならない。社会の潮目は大きく変わり、強調されたのは主体的な自己判断の重要性である（「釜石の奇跡」、「津波てんでんこ」、「石巻市立大川小学校」参照）。

第3節　新しいアプローチ

　これからの防災教育は、災害の多様な状況・文脈に対応できる主体的な力を持った人材育成を考える必要がある（図15-1）。その多面的な「災害を生きる力」について、我々は東日本大震災の被災者の経験から学ぶことにした。東日本大震災の様々な文脈で、被災者が様々な危機を回避したり困難を克服したりする際に、発揮された力について社会調査を行った。発災から約2年後の復興期までの間に経験した危機回避・困難克服の体験についてインタビューを行い、その際に有利に働いた個人の性格や考え方、日頃の習慣（心理・行動特性）を抽出、大規模質問紙調査（n＝1412）によって8つの因子に整理した[1]。それぞれの因子について、含まれる質問の文面をヒントに名前をつけ、震災での津波避難や被災直後に経験した様々な問題、復興の状況（住宅再建や心身の健康）との関係を分析した（表15-1）。

第4節　到達点とこれから

　「新たな災害科学の手法」　この質問紙を用いて、災害を生きる力8因子の得点を各個人について計測できることで、そこから様々な実証的研究が可能となった。例えば、防災教育の授業や訓練といったプログラムについて、その効果を評価するために、様々な学校（中学校・高校・大学）、自治体、NPOで災害を生きる力質問紙が使われている（例：文献2）。効果が具体的な数値としてフィードバックされるのはもちろんのこと、プログラムの目的が具体化することによって、プログラムの設計自体も変わってくる。また8因子自体を教育のテーマにする試みも進んでいる。生徒は授業の中で質問紙に回答し、その場で点数が視覚化される（図15-

表 15-1　災害を生きる力の 8 因子

因子名 (一般向け説明)		質問文 (例)	有利に働いた状況 (例)
F1	リーダーシップ (人をまとめる力)	日頃、自分から声をかけて集団をまとめることが多い／問題解決のためには、自分から関係者を集めて話し合いをする	・主体的津波避難 ・住宅再建
F2	問題解決 (問題に対応する力)	何をすべきか悩むとき、いくつかの選択肢を比較する／問題を解決するために、まず自分から動く	・津波避難時に他者援助 ・被災直後の問題解決 　(自助)
F3	愛他性 (人を思いやる力)	困っている人を見ると放っておけない／人から頼られたり感謝されるのが好きである	・津波避難時に他者援助 ・被災直後の問題解決 　(共助)
F4	頑固さ (信念を貫く力)	言いたいことはその場で言ってしまう／頑固で、自分の意思を通す	・住居の自力手配・自力再建 ・身体の健康
F5	エチケット (きちんと生活する力)	人にお世話になったときは、はっきりと感謝の気持ちを伝える／日常、家族や近所の人に自分から挨拶をしている	・津波避難時に他者援助
F6	感情制御 (気持ちを整える力)	辛い時に、これが将来自分のプラスになると思って前向きに取り組む／辛い時に、くよくよ考えないように努力する	・被災直後の心理的問題回避 ・心身の健康
F7	自己超越 (人生を意味付ける力)	人として従うべき道や教えを認識している／自分が生きている、生かされている、ことを意識している	・津波避難時に他者援助
F8	能動的健康 (生活を充実させる力)	日頃、新しい知識・技術・考え方を身に着ける機会を持つようにしている／日頃、気分転換やストレス解消のための習慣を欠かさない	・主体的津波避難 ・・心身の健康

2)。その点数について発表しあったり、比較したり、関連する意見を述べたりすることで、災害時にどのような力が求められるのか、仮想体験することができる。これらのような質問紙活用のさらなる推進を図るため、オリジナルの日本語成人用 34 項目版に加え、より使いやすい短縮 16 項目版も開発した。現在小児版と英語版の開発も進めている。

　さらに、この質問紙を用いた実証研究は、新しい防災教育のコンセプト・技術の開拓も視野に入れている。災害を生きる力を育てるには、従来の防災教育とは全く違った発想が必要である。生きる力は、一体どのように生まれてくるのであろうか。力の本質とその由来を知ることで、新しい教育のヒントが得られると期待される。そのために生きる力 8 因子の基礎心理・認知科学研究を多角的に進め

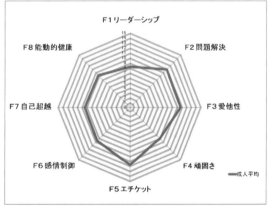

図 15-2　災害を生きる力質問紙の活用例．防災授業中に各生徒に質問紙に回答してもらいその得点を分かりやすく視覚化する．

ている。例えば、生きる力8因子と、これまで様々な心理関連学術領域（性格心理学、社会心理学、組織・経営心理、経済学、人間工学、等）において蓄積されてきた人間の心理・行動特性の知見との関係を解明する試みを進めている。それが分かればこれら既存の知恵を生きる力の教育技術開発に活かすことができる。このような研究では、災害を生きる力質問紙で計測されたある因子の得点と、ある他の個人特性計測質問紙の得点との相関を調べる事で、両者の関係を推測することができる。また、災害を生きる力8因子についての脳科学的な研究、すなわち脳内情報処理レベルでのメカニズム解明も進めている（例：文献3；図15-3）。各因子を、ある文脈における知覚・評価・判断・行動の脳内情報

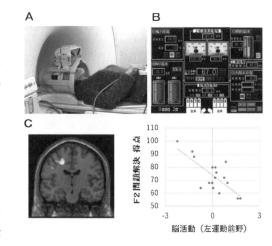

図 15-3　災害を生きる力の脳科学研究の例. 磁気共鳴画像装置（MRI）（A）で脳活動を計測しながら想定外の状況に対処する課題（B）を実施している際に、左運動前野の脳活動がF2問題解決の得点と負相関した（C）.（文献3）

処理プロセスの個人差に還元できれば、認知処理レベルから全く新しい教育技術開発のアイデアが生まれてくると期待される。このような研究でも、質問紙で計測した各実験参加者の生きる力因子得点が、この因子を説明する脳領域を探索するためのカギとなる。

おわりに　〜執筆者から

　災害を生きる力を巡る人間行動の新しい科学の取り組みは、決して防災教育や災害科学に閉じた話ではない。8つの因子に、我々が「生きる力」と言う名前を付けたのは、我が国の教育の中核概念である「生きる力」（「変化の激しいこれからの社会」を生きるために必要な多面的な資質・能力；中央教育審議会、1996）を強く意識してのことであった。我々の質問紙の質問文に「災害」という言葉は1回も出てこない（表15-1）。災害は非日常ではない。災害を生きる力も決して非日常の特別な力ではない。

参考文献

1) Sugiura M, Sato S, Nouchi R, Honda A, et al.（2015）Power to live with disasters: Eight personal characteristics suggested by the survivors of the 2011 Tohoku Earthquake. Plos One, 10（7）: e0130349. https://doi.org/10.1371/journal.pone.0130349

2) 佐藤翔輔、杉浦元亮、邑本俊亮、他．（2017）被災地大学における「復興」を題材にした科目の実践と事例分析—受講者の事後変化に着目して—. 日本災害復興学会論文集 11, 1-7.

3) 三浦直樹、吉井慶人、高橋信、他.（2020）複雑な社会技術システムにおける想定外事象対応の機能的MRI: 課題成績と問題対応特性は問題解決脳領域の低活動と関連する．ヒューマンインタフェース学会論文誌 22（1）, 43-54. https://doi.org/10.11184/his.22.1_43

16章　安全な避難の科学

専門分野：交通計画学、シミュレーション計算技術

執筆者：**奥村　誠、マス・エリック**

要約

各自が最も近い避難所に自動車で避難すれば渋滞が発生し、安全に避難することが
難しい地域は多く存在する。東日本大震災後、シミュレーション技術や最適計算の
技術をベースに、安全な避難計画を作るための研究が急速に進んだ。この研究成果
に基づいて、地域住民との協働のなかで、避難計画の実現性や信頼性を改善してい
くことが望まれる。

キーワード：津波避難、自動車避難、渋滞、シミュレーション、最適化、経路誘導

はじめに

　東日本大震災の津波は、自動車での避難が必要な地域の存在と同時に、安全な避難計画の必
要性を示すことになった。その後、詳細なシミュレーション技術と、最適化計算技術に関する
研究が進み、交通上の問題が発生しやすい場所や、道路網の効率的な使い分けを知ることが可
能になってきた。今後は、細かな道路網の条件や地域の人々の特徴を考慮して、地域住民との
協働のなかで、避難計画の実現性や信頼性を改善していくことが望まれる。

第1節　東日本大震災が明らかにした避難の課題

　「何が起きたのか？」　東日本大震災の津波は、平野部や河川沿いの地域では海岸線から
4 km 以上内陸にまで到達した。このような地域では、徒歩での避難途中に、あるいは自動車
が市街地で激しい渋滞に巻き込まれている間に津波に襲われ、命を落とす例が多く見られた。
例えば宮城県石巻市の 16.3 万人のうち 73％が浸水域内の居住者で、犠牲者はその 3.1％の 4,378
人であった。近隣住民への聞き取り調査の結果、犠牲者の 62％が自宅で、23％が避難中に亡
くなっており、車と徒歩がほぼ同数であったと見られる[1]。

　その後、2012 年 12 月の三陸沖地震、2016 年 11 月の福島県沖地震では津波警報が出された
直後から沿岸部の道路はすぐに自動車であふれた。現在の道路網は、多くの人が自動車で避難
するのに十分な容量を持っているわけではないことが確認された。

第2節　従来の避難と交通誘導計画

「従来までの常識」　日本では、1996年に自動車台数が世帯数を上回り、ほとんどの世帯に車が普及したが、その後2011年の東日本大震災津波まで、大人数が事前避難するような災害は発生しておらず、避難の車が渋滞を起こすという想定はなかった。

　発生が事前に予測できる津波、河川洪水、土砂災害、火山災害などでは事前に避難行動が行われる可能性がある。火山噴火に対する入山規制を別にすれば、いずれの災害も危険な地域は限られており、自動車を使わずに避難できると考えられてきた。さらに多くの自然災害で逃げ遅れが問題となっていたため、避難の成功の鍵は避難の開始時間にあり、避難情報の内容や伝達方法に関する心理学的な研究が重要視されてきた一方で、一旦避難を開始した人や車をどのように安全に誘導するかという避難方法の研究は、全く進んでいなかった。

　他方で、通勤時間帯の深刻な渋滞をどう緩和するかの研究は、交通工学の分野で研究が進められてきた。シンガポール、オスロ、ロンドンなどで都心流入車への課金が行われるようになり、1995年ごろから出発時間を調整して渋滞を解消する方法の研究が進んだ。その結論は、通勤渋滞の原因は自宅を必要以上に早く出発する自動車なので、早い時刻ほど高い料金を適切に設定すれば、渋滞をなくして全車両の交通所要時間の合計を最小にできる、というものであった。ただし、以上の研究では、全ての運転者が都市の道路交通状況を熟知し、所要時間と料金を冷静に計算して経路や出発時刻を選ぶと仮定している。

第3節　避難交通を予測・計画する新しい技術

　津波避難時には、先の道路の状況がわからない、信号が動いていない、歩行者と自動車が入り混じるなど、日常とは異なった状況が起こる。人々が平常の通勤時と同じように合理的な交通行動をとるかどうかは疑わしい。特に、信号が消えている交差点で歩行者と自動車が錯綜や合流を行うとき、一定の時間に通過できる自動車と歩行者の台数は、避難の成否を左右する極めて重要な数値であるが、実際の値はよくわかっていなかった。

　実際に多くの人や自動車を集めた実験をしなくても、コンピュータ上でそれらの動きを計算することにより、渋滞発生の場所や時間的な変化、交差点の通過に必要な所要時間などがわかるようになった。特に、並列型コンピュータの普及と、個々の人や車両ごとに異常や状態の変化を追跡計算するマルチ・エージェント・シミュレーションを行う汎用ソフトの普及によって、数千の人や車の動きを簡単に計算できるようになった（図16-1）。これと、津波シミュレーションによる場所別時刻別の浸水深・流速を重ねれば、安全に避難先に到達できる人の数を計算できる。

　一方、避難計画として、適切に各地域の避難開始時刻、移動手段、避難先、避難経路を決める必要がある。通勤交通の最適制御計算において、全車両の交通所要時間の代わりに、自宅及び避難中に津波に遭遇する危険性の合計を最小化する計算方法を開発した。その結果、津波が

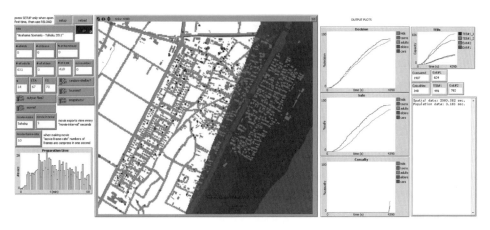

図 16-1　マルチ・エージェント・シミュレーション計算ツールの画面[2]

迫る中で沿岸部の自宅で出発を待つことは起きず、危険度の低い間に海岸線に並行に移動した後、多くの道路を使って内陸に向かうという交通パターンが得られた。全員が最短の経路に集中する場合に比べ、交通所要時間を 60%、危険性を 7% に減らすことができる。さらに、歩行者と自動車の混在が移動速度を低下させる影響を考慮した計算をおこない、図 16-2 のように沿岸部と内陸側で自動車利用率に差を付けるとともに、並行する道路を歩車で使い分けることが望ましいことがわかった。

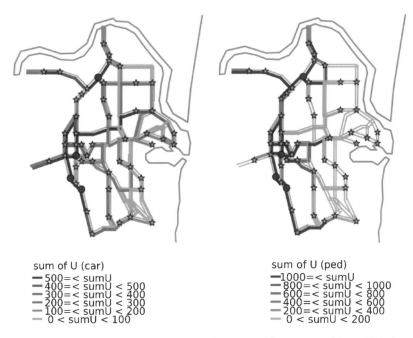

sum of U (car)
━ 500=< sumU
━ 400=< sumU < 500
━ 300=< sumU < 400
━ 200=< sumU < 300
━ 100=< sumU < 200
━ 0 < sumU < 100

sum of U (ped)
━ 1000=< sumU
━ 800=< sumU < 1000
━ 600=< sumU < 800
━ 400=< sumU < 600
━ 200=< sumU < 400
━ 0 < sumU < 200

図 16-2　宮城県亘理町における最適津波避難交通量（自動車・歩行者）の計算例[3]

第4節　安全な避難の確実な実行に向けて

　今後は、以上の2つの技術を組み合わせることが望まれる。シミュレーションの結果を住民と一緒に見て、不安を一つずつ確認し解消していくことが、確実な避難につながる。地域の細かな状況を踏まえ、地震で道路が被災している可能性を考えて、最適避難計画を更新すること。業務や介護などの都合で最適避難計画通りに行動できない人がいると考えて安全性の変化をシミュレーションで確認すること。シミュレーションから得られる局所的な速度低下を避難計画に戻して計算しなおすこと。これらが進めば、地域ごとの細かな条件の違いを考慮した計画に沿って、人々が安心して避難行動を取ることができるようになる。

おわりに　～執筆者から

　車を使える人は、徒歩避難者をできるだけ多く同乗させ、避難所を超えて標高の高い場所に移動すれば、後に来る人の危険性を減らすことができる。道路と自動車を効率的に使い、津波で失われる命がゼロにできる思いやりに満ちた社会を、早く実現していきたい。

参考文献

1）三上卓.（2014）東日本大震災の津波犠牲者に関する調査分析～山田町・石巻市. 土木学会論文集 A1, 70（4）: I_908–I_915. https://doi.org/10.2208/jscejseee.70.I_908

2）Mas E, Suppasri A, Imamura F, et al.（2012）Agent-based Simulation of the 2011 Great East Japan Earthquake/Tsunami Evacuation: An Integrated Model of Tsunami Inundation and Evacuation. Journal of Natural Disaster Science. 34（1）:41–57. https://doi.org/10.2328/jnds.34.41

3）竹居広樹、奥村誠.（2018）津波避難における自動車利用率設定のための基礎的分析手法. 土木学会論文集 D3, 74（5）: I_181–I_189. https://doi.org/10.2208/jscejipm.74.I_181

17章　被災時の事業・業務の継続

専門分野：防災社会システム

執筆者：**丸谷浩明**

要約

東日本大震災では、津波や地震で直接被害を受けた企業のみならず、サプライチェーン（供給連鎖）を通じて間接的な被害が他企業に広範囲に及び、海外にも波及した。また、地方自治体の主要庁舎の被害も多発し、被災者救援や復旧の初動を遅らせた。これらを教訓として、「事業継続ガイドライン」が改定され、想定外を作らない事業継続計画（BCP）が推進された。行政でも代替拠点確保などが強調され、市町村の BCP 策定もある程度進んだ。

キーワード：事業継続計画（BCP）、間接被害の発給、サプライチェーン、代替拠点、被害想定

はじめに

わが国では、2000 年頃から企業・組織が災害等により被害を受けても重要な事業・業務を継続できるよう、BCP を普及させるべきとの認識が高まり、2005 年に政府が「事業継続ガイドライン」を公表し（図 17-1[1]）、推進が図られた。しかし、東日本大震災では BCP を持たない企業が多く被災し、策定していた BCP が十分機能しない例も発生して、BCP の普及や改善が急務となった。

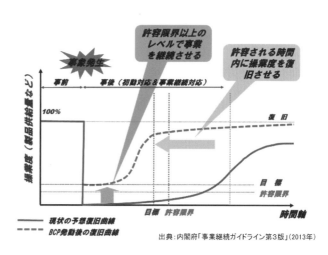

出典：内閣府「事業継続ガイドライン第3版」(2013年)

図 17-1　事業継続が目指す復旧曲線

第 1 節　東日本大震災で発生した問題

「何が起きたのか？」　2011 年 3 月 11 日に発生した東日本大震災では、多くの企業が津波や地震の被害を受け、事業を継続できなくなった。さらに、被災企業が生産する原材料の供給停

止がサプライチェーン（供給連鎖）を通じて供給先の企業も事業中断につながるという間接的な企業被害が、国内で幅広く発生し、海外にまで波及した。

　東京商工会議所が同年3〜4月に実施したアンケート調査では、「何らかの影響を受けている」と回答した企業が全体の92.7%に達した。影響の種類別をみると、「売上・来店者数等の営業状況」が78.2%で、次いで、「原材料・資材・商品等の調達状況」が59.6%であった。前者は需要の低迷によるもので幅広い企業に影響したが、より個々の企業に深刻であったのは原材料等の調達できなくなった後者であり、代替品の調達に奔走する事態となった。

　また、公的組織では、市町村の主要庁舎が使えなくなる事態が発生した。表17-1は、13の市町村で本庁舎の全面移転が必要になったことを示している。災害救援や復旧の最前線に立つ市町村の本拠点の機能停止は、初動を遅延させる大きな原因となった。さらに、福島県庁の本庁舎も使用不能になった。

表17-1　東日本大震災による市役所、町村役場の本庁舎の被害

県名 （市町村の数）	本庁舎が地震・津波により被災した市町村数			
	計	移転	一部移転	移転なし
岩手県 (34)	22(6)	2(2)	2(1)	18(3)
宮城県 (35)	32(3)	3(2)	2(1)	27(0)
福島県 (59)	36(0)	3(0)	3(0)	30(0)
茨城県 (44)	34(1)	3(0)	5(0)	26(1)
栃木県 (27)	26(0)	1(0)	2(0)	23(0)
群馬県 (35)	18(0)	0(0)	0(0)	18(0)
埼玉県 (64)	31(0)	1(0)	0(0)	30(0)
千葉県 (54)	38(0)	0(0)	1(0)	37(0)
総計	237(10)	13(4)	15(2)	209(4)

注：（ ）内の数字は本庁舎が津波による被災を受けた市町村。
　　福島原発事故の影響による移転は含んでいない。
出典：内閣府調べ

　「被害の実態」　被害の深刻さを示す例として自動車産業をみると、2011年2月は月間生産台数が80万台であったが、3月には40万台、4月には29万台と落ち込んだ。トヨタ自動車(株)では、宮城県の完成車組み立て工場の被災の影響もあったが、より大きな支障要因は、エンジン等を制御するマイコン等の部品を生産していたルネサスエレクトロニクス㈱の那珂工場の被災であった。当時、これら部品は他工場で生産されておらず、他工場で新規に生産を開始するには長時間を要するため、供給を受ける企業も支援して復旧期間を短縮したが、それでも復旧に3か月を要した。このため、この部品の供給を受けていた国内工場は約2週間後に全面的に停止、3月末以降に一部再開したが部品不足が続いた。また、部品輸送のタイムラグがある海外の工場では、4月後半からアジア、米国、ヨーロッパでも操業停止が発生した。

第2節　震災で有効性が疑問視されたBCP

　「従来の不十分な実態」　わが国でのBCPの導入当初は、阪神・淡路大震災の経験から企業に耐震対策を進めてもらうことが政府の主眼であった。したがって、初期のBCPには、耐震補強等で地震の際に早期の現地復旧を実現するという内容のものが多かった。ところが、東日本大震災で被害想定を大きく上回る津波が発生し、BCPで津波による被災を想定していなかった企業は、この「想定外」の被害、すなわち地域のインフラ・ライフラインが喪失し現地復旧

に何月・何年かかるかわからない被害を受けて復旧に着手できず、なすすべがなかった。さらに、BCP を持たない企業は代替拠点を事前に考える機会もなかった。そこで、少数の BCP において有効な代替拠点が考慮されていた例や、被災後に早急に代替拠点を探せた優良事例[2]のほかは、復旧が遅れて販売先を失う例が大半となってしまった。

　また、行政組織では被災地域に BCP が普及しておらず、地域防災計画等においても本庁舎を喪失した場合に備えた代替拠点を決めていた例はほとんどなかった。

第 3 節　新しいアプローチ　〜想定外を作らない BCP〜

　このように、東日本大震災での企業・組織の BCP における教訓は、「想定外」を作らない方向への改善の必要性であった。そこで、内閣府の「事業継続ガイドライン」が 2013 年に第 3 版に改定され、災害の種類や程度を一つ仮定してそれをぎりぎり乗り越えるような BCP を策定するのでなく、危機事象の種類やレベルの多様さを認識し、共通的に有効な代替戦略を導入する重要性が強調された。具体的には、重要業務の中断の直接の原因は、災害等の種類を問わず「重要業務の実施に不可欠な拠点、設備、人、情報等のリソースの不足」であることから、一定以上の大きな被害を受ければ各リソースに代替を確保しておく必要性（拠点であれば代替拠点。図 17-2）があることが強調され、対策実施を促された。

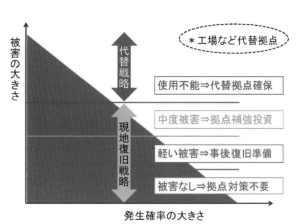

図 17-2　代替戦略と現地復旧戦略

　また、国・地方の行政組織に対しても、政府はガイドラインや手引きを改定して、代替拠点、非常用電源、災害に強い通信手段等の確保の必要性を強調し、その確保の推進が図られた。

第 4 節　到達点とこれから

　「現状の到達点」　内閣府が 2 年ごとに調査している BCP 策定率調査の結果では、2019 年度には大企業の 68.4% が BCP を策定済み（図 17-3）、中堅企業では 34.4% が策定済みである。中小企業を含めた BCP の策定率は、帝国データバンクの調査によれば 2020 年 5 月時点で全国において 16.6% にとどまる。筆者はすべての中小企業に BCP の計画文書が必要とは考えていないが、サプライチェーンの中で重要な役割を占める重要部品の調達先などには必要性が高く、BCP の普及の必要性は依然として高いと考えている。

　また、行政組織については、中央省庁及び都道府県はすべて策定済みであり市町村について

は、消防庁の調査によれば、2019年6月時点で89.7％が策定済みである。ただし、策定されたBCPが本当に有効なものであるかどうかは確認することを要すると考えている。

「新たな事業継続力向上の支援策」　中小企業にBCPが普及しない理由としては、BCP策定の知識・ノウハウがないことと、策定にあたる人的・資金的な余裕がないことなどがあげられることが多

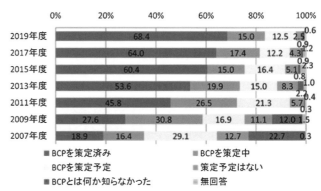

回答数：600（2007年度）、369（2009年度）、674（2011年度）、1,008（2013年度）、
　　　　861（2015年度）、724（2017年度）、554（2019年度）
出典：内閣府調査2007～2019年度

図17-3　企業BCPの策定状況（大企業）

い。そこで、筆者は、中小企業のBCPの策定環境を分析し、14章構成の「中小企業BCP導入ガイド」[3]をHPから公開し、改定も進めてきた。これにより策定の知識やノウハウの取得を支援したいと考えている。

さらに、中小企業が事業継続力を高めるのに、必ずしもBCPの計画文書をまとめて作成する必要はないという仮説を立て、中小企業の事業継続力を向上させる必須要素の抽出とその強化方策について研究を進めている。例えば、被災直後に事業継続のために早急に連絡すべき相手方のリストを丁寧に作成すること等が候補となっている。また、これらの研究成果を使って、2019年度に6回連続のBCP月次オープン講座を所属研究所で実施した。

おわりに　～執筆者から

中小企業への事業継続力の向上は、2019年度から中小企業庁が始めた「事業継続力強化計画」の認定制度により、政府の後押しが強化され、産官学の協力による取組の発展が期待できる。ただし、日々の経営に精一杯の企業にBCPに取り組んでもらうのは容易ではない。さらに、2020年はじめから新型コロナウイルス感染症が蔓延し、新たな事業継続リスクとなっている。BCPにおける同感染症への対応の研究も急がれるため、筆者を含む専門家が調査・研究に着手し、対策の提案も始めたところである。

参考文献

1）内閣府. 事業継続ガイドライン第3版.
　http://www.bousai.go.jp/kyoiku/kigyou/keizoku/sk_04.html［2020年12月16日アクセス］
2）丸谷浩明、寅屋敷哲也.（2016）東日本大震災の被災中小企業ヒアリングで把握された事業継続の必要要素と
　復興制度の事業継続面での課題. 地域安全学会論文集（電子ジャーナル）8.
3）丸谷浩明. 中小企業BCP導入ガイド～BCP策定を目的意識、戦略の差異を踏まえて実効性重視で解説～
　http://www.maruya-laboratory.jp/bcm-bcp［2020年12月16日アクセス］

18章　都市の災害リスク評価

専門分野：防災・復興空間学

執筆者：村尾　修

要約

わが国では過去の災害を教訓とし、都市防災に活かしてきた。しかし、災害は進化する。都市災害とはハザードという自然界の外力が常に進化している都市を介して反映されたものだからである。都市災害を軽減するためには、都市の脆弱性を下げることが重要であり、そのために都市の災害リスクを適切に評価する必要がある。

キーワード：ハザード、脆弱性、曝露量、被害抑止、事前準備、災害は進化する

はじめに

東日本大震災により甚大な被害を受けた被災地ではその後 10 年をかけて復興施策が施され、都市リスクに関する社会的な認知度も以前より高まっている。

第1節　東日本大震災が明らかにした課題

「何が起きたのか？」　東北地方太平洋沖地震により、8 県で震度 6 弱以上の震度を記録し、国内で 22,252 人（死者・行方不明者）の人的被害、全壊 121,995 棟、半壊 282,939 棟等の住家被害が発生した（2019 年 3 月 8 日現在）[1]。

三陸沿岸部では明治以降、1896 年明治三陸大津波、1933 年昭和三陸大津波、1960 年チリ津波により被害を受けており、こうした災害を踏まえて津波対策が行われてきた。各津波後の状況はそれぞれ社会情勢も異なっているため、その対策の内容も時代性があるが、とくにチリ津波の後は高度経済成長期であったという事情もあり、被害抑止のための施設が各地に建設された。その中には世界有数の高さを誇る田老町（現宮古市田老地区）の防潮堤なども含まれていたが、こうした構造物も津波は乗り越え、甚大な被害を及ぼしたのである。

「被害の実態」　東日本の青森県から千葉県にかけての 6 県の沿岸部 61 市町村が津波の影響を受けた。被害を死者・行方不明者の多い順にみると、県単位では、宮城県（11,886 人）、岩手県（6,255 人）、福島県（4,092 人）の順であり、市町村単位では宮城県石巻市（3,972 人）、岩手県陸前高田市（1,806 人）、宮城県気仙沼市（1,432 人）であった[1]。

各市町村ではそれぞれの沿岸地区において胸壁、護岸、水門、防波堤、堤防・防潮堤など被害抑止対策を講じていた。図 18-1 に市町村ごとの総海岸数に対する津波対策構造物数[2]を示

す。岩手県内の多くの市町村では、水門と堤防・防潮堤の対策をしており、福島県内の市町村
では防潮堤よりも防波堤の比率が高かった。市町村ごとの被害状況は、津波の大きさ、地形、
集落の立地、および津波対策状況によって異なる。しかし、海岸林、湾口防波堤、水門などの
被害抑止対策や津波避難路・階段など事前の対策が有効に機能した事例も多かった。

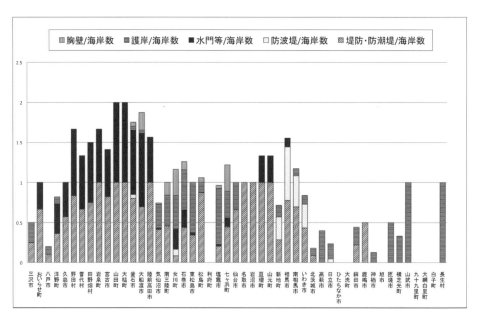

図 18-1　市町村ごとの総海岸数に対する津波対策構造物数[2]

第 2 節　都市の災害リスクとわが国における津波対策の経緯

　私の専門は都市防災である。何をもって「都市」と呼ぶかは長年議論されてきた難しいテー
マでありここでは割愛するが、重要なのは「都市」とは包括的な概念であるということであ
る。こうした「都市」の防災力を高めるために都市災害のリスクを評価する必要がある。
　そのひとつとして、「都市災害のリスク（Urban Disaster Risk）＝ハザード（Hazard）×脆弱性
（Vulnerability）×曝露量（Exposure）」という考え方がある。こうした 3 つの指標を考慮し、あ
る地域にどのようなことが起きるのかを事前に想定しておくことが災害対策を進めていくうえ
で重要である。しかし、いつ、どこで、どの程度のハザード（津波や地震）が発生するのかの
予測は 21 世紀になった現代においても難しい。実際に Mw9.0 の 2011 年東北地方太平洋沖地
震を想定することは出来ていなかった。東日本大震災発生以降、より被害規模の大きくなるハ
ザードを想定した各種対策が施されるようになっている。
　地震、津波、台風など、ハザードとは地球の活動の一部であり、基本的にそれらを人類の現
在の技術でコントロールすることはできない。そうすると上述した都市災害のリスクを軽減さ

せるために最も重要なのは都市の脆弱性を下げることである。一般的にそれを都市防災と呼ぶが、事前に行うべき対策には被害が出ないようにする「被害抑止（Mitigation）」といざとなったら対応できるようにする「被害軽減のための事前準備（Preparedness）」の 2 種類ある。地域の状況（体制や財政状況）を踏まえながら、バランスの良い対策が求められるが、高い被害抑止能力を確保しておけば、いざという時の対応と復旧・復興にかけるコストは少なくて済む。

　わが国は海に囲まれているため、これまでに多くの津波による被害を受けてきた。またこうした津波災害を教訓として、19 世紀以降、段階的に具体的な対策を施してきた。その流れを図 18-2 に示す。1896 年明治三陸大津波後に多くの被災集落は高台移転したが原地復帰し、1933 年昭和三陸大津波で再び被災する集落も多かった。防災に投資をするためには、社会的・経済的な安定が必要である。わが国ではこうした防災投資が 1960 年チリ津波発生後に行われるようになった（図 18-2）が、世界的に見れば 20 世紀にこうした防災投資が出来ていた事例は稀であった。1990 年代後半になると、津波被害予測やハザードマップ作成、津波避難等に関する方針が国をあげて示されるようになった。

　このように「被害抑止」と「被害軽減のための事前準備」の両面から日本の津波対策は進められてきていたが、そうした中で東日本大震災が発生した。その被害規模の甚大さゆえに、復興にも 10 年の年月を要した。少子高齢化と地方の過疎化などの課題を抱える被災地で総延長およそ 400 km にも及ぶ防潮堤が建設されるなど、過大な防災投資に対する批判もあるが、その一方でこの 10 年の間に都市防災と復興に関する多くの議論が交わされ、「仙台防災枠組」が採択された 2015 年国連防災世界会議を含む様々な機会により、人々の防災に対する認識や関心が深まってきたのも事実である。都市防災という視点からすれば、東日本大震災によりあるパラダイムが破壊されたというよりも、我々がさらにやらなくてはならないことが見えてき

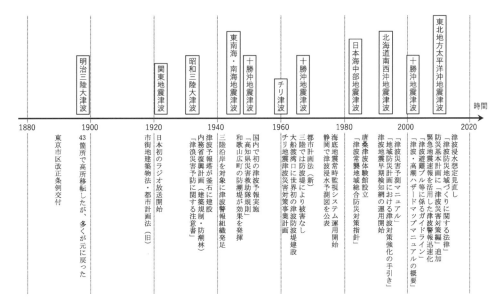

図 18-2　わが国における明治以降の主な津波と津波対策の経緯

て、より一層社会に「防災」が浸透する契機になったのだと思う。

第3節　発展途上の都市防災学

　都市は人類が築き上げた巨大な人工的生産物である。人工的生産物の中には工業製品なども
あるが、携帯電話や自動車が実験を積み重ね、99.99% 程度の安全信頼性を確保してから大量
生産されるのと異なり、この「都市」という人工物はその場が出来てから、数十年から数千年
の歴史の中で変化・進化しつつ現在に至っている。「この都市はこれだけの地震に対して、安
全であることが確認できたので、明日から住み始めてもいいですよ」と言って、都市居住が始
まるわけではない。世界中の多くの人々は、気がついたらそこに住んでいるか、何らかの事情
により既存の街に住み始める。都市の中では常に人口の移動があり、時代とともに増減があ
り、災害対応のうえでの適切なバランスを理解することすら難しい。そうした状況だからこ
そ、過去の災害から都市の脆弱性を学んで行かなくてはならない。そういう意味で、東日本大
震災以前の状況、どのように破壊されたのか、どのように復興していったのか、復興された被
災地は今後の 21 世紀にどのように対応していけるのか、これから学んでいくことはたくさん
ある。

第4節　都市の脆弱性評価

　我々は過去の災害から多くの知見を得てきた。筆者は過去の災害によって得られた建物被害
データなどを用いて都市の脆弱性評価を行なってきた。こうした都市の脆弱性評価の歴史はま
だ浅い。人々のリスクに対する認識が以前より高まってきた現在において、リスクコミュニ
ケーションの手段でもあり、また各自治体が災害対応を考える際の基礎情報ともなり得る。こ
うした評価に関する研究はますます重要になってくる。

おわりに　～執筆者から

　わが国では自然災害が多く発生していますが、それはたくさんの自然の恩恵を受けているこ
との裏返しでもあります。日本が培ってきた都市防災あるいは災害文化に関する考え方が広く
普及していった先に、どのような社会が現れるのか楽しみです。

参考文献

1）消防庁災害対策本部.（2019）、平成 23 年東北地方太平洋沖地震について（第 159 報）https://www.fdma.go.jp/
　disaster/higashinihon/items/159.pdf ［2020 年 8 月 20 日アクセス］
2）田中智大、村尾修.（2017）東日本大震災被災沿岸部における被害軽減効果の比較、地域安全学会東日本大
　震災特別論文集、6, 69-72.

19章 都市再生のパラダイムシフト

専門分野：都市再生計画技術

執筆者：岩田　司

要約

東日本大震災の被災地の多くは低層の木造住宅による町や集落が主体であり、一部都心部における災害公営住宅等を除いては、その復興住宅の多くも木造住宅が中心である。これら地域の住宅復興を地域の住文化、地域の既存ストックを活用することにより、地域の活性化、超高齢社会を見据えた新しい都市再生手法が見えてくる。

キーワード：木造応急仮設住宅、地域型復興住宅、集団移転、地域の活性化、地域生産者グループ

はじめに

　災害時にはそれぞれの都市のみではなく、その周辺の集落なども含めた都市という枠組みを超えた地域全体の暮らしの再生が求められる。また特に戦後の急激な社会構造の変革は長年培ってきた近世的な地域の住まい方を大きく変化させ、それに伴い再生した地域の姿は以前とは大きく様変わりをしている。

第1節　東日本大震災が明らかにした問題

　「何が起きたのか？」　東日本大震災の建物被害の最も大きな特徴は津波による流出である。特に我が国の市街地の大半は木造の住宅によって占められている（図 19-1）ため多くの建物が流出した。そのため将来にわたり津波の危険を伴う地域からの住宅地の移転、または津波を防ぐ土地の嵩上げを伴う復興区画整理などの新たな住宅地の提供と暮らしの再建が必要となり復興に相当な時間を要するので、住宅の復興への支援と共にその間の仮の住まいである応急仮設住宅の供給も重要な課題である。

　東日本大震災では、5万戸を上回る応急仮設住宅が建設された。今回は地元の建設業者による木造応急仮設住宅の建設も行われた。特に福島県では応急仮設住宅全供給量 17,143 戸のうち 6,639 戸（全供給量の 38.7％）が地元業者によって供給された（写真 19-1）。また木造応急仮設住宅はプレハブとは違い地元の建設業者の設計、施工によることから、当初から暑さ寒さ対策が取られ、プレハブに比べ格段に快適であることが話題となった。

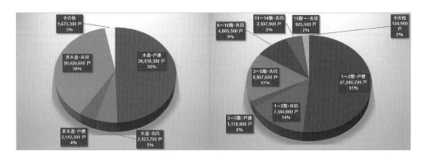

図 19-1　日本の住宅の構造・建て方別住宅戸数（左）、階数・建て方別住宅戸数（右）
我が国の住宅は全国で約 53,655,600 戸、その 55%は木造であり、全体の半分が木造の戸建住宅である。また 65%が 2 階建て以下の戸建か共同住宅であり、11 階建て以上の高層住宅は全体の 7%程度にしか過ぎない。「平成 30 年住宅・土地統計調査より作成」

写真 19-1　福島県三春町において地元の建設業者の集まりである「三春町復興住宅をつくる会」による木造応急仮設住宅。個別の設計により公園跡地に建設された。公園の緑を生かし、内外装共に自然素材である木をふんだんに使い、かつ高断熱高気密にも配慮した木の香あふれる心地よく快適な仮設住宅である。入居者の評価も高い。「筆者撮影」

　復興住宅建設についても地域の工務店や、建築士・設計事務所、林業・木材産業関係者、建材流通業者等により構成され、いわゆる川上から川下まで一貫した体制で地域の気候風土や住文化に根ざした地域型復興住宅を建設できる能力を有する地域生産者グループによる建設が行われ、様々な主体による地域型復興住宅が供給された。これらに対し国土交通省では地域型住宅ブランド化事業による補助制度を活用しこれらの住宅建設を支援した。これらは復興と共に地域の活性化を考慮した取り組みでもある。
　「被害の実態」　東日本大震災における建物の全半壊は約 40 万戸に及び、10 万戸に及ぶ復興住宅の建設が必要と考えられた。そのうち災害公営住宅として約 3 万戸、土地区画整理事業、防災集団移転促進事業及び漁業集落防災機能強化事業により供給する住宅用の宅地として約

18,000 戸分が供給された。供給には最終的に 7〜8 年の期間を要した。

第 2 節　震災が破壊したパラダイム

「従来までの常識と必要だった対応」　人口減少社会、少子超高齢社会である我が国の都市再生に関しては、これまでの郊外への住宅地の拡大や大規模商業施設などの立地を控え、すでにインフラストラクチャーがそろっている旧市街地内に人口を呼び戻し、高齢社会に対応した歩けるまちづくり、すなわちコンパクトシティ化が必要であると提唱されて久しい。しかしながら今回の東日本大震災では津波による居住禁止区域が設けられたためもあり、多くの集団移転によって山間部に多くの郊外住宅団地が点在する結果となった。さらに土地区画整理事業などにより郊外部にさらなる住宅地が供給され、多くの復興住宅が建設された。

　一方で被災地には旧来からの町や集落が多数存在する。そのための商業施設、農業や漁業のための施設の復興は住宅の復興と別途行われた。これは津波の被災地域においては住宅が建てられない地域が存在するためで、この状況は都市の郊外部の住宅団地と大規模商業施設との関係と類似のものである。またライフスタイルも都市郊外と類似して、車社会を前提とした通勤、買い物、娯楽の生活を送ることになる。

　結果として我が国が現在置かれた人口減少、少子超高齢社会での都市再生手法に逆行し、従来の常識であった手法を用い、結果として古来我が国が持つコンパクトな職住近接の町や集落のシステムを放棄し、併せて木造による我が国の街並景観、集落景観も失うこととなった。

第 3 節　新しいアプローチ

　戦後の大都市への一極集中、全国の街並景観や住宅の画一化に対する反省から、地域の住文化に基づいた地域固有の住宅政策を立案し、実践する「地域住宅計画」が昭和 58 年度に始められ、全国の多くの市区町村で推進されてきた。これにより現在における住まい・まちづくりにおいてはその地域性を十分に考慮することが一般的となった。

　我が国は全体としてはモンスーン気候帯に属し、夏季を中心に高温多湿で冬季は低温で湿度が低いが、寒冷気候の北海道から亜熱帯気候の沖縄まで多種多様な気候特性を持つ地域が存在する。この中でそれぞれの地域において木造による地域固有の住文化を育んできた。これらを古来支えてきたのが我が国の伝統的な大工を中心とした各地域の建設関連業者である。

　住宅建設における経済波及効果は大きく、直接の建設費に加え、電気工事や上下水道工事と言った付帯工事、引越し費用、耐久消費財の購入や住宅ローンの利払いなど、様々な波及効果がある。例えば 2 次効果まで考慮した最終需要額は直接投資額の 2 倍強に、またその 20％弱程度が税収となることが産業連関表から導き出せる。例えば 1 棟あたり 2,500 万円かかるとすると 2 次効果まで入れた最終需要額は 5,170 万円、これによる税収は 480 万円となる。地域の住宅の多くは木造戸建住宅であり、この建設を支えてきた地元建設業者がこの建設をになうこ

とができれば地域の大きな活性化につながる。従って地域の気候風土や住文化をよく知る地元の建設関連業者がこれら一連の住宅復興に積極的に参加することにより、復興と共に地域固有の住まい・まちづくりや地域の活性化を合わせて実現することになる。

第4節　到達点とこれから

東日本大震災では地域の生産者グループが協力し、災害時における地域の住文化に根ざした地域型復興住宅の供給への端緒を開いた。このような地域の力を活用した地域の再生手法は、東日本大震災後の平成23年の紀伊半島水害での奈良県十津川村や平成28年の熊本地震、平成29年の九州北部水害の復興政策へとつながって行く。特に十津川村において木造応急仮設住宅、地域型復興住宅の建設を実現したほか、移転が必要な地区の住宅を東日本大震災のように新たな造成地に建設するのではなく、既存集落の空き地を活用して地域型災害公営住宅を建設した。

このことは例えば移転事業や災害公営住宅建設事業を木造で、しかも既成市街地の空き地を利用することにより、地元の建設業者の建設による地域の活性化、あるいは既成市街地のインフラストラクチャーを活用した効率的でかつ超高齢社会に適合した真の意味での地域型復興住宅を実現できることを示唆している。

おわりに　〜執筆者から

木は生き物である。従って間違った使い方をすれば腐食し、死んで行く。千年を超える我が国の木造技術はそれを克服し地域に根ざした住文化を築き上げてきた。CLT等の新しい技術革新により木造の超高層も実現し始めている。我が国の多くの建築が木造であり、これからもその主流であり続ける。地域自身がこのことに目覚めるとき、レジリエントな真にサステナブルな我が国固有の住まいやまち空間が生まれる。そのことに期待したい。

参考文献

1) 日本建築学会. (2016) 東日本大震災における実効的復興支援の構築に関する特別調査委員会最終報告書.
2) 東北大学災害科学国際研究所. (2016) 熊本地震被害調査報告書〜住まい・まちづくり関連〜 https://irides.tohoku.ac.jp/media/files/_u/topic/file/20160929_Kumamoto_EQ_report_Iwata_web.pdf［2020年10月13日アクセス］
3) 岩田司、三井所隆史. (2012) 地域の住宅建設を支える地元大工による応急仮設住宅の供給手法のあり方. 日本建築学会技術報告集、20, 45, 503–508. https://doi.org/10.3130/aijt.18.1093.

20章 復興まちづくりの現実とその課題

専門分野：土木工学、まちづくり

執筆者：平野勝也

要約

東日本大震災からの復興まちづくりは「きわめてまれな津波」と「現に体験した津波という矛盾が根源にあり、そのために街の移動を伴う人口減少下における初めての大規模な復興となった。持続可能な魅力ある質の高い街へと復興するために、新しい取り組みが様々行われたが、その実践の中で縦割りを超えたコーディネートとトータルデザインの重要性が明確化したと考えられる。

キーワード：復興まちづくり、土木工学、景観・デザイン、コーディネート、トータルデザイン

はじめに

　本章では、石巻市、女川町の復興に深く関わり続けてきた筆者の視点から、東日本大震災からの復興まちづくりがどのような課題を抱えながら進められてきたのか振り返り、筆者の専門である土木的な視点から、今後の復興まちづくりや一般のまちづくりのために、今回の復興まちづくりにおける課題や反省そして成果について概観しようと思う。

第1節　東日本大震災からの復興まちづくりが直面した課題

　「矛盾とともに始まった復興まちづくり」　東日本大震災以前の海岸堤防の計画基準は基本的に「既往最大」であった。もちろん、予算、用地等の制約から、それを実現できていた海岸堤防は必ずしも多くはない。とはいえ、「既往最大」を基本として作られてきた海岸堤防の計画方針をそのまま継続するには、東日本大震災の大津波はあまりに巨大であった。そうした状況から、2011 年 6 月には国の防災方針を決める最高決定機関である中央防災会議は、「既往最大」の考えを捨て、数十年から 100 数十年に一度と比較的頻度が高いと考えられる津波を L1 津波として海岸堤防など物理的な防御を整備すること、500 年から 1000 年に一度というきわめてまれな津波は L2 津波として避難を中心とした対策を取るとの方針を示した。これは、きわめてまれな災害について物理的な防御をとることは合理的ではないこと、それまでの物理的防御への過信を反省したこと、さらには、橋梁等の耐震設計において既に L1、L2 地震動という形が採られていることを参照しつつ導入されたものである。

　しかしその一方で、被災者にとって今回の大津波は現に体験した津波でしかない。現に体験した L2 津波が再び襲ったときに、また同様な被害が出るような復興まちづくりは、到底被災者の合意が得られるものではない。当然ながら復興まちづくりは L2 津波に対しても安全となるような計画を立案する必要があった。低頻度激甚災害からの復興には、こうした「合理性」と「合意形成」の矛盾が必ず発生する。そして、この矛盾の解決方法は今のところない。恵も災いももたらす自然と、人はどのように共生していくのか、日本人の自然観の根底に突きつけられた重い課題であると思う。

　「街の移動を伴う復興」　海岸堤防などの物理的防御が L1 津波までの安全しか担保しない中で、L2 津波でも安全と言えるまちづくりをどのように実現するのか。そのために様々な方法が取られたが、概略的に言えば、リアス式海岸の地域では、高台移転や地盤の嵩上げにより L2 津波に対する安全性の確保が行われ、平野部においては基本的に高盛土道路を事実上の二線堤として整備し、それより海側の街を内陸側に移転させる方法が採られた。

　いずれの方法も、街を移動させて全ての社会基盤施設（道路、河川、ライフライン等）をゼロから作り直すという、特徴的な復興事業となった。

　「人口減少下のまちづくり」　さらには、大規模な災害からの復興という意味においては、今回の復興は人口減少下での初めてのものであった。人口減少下のまちづくりに対する事業制度も計画技術も明確には存在しない中で、地域の魅力を高め将来的にも持続可能な地域として復興していくという重い課題が突きつけられていたと言って良い。今回の復興が今までの常識的な復興ではうまくいかないことの根源がここにある。

第2節　求められたパラダイムシフト

　「堤防の外部性」　沿岸部の魅力を考える上で海岸堤防の影響は大きい。L1 堤防といえども高さ 10 m を超えるものも多く計画された。また、宮城県内においては津波防御のために河口部の河川堤防も L1 堤防に合わせ新設・嵩上げされる計画も実行された。津波からの安全性を高めるには、堤防は高ければ高いほどよい。しかしその一方で、高い堤防は特に景観への悪影響が大きい。海岸堤防は安全のために作るものであり、全国の消波ブロックで埋め尽くされた海岸を見れば分かるように、一部の景勝地での取り組みを除けば、景観への悪影響を低減するような設計は一般的ではなかった。そうした海岸堤防設計の常識を打ち破っていかなければ、魅力的で持続可能な地域としての復興には結びつかない。

　「『縦割り』から『横割り』へ」　通常の復興の場合、全ての社会基盤施設は、原位置での復旧が基本になる。規模を拡大しない限り、既に用地もあり調整の必要はほぼない。そもそも復興に限らず拡大時代の社会基盤施設整備は、社会基盤の種類ごとに役割分担をして実施してきた。これは、例えば道路という社会基盤施設整備を進める上では、適切な道路ネットワークの形成が重要であり、他の社会基盤施設との調整はさほど大きな問題ではなかったことに由来している。「縦割り行政」などと揶揄されることもあるが、拡大時代には合理的な役割分担で

あった。

　しかし、「街の移動を伴う復興」ということは、全ての社会基盤施設を作り直すことである。例え小さな漁村集落であっても、県による海岸堤防、河川堤防、県管理国道・県道の整備、市町村による防災集団移転促進事業や漁港（二種漁港以上は県管理）と意思決定系統の異なる多種の事業が同じ場所で白紙に近い状態から計画されたため、その相互調整に大変な労力が必要となった。震災以前の常識的な縦割り型の対応から、その社会基盤施設の縦割りを束ねる横串的な発想へと切り替えていくことが極めて重要なものとなった。

　「人口減少下のまちづくりに必要なパラダイムシフト」　こうした「縦から横」への発想の転換と同時に、まちづくりそのものに関しても転換が必要となった。「コンパクトシティ」や「ウォーカブルシティ」と言った近年の街づくりに関する思潮に代表されるように、今までの自動車主体のまちづくりからの脱却も重要なパラダイムシフトとして言われ始めていた。具体的には、例えば道路計画においては、渋滞を起こさぬよう自動車交通を分散させることが鉄則であったが、人口減少下においては、逆に交通を集中させて商業的なポテンシャルを高めることで持続可能性を下支えするといった、今までと 180 度方向性が異なる計画に取り組む必要性があった。

第 3 節　復興まちづくりへの新しいアプローチ

　こうした様々なパラダイムシフトが求められた状況に対し、いくつかの実務的かつ実践的な実現方策が模索されていった。

　「安全性と魅力の両立」　海岸堤防や河川堤防においては、その景観への悪影響を抑え、海や川の魅力を街づくりに活かしていくために、後背地を堤防と同じ高さまで嵩上げを行い、良好な海への眺望を確保した上で施設整備を行う方法（気仙沼市大谷海岸、石巻市雄勝中心街地区、石巻市鮎川地区、女川町中心街等）や、堤防と一体となった建築物により堤防の悪影響を吸収する方法（気仙沼市内湾地区、石巻市中心街）が採用され、実現していった。なお、石巻中心街の旧北上川の堤防そのものも丁寧にデザインがなされている。これらの取り組みはいわば、堤防事業を堤防事業だけで考えるのではなく、横串を通しながら、様々な事業全体をコーディネートして行くことで初めて実現したものである。

　「コーディネートからトータルデザインへ」　こうしたコーディネートの重要性は、堤防事業関連にとどまらない。石巻市の復興においては、筆者を含む災害科学国際研究所災害復興実践学分野の土木・建築・都市計画のコラボレーションチームが事実上のコーディネート役を果たしながら、時には縦割りを超えて堤防、道路、広場そして建築までのトータルデザインを提示しながら復興が進められた。女川町の復興においては、中央復建コンサルタンツの末氏を中心とするチームがコーディネートを進め、筆者が委員長を務めた女川町復興まちづくりデザイン会議がトータルデザインを実施するという体制が組まれ実現していったものである。どちらに関しても、もちろん大いに反省もあるが、人口減少下の街づくりに必要な、持続可能性を高め

た質の高いまちづくりを実現していくためには、こうした横串を強化しパラダイムシフトを的確に捉えた人材によるトータルデザインの実施体制が必須であることの具体的実践例になったものと考えている。

第4節　復興まちづくりの到達点とこれから

　震災から10年、終わりつつある津波被災地各地の復興事業の成果を見て回ると、様々な矛盾や課題を抱えた中で、到達点ともいえる魅力的なまちづくりに出会うことができる。しかしその一方で、こうしたパラダイムシフトを踏まえた新しいアプローチにより復興が進められたケースは必ずしも多くないことにも気づく。

　今後の大規模災害後の復興を考えると、やはり各地の復興の「質」がどうであったのか、質を高めるためのキーポイントは何であったのか、復興の質を一層高めるための方策を考えていく必要があろう。被災者や尽力した当事者のことを考えると、この街の復興の質は高いがこの街の復興の質は低いなどとは公然とは言いづらいことも、また事実ではあるが、それによって適切な批評を避けるようでは、次の大規模災害の後に同じことを繰り返すだけだと思っている。そこに新たな災害科学の方向性があると感じている。

　また、今回の復興は人口減少下での初めての大規模な復興であった。一般のまちづくりにおいて、これだけ大規模に公共事業が展開されることはないとしても、人口減少下の一般のまちづくりに対してどのようなことが言えるのか、論考を展開していく必要もあろう。そして、冒頭で述べた「合理性」と「合意形成」の矛盾については解決の糸口さえ掴めないが、重要かつ本質的な課題として残り続けている。

おわりに　〜執筆者から

　そもそも土木工学とは公共のためにある。しかしながら、復興の現場に身を置く中で感じたのは、土木工学の様々な研究がこの困難に対して、本当に役に立っているのかという疑問である。近代土木工学の祖の一人である廣井勇（1862-1928）が「現場のない学問は学問ではない」と述べたと言われているが、土木工学そのものにも、大きなパラダイムシフトが必要なのではないかと感じている。

参考文献

1) Hirano K. (2013) Difficulties in Post-Tsunami Reconstruction Plan following Japan's 3.11 Mega Disaster: Dilemma between Protection and Sustainability. Journal of Japan Society for Civil Engineers. 1(1): 1-11. https://doi.org/10.2208/journalofjsce.1.1_1
2) 平野勝也. (2014) 復興まちづくりに析出するこの国の病理. 日本都市計画協会機関誌「新都市」. 68(3), 42-44.
3) 平野勝也. (2014) 宮城県における津波防災まちづくりの合意形成と防潮堤問題. 土木学会誌. 99(9), 15-18.

21章 復興と建築

専門分野：復興実践学、建築計画学

執筆者：**小野田泰明**

要約

建築は、生活と直結し、地域文化の維持や人々の豊かなくらしと関係する重要な基盤である。一方で、発災直後にそうした質的な観点を計画の現場に持込むことには、大きな困難も伴った。建築の復興に当たっては、被災者のニーズのみならず、社会資本形成を見据えた土木・都市計画との連携や実現のための建設や運用に関する戦略が重要となる。

キーワード：復旧と復興、土木・都市計画との連携、社会資本、総合的発注、社会的包摂

はじめに

　東日本大震災は、複合的かつ広域的な災害であったため、土地利用計画や土木計画が前景化し、建築への配慮は限定された印象もある。しかしながら、建築は人々の暮らす場所であり、社会的弱者の包摂や地域アイデンティティの維持など、復興後の生活の質に深く関わる。長期的な視点を確保するため、実際には、多くの障害の中で様々な試みが行われた。

第1節　東日本大震災が明らかにした問題

1　柔軟な土地利用

　東日本大震災の津波被害を受けた地域においては、災害危険区域の設定によって居住が制限されるなど、土地利用が大きく見直された。そのため、その後の生活を見据えた柔軟な土地利用と大きな災害に対する安全の共存が焦点となった。

2　地域文化の継承

　災害に対する安全が中心となる復興では、建築文化や土着の文化への配慮など、質的要素への対応は難しい。今回、大きな被害を受けた地域のひとつである気仙地方は、江戸期から明治初期に重要な建築を残した技術者集団、気仙大工の拠点であり、彼らの生活文化を伝える建築も数多く残されていた。しかし、復興事業はその継承に極めて冷淡であった。また、豊かな漁村の風景を再生し、将来的な民泊への活用を考えた試みが、華美であると糾弾され、短期的寿命しか持ちえない陳腐なものに切り下げられるなど、技術や文化の継承、景観や観光など、長

期的視点を復興に盛り込むには障害が多かった。

3　建設コストの上昇

　短期間での事業の完了は、復興における至上命題だが、それは同時に、事業の集中による資材や人材の払底とそれによる建設コストの上昇を招く。建築事業は、物価スライド条項があるとはいえ、仕様発注中心で経費率も低いため、こうした市場の変動の影響を受けやすい。性能発注が基本で経費率も高く、価格変動に対する弾力的対応が盛り込まれる土木事業とは好対照である。そのため、復興時には、被災者の意見を聞いた丁寧な設計図書を作っても、入札不調となる状況が頻発した。

第2節　震災が破壊したパラダイム

1　復興と復旧

　土木では、今回の大震災の前に、原状に戻す「原形復旧」に加え、改善の方向性を組み込んだ「改良復旧」、被災前への回復と質的向上を目指す「復興」、などの段階的整理が事前に行われていた（内閣府、災害復旧・復興施策の手引き、2005年）。一方、建築では、根拠法が各施設で異なり、方針も基本、「復旧」のままであった。発災後の復興法の制定で、根拠は事後的に与えられたが、遅れは否めず、現場判断は「復旧」の原則を出難かった。

2　私的復興と資金調達

　被災者の住宅再建は私的活動と位置付けられ、復興を通じた公費投入が厳しく制約されていた。そのため、復興後、立派な地盤の上に貧弱な住宅が立ち並ぶ状況も生み出されている。また、終身雇用と連動した持家政策を支えてきた住宅ローンは、今回も利子補給など公費投入の支点としてある役割を果たしたが、完成形に資金調達する仕組みのため、必要な所だけ復興して後に増築する、インドネシアのコアハウスなどの手法の導入には、柔軟に対応し難かった。

3　社会的弱者の再包摂

　大災害によって生み出された危機的な状況は、家族やコミュニティに包摂されていた社会的弱者をその外にはじき出す。しかしながら、財政当局から、介護保険の要件を厳しく管理するプレッシャーを受けている公共福祉部門には、それらを支援する余地は十分にない。それ故、復興する環境（建築）には、共助を涵養する場づくりが求められる。しかしながら、それらに対する理解と支援は驚くほど少なかった。

第3節　新しいアプローチ

1　建築制限を含んだ土地利用

　柔軟な土地利用のひとつとして、建築規制を包含した多段階の災害危険区域指定が上げられる。伊勢湾台風後の復興で用いられたこの手法は、本災害でもいくつかの自治体で採用された。一方、これは、複雑な津波シミュレーションを介した効果の評価、建築規制がもたらす不

動産価値や実際の建築設計に与える影響の検討など、様々な精査を事前に必要とするために、今回の復興での採用は限定的でもあった。そのような中、この方策を採用し、ほとんど嵩上なしの市街地復興を実現した岩手県釜石市東部地区では、市街に一階を駐車場とする災害公営住宅を集中的に整備するなど、復興事業を活用してコンパクトシティを実現した。

2 共助型住宅

阪神・淡路大震災の災害公営住宅において孤独死が頻出したことを受け、東日本大震災においても、数は多くはないが、コミュニティを志向した災害公営住宅が建てられている。宮城県七ヶ浜町や岩手県釜石市では、市がガイドラインを設定し、リビングアクセス型の災害公営住宅（図21-1）を前向きに取り入れているし、宮城県多賀城市では、UR（都市再生機構）によって共有空間が設けられた災害公営住宅が建設されている。さらに踏み込んで、福島県相馬市や宮城県石巻市では共助型の災害公営住宅が整備されている（図21-2）。

図21-1　リビングアクセス型住宅（釜石市O住宅）
設計：千葉学建築計画事務所＋大和ハウス工業株式会社
設計支援：東北大学小野田・佃研究室

3 土木と建築の協同

土木と建築の協同も重要でありながら実現が難しい領域である。宮城県石巻市の鮎川地区では、防潮堤、県道、文化施設、地元商業の拠点施設、環境省の施設などを統合して親自然型の拠点が建設され、岩手県釜石市でも学校施設の復興に関して建築と土木の協同が行われた。この釜石市立東中学校・鵜住居小学校の復興では、設計プロポーザルの採用で、想定切土量が約4分の1に圧縮され、地域のシンボルである山体の維持が図られた（図21-3）。

図21-2　共助型災害公営住宅（石巻市S地区）
設計：阿部仁アトリエ＋大和ハウス工業、
設計指導：東北大学小野田・佃研究室

4 新しい発注方策の開発

高騰する建設費に対抗し、設計と施工を一括で発注する買い取り方式が採用されたのも本震災復興の特徴である。その他、施工予定者が実施設計に参画するECI（Early Contractor Involve-

ment）なども導入されたが、発注
能力が求められることから困難も多
かった。地元工務店が協同して施工
を請負う建設協議会など、一部では
あるが重要な試みもなされている。

第4節　到達点とこれから

今回の復興では、価値ある試行も
行われたが、長期的視点を有する復
興の実現には道半ばである。質的評
価を含むことが多い建築復興を評価
するための技術から、制度や生活な

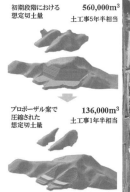

図 21-3　学校の復興における建築と土木の協同
（釜石市鵜住居地区）
設計：小嶋一浩＋赤松佳珠子／Cat、
設計支援：小野田泰明、資料提供：釜石市

どを多層的に検討出来るプラットフォームの整備、協同のため他領域の言語を理解できるマル
チリンガルな専門家の育成など、解決すべき課題は多い。

おわりに　～執筆者から

被災地の東北大学にいる者の責任として、復興実務に関わり始めた我々（災害科学国際研究
所災害復興実践学分野：小野田泰明-建築、平野勝也-土木、姥浦道生-都市計画）が、津波研
究の先達首藤伸夫先生に教えを乞うた時、氏が示されたのが、伊勢湾台風からの復興における
建築制限を含む土地利用規制であった。防災・復興において、都市計画、土木、建築が、真摯
に協力することの重要性を先生は発災直後、既に見抜かれていた。

参考文献

1）Onoda Y, Tsukuda H, Suzuki, S.（2017）Complexities and Difficulties Behind the Implementation of Reconstruction
Plans After the Great East Japan Earthquake and Tsunami of March 2011. Advances in Natural and Technological Hazards
Research, vol 47. Springer, Cham, https://doi.org/10.1007/978-3-319-58691-5_1

2）小野田泰明、佃悠、東北大学小野田研究室 編著.（2016）集合住宅の新しい文法：東日本大震災復興における
災害公営住宅. 新建築. 91（13）, 新建築社（東京）. ISBN 9784786902826

）都市計画・まちづくり

専門分野：都市計画学

執筆者：**姥浦道生**

からの復興の都市計画・まちづくりは、人口減少や高齢社会を前提と

これまでの大規模災害からの復興とは異なっていた。そこでは、津

ードに強い街をつくることに加えて、量的にも質的にも「コンパク

ることが求められた。その際には、「利用」意向をベースにまちづ

くことが重要であった。

興まちづくり、都市計画、人口減少、所有と利用、コンパクトなま

計画・まちづくりは、人口減少や高齢社会を前提としたもの

災害からの復興とは異なっていた。

かにした問題

害大国であり、これまでも多くの街が繰り返し地震、水害、

害に見舞われてきた。しかし、先人たちはその都度、被災し

年に神戸市を中心に大きな被害をもたらした阪神淡路大震

おいては、12 万棟以上の住戸が全壊し、2 万人以上の死者・

その多くは、地震そのものではなく、その後に発生した津

によって引き起こされた被害である。したがって、復興まちづくりも津波により壊滅的な被
害を受けた沿岸部の街が中心的な対象であった。

第 2 節　震災が破壊したパラダイム

「従来までの常識」　復興まちづくりには、大きく二つのことが求められる。一つは言うまで
もなく、街を、被害をもたらしたハザードに対応した空間形態にすることである。それに加え

てもう一つ重要なのは、その街が被災前に抱えていた都市計画やまちづくりの課題を解決することである。人口増加社会においては、それは都市的活動量とそのために必要な空間的容量を増加させることだった。そのため、例えば前述の神戸市においては、木造低層住宅が密集していた地区を、高層の不燃化建物（住宅）に改変・再開発することによって、地震というハザードに対してより安全にするとともに、建物の床面積を増やしてより多くの人が住むことができるようにした。そして実際、多くの人が住むようになり、さまざまな都市的活動が行われるようになった。人口増加社会においては、まず街という「器」を作れば、そこに人が入り、新たな活動が行われるようになり、街が活性化する、というサイクルが成立していたのである。

第3節　新しいアプローチ

「新たな災害科学の手法」　東日本大震災からの復興まちづくりにおいても、防潮堤を建設することや、街自体を安全な高台に移したり土地の嵩上げを行ったりすることによって、将来的に発生することが想定される津波というハザードに対応した空間構造に作り直すことが計画された。その際に考慮されなければならなかったのが、多くの被災地で、被災前からすでに人口が減少しており、空き地や空き家の発生がまちづくりの課題になっており、その傾向は被災後も変わらず続くことが予測されていたという点である。このような人口減少に伴う課題に対応しつつ、街をどのように再建していくのかが問われたのである。

　そこで重要になってくるのが、空間を使う人の意向、すなわち「利用」意向に基づいて必要とされる分だけ新たな街を作るとともに、その新しい街には「その街らしさ」という地域資源を活かした魅力が凝縮されているという、量的質的意味における「コンパクトなまちづくり」である。

　例えば住宅の復興に関して、被災者の住宅復興の方法は、集団で移転する被災者のために造成された団地内において自分で建物を建てる場合や、自分で土地を探して家を建てて自力再建する場合、さらには自治体が建設する災害公営住宅に入居する場合など、何種類もある。そのような被災者の住宅復興の方法、さらには場所に関する意向は、被災後の時間の経過とともにさまざまに変化してきた（図22-1）。そこで、各自治体は被災世帯に対する聞き取り調査や、その継続的なフォローアップなどを通じて被災世帯の住宅復興に関する意向、すなわち宅地の「利用」意向を詳細に把握し、高台や内陸部に造成する区画の数や建設する建物戸数の計画を柔軟に変更・決定した。復興の完了時点から空き地が発生しないよう、量的にコンパクトになるように注意が払われていたのである（写真22-1）。

　また商業の復興に関しては、多くの自治体で「まちづくり会社」が設立され、それが施設を建設・運営し、商業を営む人たちに貸す、という枠組みが用いられた（写真22-2）。個々の商店主が店を「所有」すると、将来的に営業をやめたときに、いわゆる空き店舗・シャッター商店（街）になる可能性が高い。そこで、商店主が店舗を「利用」する際にテナントとして借りる仕組みにすることで、「利用」しなくなった場合には次のテナントが入るようになり、空き

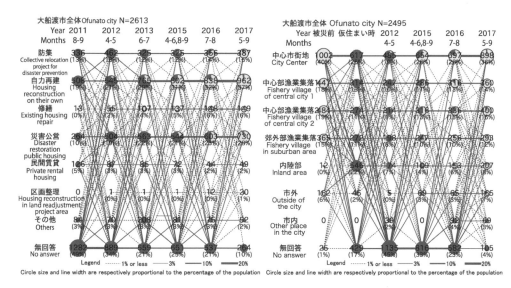

図 22-1　大船渡市における住宅復興の方法（左）と場所（右）に関する意向の変化（参考文献(2)）
　　　　意向の変化を表す斜めの方向に走る線が多くみられる

写真 22-1　宮古市田老地区の集団移転団地
（空地はほとんど見られない）

写真 22-2　大船渡市大船渡駅周辺地区
（商業施設をまちづくり会社が運営している）

店舗が発生しにくくなり、コンパクトで魅力的な商業地区が形成・維持されることになる。

　さらには、このまちづくり会社は、主に中心市街地においてイベントを開催したり、地域の情報を発信したりする、地域の魅力の創出・向上・発信という役割も担っている。ここでいう「地域の魅力」とは、日本全国どこにでもあるものではなく、そこにしかない Only One の魅力である。このような活動は「エリアマネジメント」といわれ、地域の環境や価値、魅力を維持・向上させ、地域を活性化させる取り組みとして注目される。

第4節　到達点とこれから

　ここまで見てきたような復興のまちづくりは、街を単に被災前の状況に戻すのではなく、被

災前よりも災害に強く、またそれまで抱えていたさまざまな街の課題も解決した空間形態に復興させる取り組みであるという意味で、「ビルドバックベター Build Back Better」の考え方に基づいているといえるだろう。

ただし、今回の復興ですべての都市計画・まちづくり的課題が解決したわけではない。

例えば、今回の復興で集団移転をした地域の多くは、今後も人口減少が進むことが予想されている。そのため、いまはコンパクトに作られ使われている街も、今後は空き地や空き家が増加し、人がほとんど住まない「限界集落」化する場合も出てくるだろう。これは被災地に限った話ではないが、このような課題への対応が、今後求められる。

また、被災した土地を嵩上げして再建した地区を中心に、安全な土地を再整備はしたものの所有者が別の土地で再建したことなどを理由として、利用されていない土地が多くみられる場合もある。さらには、小規模な集落を中心に、被災前に人が住んでいた低平地が、移転の後、利用の当てがなく放置されている場合もみられる。そのような空き地をどのように有効活用していくか、または使わないという選択を積極的にすることで維持管理にかかる費用を最小化するのかということも、今後の課題として残されている。

おわりに　～執筆者から

復興の都市計画・まちづくりは、実は平時の都市計画・まちづくりと密接不可分の関係にある。今回述べたような人口減少時代のまちづくりをはじめとして、復興まちづくりの課題の多くは、平時のまちづくりの課題の延長線上にある。したがって、復興まちづくりをスムーズに進めるためには平時のまちづくりにおける準備や経験（「事前復興」と呼ばれる場合もある）の積み重ねが非常に重要な意味を持つ。このような、平時のまちづくりと防災・復興のまちづくりをシームレスにつなぐ視点を持ちながら、都市計画・まちづくりという分野に興味を持っていただけると幸いである。

参考文献

1) 消防庁災害対策本部. 平成 23 年（2011 年）東北地方太平洋沖地震（東日本大震災）について（第 160 報）https://www.fdma.go.jp/disaster/higashinihon/items/160.pdf［2020 年 10 月 12 日アクセス］
2) 岩渕風太、姥浦道生.（2019）住宅復興の方法及び場所に関する被災者意向の推移－大船渡市における東日本大震災被災者の住宅復興意向の推移に関する研究 その 1. 日本建築学会計画系論文集 84(766), 2595-2604. https://doi.org/10.3130/aija.84.2595

23章 自然災害と地域経済・企業活動

専門分野：地域計画、防災社会システム

執筆者：増田　聡

要約

東日本大震災では地域経済のレジリエンスを支援する新しい企業支援制度が導入された。本稿は災害が地域経済にどのような影響を与え、地域経済が災害後にどのように回復するのかを、東北大学経済学研究科による被災地企業のパネル調査「震災復興企業調査：Tohoku University Earthquake Recovery Firm Survey (TERFS) 2012–2015」を用いて明らかにし、支援策の効果を検討する。

キーワード：地域経済、企業支援、グループ補助金、利子補給、債務買取・軽減

はじめに

　東日本大震災では、世界最大級の地震動に加え、東日本の太平洋沿岸を襲った大津波が発生して多くの企業資産が毀損し、福島第一原発による広域の放射能汚染を含めて地域経済の活動水準が低下した。直接の経済的被害額は 16.9 兆円と推定され、記録史上もっとも被害額の大きい災害となったが、その復興過程の全体像はまだ見えていない。なかでも、中央・地方政府が発動した種々の復興支援策の効果について十分な検証がなされたとはいえない。

第1節　自然災害と地域経済のレジリエンス研究

　近年改めて「災害の経済学」への関心が高まり、研究知見の集積が進んでいる。その多くは、マクロ経済学的な分析が中心で、被災後に経済成長が加速するのか停滞・衰退するのか、被災経験は技術的・社会的イノベーションを生み出すのか、などが議論されてきた。加えて、ミクロ経済学的な分析も登場し、家計の消費行動、企業の立地・投資活動や開廃業の状況、様々な資金需要とファイナンス、人々の援助・寄付行為やボランティア・NPO 活動等への被災の影響が研究された。Evidence-based Policy Making（証拠に基づく政策立案）への要請が高まる中、様々な（計量分析的）評価・検証手法が提案・応用されてきたが、証拠そのものの定義や収集法もまた議論の対象となっている。たとえば 2008 年四川大地震後の新市街地への移転企業の追跡調査では、移転先で再開後に閉鎖に至るケースも明らかになったが、従来調査では企業の回復状況についての記述（統計）的な検討が中心で、いかなる外部的支援が回復に寄与するかといった政策的検討は十分にはなされていない。

第 2 節　被災企業への支援策の拡充と新制度の導入

　東日本大震災からの産業再生に関わる復興政策では、阪神・淡路大震災以降の経験を踏襲する支援策と今回新たに講じられた支援策があり、主に以下の 6 つに大別できる。

（1）利子補助（interest assistance）による資金繰り支援

　震災直後の 2011 年度より、被災した中小企業等の事業設備の復旧もしくは事業支援を目的として、日本政策金融公庫や商工組合中央金庫を通じて東日本大震災復興特別貸付が実施され、直接的あるいは間接的被害を被った中小・零細企業を対象として金利引き下げ措置が講じられた。加えて地方自治体独自の利子補給も、比較的短期間ではあるが実施された。

（2）二重債務問題対策：債務買取（debt purchase）と債務軽減（debt reduction）

　二重債務問題とは、企業の生産設備が震災によって直接・間接の被害を受けて毀損しているにもかかわらず、既存債務の返済義務が残っている上に、回復にむけて新たに必要となる設備投資の資金を追加調達する必要がある状態をさす。被災企業が将来に向けた設備投資を行うには、企業の既存債務を金融機関が自主的に減免することが理想的ではあるが現実には難しく、阪神・淡路大震災の際には債務減免はほとんど行われなかった。今回初めて、産業復興機構や東日本大震災事業者再生支援機構が金融機関の保有する債権を買い取り、被災企業の既存債務を実質的に軽減、あるいは返済条件を緩和する支援策が導入された。

（3）賃貸・リース補助（rent assistance）と復旧事業の一時金・補助金（lump sum subsidy）

　経済産業省および日本商工会議所（他に基礎自治体独自の補助策もあり）は、震災でリース設備（建物を含む）が被害を受けたことによりリース債務を抱えた中小企業に対して、新規の賃貸・リース料の一部を補助する支援策を 2013 年度まで実施した。

（4）税制支援：税金免除（tax exemption）

　被災した中小企業に対する税制上の支援策は、2011 年 4 月 27 日施行の国の特例法に基づく。国税では、被害を受けた事業用資産の損失の特例、法人税上の震災損失の還付特例などが、地方税では、事業用資産の損失の特例、津波被災地の中小企業に対する課税免除などがある。

（5）仮設工場・仮設店舗等の整備（temporary premises）

　津波により沿岸地域の多くの企業が工場、事業所、店舗を失ったが、被災した中小企業の早期の事業再開を支援するため、中小企業基盤整備機構は、仮設工場や仮設店舗等を整備し、被災市町村を通じて原則無償で貸し出す事業を実施した。

（6）中小企業等グループ施設等復旧整備補助事業（group subsidy）

　グループ補助金と通称される本事業は東日本大震災の際に新たに実施された支援策である。地域経済の中核として復興の牽引役となり得る中小企業等のグループが構成され、そこで策定された復興事業計画が県の認定を受けた場合に、施設・設備の復旧・整備等に対する補助を行う制度である。従来、難しいとされてきた「私有財産の復旧に対する公費支出」（国と県がそれぞれ、事業費の 1／2 以内、1／4 以内を補助）が可能となった。制度設計では、激甚災害法第 14 条の規程を拡充し、下記要件を満たすグループへの補助が実現した。

- サプライチェーン型：当該グループの復旧・復興がサプライチェーンにおいて重要
- 経済・雇用効果大型：事業規模や雇用規模が大きく、県内経済・雇用への貢献度大
- 基幹産業型：地域内において経済社会的に基幹となる産業群、復興・雇用維持に不可欠
- 商店街型：地域住民の生活利便や買物利便を向上、交流促進の社会的機能をもつもの
- コミュニティ再生型：住民帰還に当たり、生活に不可欠な生活環境の整備や、地域に密着した雇用機会の提供に不可欠（原発関係の警戒区域等の見直しや避難指示解除対応）

　補助額の多くは 2011、12 年度に配分され、2013 年度からは対象地域を「津波浸水地域又は警戒区域等を含む市町村」に限定する一方で、2014 年 7 月以降は資材高騰による採択額の増額変更が、2015 年度以降は復旧に限らず新分野での需要開拓等も支援できるような制度拡充がなされた。初期採択では大企業とその下請けグループによる経済・雇用効果大型や基幹産業型が多かったが、2013 年頃には、地元建設業や流通業、観光業の連携によるコミュニティ再生・生活再建へとシフトした。現在、高度化資金（無利子）で賄ってきた自社負担分の返済猶予（最長 5 年）が終わり、返済負担や休廃業・倒産の動向へと関心が集まりつつある。

　グループ補助金は、被災企業からは比較的評価が高く、2016 年 4 月に発生した熊本地震や西日本を襲った平成 30 年 7 月豪雨、令和元年台風 19 号の被災地にも適用された一方で、被災規模を考慮して 2018 年 9 月の北海道胆振東部地震には非適用である。

第 3 節　継続的な復興・回復状況のモニタリング

　東北大学経済学研究科は震災直後に震災復興研究センターを組織し、地域産業復興調査研究プロジェクトの研究課題の一つとして、被災地企業の復興実態を定量的に把握し、中長期的な復興過程を記録に残すため「震災復興企業実態調査：Tohoku University Earthquake Recovery Firm Survey（TERFS）」と題した大規模なアンケート調査を 2012 年度に開始した[2]。その特徴は被災地で、①企業活動をヒト・モノ・カネにわたって包括的に、②広域的（内陸部も）に、③産業横断的に、④復興状況の継続的に、把握する点にある。以下、事業活動率「震災発生前の直近決算期における事業活動水準（生産・販売）を 100% としたときの各期の水準」にみる回復曲線（図 23-1）の分析概要を示す（線形混合モデルを用いた分析手法・結果参照[2]）。

第 4 節　復興支援策の効果検証への試み（2015 年調査時点まで）

　債務軽減は、事業活動の低下が著しい企業に与えられ、震災前の水準には届かないものの、事業活動率を大きく回復させた。グループ補助金の受給者の回復曲線は、2013 年にいったん下がる特異な軌跡を示したが、その後に事業活動率は急速に改善し、震災前の水準まで回復した。被害率が高い企業に対しても、被害率に応じてより大きく回復させた点がグループ補助金の特徴である。これらの回復効果は、元々回復力のある企業が選択されたためである可能性もあるが、回復見込みが正しく評価され実際に回復したことは、これら支援策の有効性を示すと

いえる。利子補助を受けた企業の事業活動率は支援なし企業よりも有意に高かったが、それは2012年時点ですでに高く、その変化は支援なし企業のそれを越えないことから、利子補助は回復そのものには貢献しなかったと思われる。仮設施設の提供と一時金・補助金は、特に事業活動率の低い企業に与えられ、その事業継続を確かに支えはしたが、利子補助と同様の理由により回復には貢献せずと考えた。債務買取は企業の債権者であった金融機関を救済した可能性があるが、債務者であった企業の事業活動率は回復しないどころか低下している。

おわりに　～執筆者から

　先行研究には、東日本大震災後の企業支援の効果は限定的であるとするものもあったが、より長期間にわたる個別データを用いると、政府支援の中に回復に効果的な施策が特定され、企業パネルデータの有効性も確認できた。ただし、支援策の因果推論的な分析、雇用や産業連関などへの効果の分析、支援策の費用対効果の測定などで、今後の研究が待たれる。

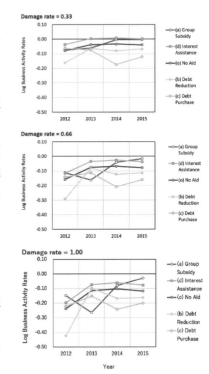

図23-1　3つの想定被害度別の企業回復曲線（事業活動度と各種支援の有無）
出所：文献3の fig.3、p.1039

　以上の結果を理解するうえで、少なくとも3つの注意点がある。TERFSにも大多数の企業調査と同様に廃業した企業が含まれないため、各種支援策が事業の継続／廃業に与えた影響を測ることはできない。また、この研究では事業規模による重みづけを行っていないため、対象地域のマクロ経済指標とは直結しない。最後に、この研究で明らかにした各種支援策の効果は、支援策を原因とする causal effect と、企業の自己選択と行政・金融機関の選択とによる selection effect とを含む。企業支援は無作為には供与されないため、両者の峻別は難しい。

参考文献

1）増田聡.（2019）産業再生と復興まちづくり. 日本建築学会編『東日本大震災合同調査報告・建築編11：建築法制／都市計画』丸善（東京）196-206. ISBN 9784818920477
2）地域産業復興調査研究プロジェクト編 （2012～16）『東日本大震災研究I～5』河北新報出版センター（仙台）/南北社（仙台）. ISBN 9784873412702, ISBN 9784903159188
3）Isoda Y, Masuda S, Nishiyama S.（2019）Effects of Post-Disaster Aid Measures to Firms: Evidence from Tohoku University Earthquake Recovery Firm Survey 2012-2015. Journal of Disaster Research 14（10）:1030-1046. https://doi.org/10.20965/jdr.2019.p1030

24章 災害と法律

専門分野：法学、防災法・都市法

執筆者：**島田明夫**

要約

東日本大震災のような今までに経験したことのない広域大規模災害には、従前の防災法体系では十分に対応できなかった。被災自治体を中心にヒアリング調査を行い、従来の防災法の問題点と課題を洗い出し、そのうえで、防災法の改善の方向性について提言を行った。提言の多くはその後の災害対策基本法等の改正等で実現したが、災害救助法等積み残した課題も残されている。

キーワード：広域大規模災害、従来の防災法の限界と課題、災害対策基本法、災害救助法、被災自治体等ヒアリング、国による支援

はじめに

　筆者は、(旧) 国土庁及び内閣府で国の防災を担当してきた。2010 年 8 月に本学に赴任して、半年後に研究室で東日本大震災に遭遇した。これ以来、被災自治体等のヒアリング調査を重ねて、従来の防災法の限界と課題についての研究を始めた。そこで得られた知見に基づく提言の多くは、災害対策基本法の改正等によって実現したが、積み残しの課題も多い。

第 1 節　東日本大震災が明らかにした防災法の課題

　「何が起きたのか？」　東日本大震災のような今までに経験したことのない広域大規模災害には、従前の防災法体系では十分に対応できなかった。津波被害を受けた市町村においては、役場等の施設や職員が多く失われ、災害応急活動に大きな困難が生じていたところも多かった。

　県も、同時多発で沿岸部の多くの自治体が大きな被害を受けたため、人員や資材等の面で、被災市町村への迅速な支援が行えない状況であった。加えて、陸・海・空の輸送手段が分断され、救助・人員派遣、物資供給にも大きな支障が生じた。

　「災害応急における課題」　市町村の機能が大きく失われた場合に、市町村が自治体の被災状況を迅速かつ正確に把握することは困難であった。県も市町村に対する支援が滞り、県・市町村ともにノウハウの欠如や避難所・避難者数の把握が困難で、避難所等への支援物資のミスマッチが生じていた。

　「復旧・復興の課題」　三陸沿岸自治体の財政状況は非常に厳しく、多額の国庫負担に依存せ

ざるを得ない状況であった。また、防災集団移転や復旧復興事業の実施に当たって、所有者不明土地の存在が大きな障害となった。

　「民間賃貸仮設住宅の課題」　仮設住宅においては、従来型の建設仮設に加えて、民間賃貸仮設住宅が多く活用されたが、災害救助法の現物給付の原則により、その手続きに膨大な事務作業が発生した。

第2節　震災が破壊したパラダイム

　「従来までの常識と必要だった対応」　災害対策基本法においては、災害が発生したら、第一義的な災害対応は市町村とされており、それを補う措置が規定されていなかった。比較的大きな災害には災害救助法が適用され、その場合の災害救助は、都道府県が国の法定受託事務[i]として行うこととされている。このため、災害現場における国の法的な役割が不明確だった。

　「広域大規模災害を想定していなかった防災法の限界」　我が国の防災法体系は、大きな災害が発生するたびに制定されたり改正されたりしてきた。東日本大震災のように従来の想定を大きく超える広域人規模災害において、被災市町村の施設や職員が被害を受けて活動できなくなる事態を想定していなかった。県もマンパワー不足等から市町村に十分な支援をすることができなかった。これを補ったのは、国や他の都道府県市町村からの支援であった。国は、緊急災害対策本部のもとに被災三県に現地対策本部を設立して支援を行った。各省庁地方支分部局も被災市町村への物的・人的支援を行ったが、これらの多くは法的根拠を伴わないものであった。

第3節　防災法の改正等の方向（主なもの）

1　災害応急対策

（1）国による現地支援の円滑化

　被災市町村の役場機能の喪失・低下に際して、まずは都道府県がそれを補完し、それでも足りない部分には国がそれを補完し、相互に支援しあう体制を構築することが必要である。

（2）緊急輸送ルートの確保

　国は、東日本大震災において、各インフラの復旧と、緊急輸送活動自体に対する支援を行った。一定の規模以上の災害が発生した場合には、国による権限の代行や直轄工事を行うこと、国等の道路管理者が道路啓開に関与できる規定を設けることが必要である。

（3）支援物資の供給の円滑化

　当初は各地方公共団体の職員が支援物資の搬入、仕分け、配送業務、在庫管理を行ったが、滞った。その後、流通のプロである民間業者が協力を行い、物資の仕分け・配送の円滑化に貢献した。民間業者の助力を得やすい制度を構築する必要がある。

---

[i] 国が本来果たすべき役割に係る事務であって、国においてその適正な処理を特に確保する必要があるものとして法律又はこれに基づく政令に特に定めるもの

2　災害復旧・復興対策

(1) 復興の国庫負担と復興計画

　発災前より財政力が弱い自治体にとって、東日本大震災に係る巨額の災害復興費用を独自に捻出することは非常に困難であった。財政力の弱い市町村への国庫補助制度及び地方財政措置が必要である。また、災害復興計画に法的根拠を与える必要がある。

(2) 所有者不明土地の取得

　復興事業に当たって、所有者不明の土地がネックになった。そのような土地の取得については、不明裁決[ii]による用地取得が必要である。漁業集落の防災集団移転の場合には、居住地が漁業権と密接不可分な関係を有するため、近接した移転先地であることが必要である。

(3) 民間賃貸仮設住宅における課題

　災害救助法が現物給付を原則としているため、貸主・被災者・県の三者契約となって、県は民間賃貸仮設住宅の契約で膨大な事務作業に忙殺された。将来の首都直下の地震等に備えて、制度として整えていく必要がある。

第4節　法改正・新法と残された課題（主なもの）

1　災害応急対策

(1) 国による現地支援の円滑化（災害対策基本法改正）

　災害緊急事態の布告があったときは、災害応急対策等の政府の方針を閣議決定し、これに基づき、内閣総理大臣の指揮監督の下、政府が一体となって対処するものとされた。

(2) 緊急輸送ルートの確保（災害対策基本法、道路法改正）

　災害により地方公共団体の機能が著しく低下した場合、国が災害応急対策を応援し、応急措置を代行する仕組みが創設された。また、道路管理者による放置車両対策の強化に係る所要の措置を講ずることが規定された。

(3) 支援物資の供給の円滑化（災害対策基本法改正）

　都道府県知事は指定行政機関[iii]の長等に対し、市町村長は都道府県知事に対し、災害応急対策の実施に必要な物資等の供給につき必要な措置を要請等できることとされた。また、指定行政機関の長等は、運送事業者である指定公共機関[iv]等に対し、災害応急対策に必要な物資の運送を要請することができることとされた。

2　災害復旧・復興

(1) 復興の国庫負担と復興計画（大規模災害からの復興に関する法律制定）

　国は、復興のための財政上の措置等を速やかに講ずるものとされた。また、従来は法的な根

[ii] 土地収用において、収用委員会が収用又は使用の決裁をする際、権利者の氏名又は住所を確知することができないときは、これらの事項については不明のまま裁決することができる。

[iii] 内閣府等の国の省庁。

[iv] 公益的事業を営む法人等のうち内閣総理大臣が指定するもの

拠がなかった災害復興計画に、大規模災害の場合には本法で根拠が与えられた。

（2）所有者不明土地の取得（東日本大震災特区法改正）

　収用委員会が裁決手続を終える前に6ケ月に限り土地利用が可能になる土地収用法の規定を1年に延長することができることとされた。また、防災集団移転促進事業における移転先地の用地の取得においては、5戸以上49戸以下の防災集団移転事業についても、収用適格事業とする（従来は50戸以上）ことが可能とされた。

（3）民間賃貸仮設住宅における課題（災害救助法未改正）

　会計検査院（2012）において、東日本大震災等のような大規模な災害の場合には、その実情に応じて弾力的に対処することが重要であり、都道府県知事が必要と認めた場合は、民間賃貸仮設住宅の供与について、金銭を支給して行うという選択肢も有力な方策の一つとなるとの報告がなされたが、災害救助法は未だに改正されていない。

3　新たな災害科学の手法

　筆者は現在、公共政策大学院において、大学院生との共同研究として、東日本大震災等による被災地の復興も含めた、人口減少社会におけるまちづくり法制の在り方についての研究や防災法等の教育活動を行っている。東北地方においては、仙台市とその周辺市町村が人口増加している一方で、地方都市は全国を上回るペースで人口減少が進んでいる。特に三陸沿岸の被災自治体においては、それが急激に進んでいる。被災地の今の姿は明日の東北地方都市の姿であり、今の東北地方都市の姿は明日の全国の地方都市の姿かもしれない。復興まちづくりの調査研究は、単に防災という枠を超えて、将来を占う試金石となると思われる。

おわりに　～執筆者から

　東日本大震災によって突き付けられた防災法上の数々の不備の多くは、その後の災害対策基本法の改正等によって、相当程度の改善が図られた。しかしながら、今後の発生確率が高いとされている首都直下の地震や南海トラフ地震などに十分対応ができるという保証はない。災害救助法においては、2018年改正で、一部の政令市に救助の事前の事務委任を行うことができる制度が創設されたが、現物給付の原則等の根本的な改正は未だに行われていない。東日本大震災で得られた教訓を是非とも生かして、前向きに検討すべきである。

参考文献

1）島田明夫.（2017）実践　地域防災力の強化―東日本大震災の教訓と課題―. ぎょうせい（東京）.
　　ISBN 9784324103487
2）島田明夫.（2016）東日本大震災被災自治体におけるヒアリングに基づく災害対策法制に関する政策提言と法改正・運用改善の実績. 法学 80（2）, 東北大学法学会.（第一法規）

25章　無形民俗文化財とコミュニティ

専門分野：災害人文学

執筆者：福田　雄、高倉浩樹

要約

東日本大震災によって多くの祭礼や民俗芸能が被災した。三次元計測技術を用いて、祭具の 3D データを記録し、データベース化することは無形民俗文化財の早期再開、ひいては地域社会の復興に貢献する。今後は、南海トラフ地震などの被災予想地域においても同様のアプローチから事前防災に資する調査研究を展開する必要がある。

キーワード：無形民俗文化財、祭礼、SfM/MVS、三次元計測、災害人文学

はじめに

　祭礼や民俗芸能といった無形民俗文化財の地域社会復興に果たす役割が、東日本大震災以降とくに注目を集めている。しかし祭礼に用いる道具類（獅子頭や神楽面など）の復元に時間がかかる場合も多い。祭礼や民俗芸能を研究対象としてきた人文学はいかなる貢献ができるだろうか。

第1節　東日本大震災が明らかにした課題

　「何が起きたのか？」　東日本大震災の被災地である太平洋沿岸部には特色ある祭礼や民俗芸能が数多く確認されている。その数は被災三県で 1,000 を優に超えるが、その多くが被災してしまった。そうした中にあって、被災後まもない頃より祭礼の道具や衣装をがれきのなかに探し求めた人も多くいたという。それは地域社会を統合し、アイデンティティを確認し、日常生活を取り戻す役割（高倉 2018）を祭礼や民俗芸能に期待したからにほかならない。そしてこの重要な役割を認識するからこそ、民俗学や人類学、宗教学といった人文学の研究者や行政担当者は、被災状況の把握や、支援団体と結びつけることで、無形民俗文化財の早期復興に取り組んできたのである（高倉・滝澤編 2014）。

　「被害の実態」　震災が無形民俗文化財にもたらしたダメージは多岐にわたる。担い手や継承者が失われたり、上演や練習場所を確保できない等の社交機会の喪失は重大である。また無形といえども、衣装や楽器が流されたことも大きな被害となった。なかでも獅子舞で用いる獅子頭や、神楽に用いる面など祭具の損傷は大きな課題として立ちはだかった。集落によって形状

や素材が異なるそれらの祭具はその原形それ自体が住民に大切なものであった。しかし被災前にその寸法（大きさ、厚さ、内寸）や構造（材質、重さ、色など）といった復元のための詳細な記録を残していた集落は決して多くなかった。人びとの記憶頼みの復元作業、そして度重なる試作品の製作とヒアリングによる修正は多大な労力と時間を要し、祭礼や民俗芸能の再開が遅れた地域もある。その修復や復元作業の遅れは、コミュニティ復興の足かせとなる場合さえあった。

第2節　震災が破壊したパラダイム

「従来までの常識と必要だった対応」　担い手が変わり、演目が変化したとしても、時代や世代を超えて、祭礼や民俗芸能が地域コミュニティの連続性を担保してきたのは、獅子頭や神楽面といった祭具が変わらぬ参照点として継承されてきたからである。しかしながら、これら祭具の寸法や構造についての詳細な記録は十分に整備されてこなかった。手作業で計測し正確に記録することは少なからぬ時間と労力が必要だったからである。また写真や映像といった形で記録があったとしても、それのみによって祭具の三次元の形状を捉えることは決して容易ではない。南海トラフ地震など今後も大規模な災害が予測される災害大国日本において、無形民俗文化財で用いられる祭具等を短時間・低コストで計測し、データベース化することができれば、たとえ被災したとしても無形民俗文化財の早期再開、ひいては地域コミュニティの早期復興が可能となる。

第3節　新しいアプローチ

　東日本大震災によって表面化した以上の課題を踏まえ、災害人文学の新しいアプローチとして、三次元計測技術を用いる無形民俗文化財の復興に資する調査研究が進められた。近年、三次元計測技術の技術を用いた研究の発展はめざましく、その技術を被災地形の復元など災害研究に応用する試みも見受けられる。機材やソフトの導入コストも以前と比べれば低価格となってきており、この新たなアプローチを無形民俗文化財の復興に応用することできる。

　たとえば Fukuda（2019）の研究では、獅子頭という計測対象について、受動型（図 25-1）および能動型（図 25-2、図 25-3）という二つの三次元計測技術を用いてその可能性と課題を検討している。ある計測対象を異なる手法を用いて計測し、その結果を比較することにより、それぞれの手法の長所と短所を見極めることがその目的である。前者の受動型の計測手法（SfM/MVS）では、デジタルカメラで大量の写真を撮影し、コンピューターソフトによって演算処理を行うことで比較的安価に三次元計測を行うことができる。その一方で作業時間は決して短くはなく、またデータ量も大きくなるという課題が見出された。後者の能動型計測においては、短時間で計測・処理することができるが、3D スキャナーの導入コストが高いという課題が見出された。獅子頭の修復復元という目的に照らす限りにおいては、二つの手法のデータ精

図 25-1　受動型三次元計測の様子

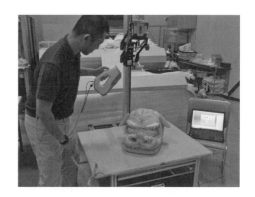

図 25-2　能動型三次元計測の様子

図 25-3　能動型三次元計測によってスキャンされた獅子頭

度に有意な差はなかった。ここから獅子頭や神楽面といった 30 cm～1 m 程度の計測対象であれば、上記二つの計測手法によって短時間かつ少ない労働量で無形民俗文化財の祭具を三次元計測することが可能であること、またそれぞれの手法の可能性と課題とが明らかになった。

第 4 節　到達点とこれから

「新たな災害科学の手法」　上記の研究結果をもとに獅子頭や神楽面といった祭具を記録し三次元データを整備していく研究を進めている。同時にまた祭礼で用いられるより大きな構造物の三次元計測事業も進めている。南海トラフ地震の影響が予想される和歌山県には、長さ 7～10 メートルほどの小型舟を用いて、川を遡上したり、海で競走する祭礼がある。そこで用いられる舟のなかには破損しても図面による修復が困難なものがある。現在、これらの舟の三次元計測と調査事業を進めている。

　最後に無形民俗文化財の三次元計測調査事業における課題と可能性を述べておきたい。祭具や祭礼船の三次元計測は、いずれの計測手法を用いるとしても、計測の基礎技術の向上や処理

方法の精緻化など、改善の余地も多い。さらにこれらの三次元計測の結果をいかにデータベースとして整備し、いかに公開していくかという課題もある。これらの課題がある一方でこの調査研究がもつ可能性も大きい。それは上述したように、無形民俗文化財の早期再開を後押しすることで、コミュニティ生活の復興を支援する点にある。またこの研究は、祭礼で用いられる様々な道具や構造物を比較対象することを可能とさせ、祭礼がいかに伝播し、いかに変化してきたかをあとづけることを可能とさせる。さらに、この調査研究自体が地域社会自身による自らの文化遺産の価値を認識させる契機となりうる。加えてこの研究のもつ国際比較の可能性である。多様な無形文化遺産を有しているほかの災害大国として台湾やインドネシアなどがある。有形の文化遺産と比べ、無形文化遺産で用いられる道具の三次元計測はほとんど進められていない。今後は国際共同研究を進めることで知見や経験を共有し、無形文化遺産の保護に貢献することが期待される。

おわりに　～執筆者から

　以上、三次元計測技術を用いた災害人文学の研究成果や今後の展望を述べてきた。この研究は 2018 年から始まったばかりである。今後、様々な領域の研究者とともに学際的な共同研究を進めることで重要な知見や解決すべき課題がどんどんと見つかっていくことだろう。計測技術の向上や処理ソフトのアップデート、そしてデータ管理のあり方も変わっていく。今後様々な研究から学びつつ、練り上げていきたい。

参考文献

1）Fukuda Y.（2019）Three-Dimensional Measurement for Revitalization of Intangible Cultural Properties After Disasters, Journal of Disaster Research, 14（9）, 1329–35, https://doi.org/10.20965/jdr.2019.p1329.

2）高倉浩樹.（2018）福島県の民俗芸能と減災無形文化遺産―災害復興政策になぜ無形文化財が必要なのか、高倉浩樹・山口睦編著　震災後の地域文化と被災者の民俗誌―フィールド災害人文学の構築、新泉社（東京）, 130–146、ISBN 9784787718013.

3）高倉浩樹・滝澤克彦 編著.（2014）無形民俗文化財が被災するということ―東日本大震災と宮城県沿岸部地域社会の民俗誌、新泉社（東京）、ISBN 9784787713209.

26章 「民間所在史料」の救済

専門分野：歴史学

執筆者：**佐藤大介、川内淳史**

要約

東日本大震災は、阪神・淡路大震災以降に展開した歴史資料救済・保全活動の中で最大級の災害であり、多くの資料が所在すら把握されないまま失われた。その一方で、平時からのデジタル記録による内容保全、地域とのネットワークに基づく多くの救出が実現した。さらに、津波被災資料処置への広範なボランティア参加は、その後の歴史に関わる市民活動へ展開し、歴史資料の社会的役割を再考させる結果となった。災害時の心理社会的支援など、学際領域としての資料保全への可能性を広げる事ともなった。

キーワード：歴史資料、資料ネット、歴史資料レスキュー、市民と歴史資料、災害支援と歴史資料

はじめに

　日本列島には、おおむね 17 世紀初頭～19 世紀中頃に限っても、20 億点を越える過去の文書記録が残されているとの試算がある（奥村 2012）。そのほとんどは個人が所有し、国や地方自治体が保護の責務を追う「指定文化財」ではない。したがって 1995 年の阪神・淡路大震災を契機に、各地で自然災害が発生するごとに、有志によるボランティア組織「資料ネット」が発足、被災した資料の救済に当たってきた。宮城での活動は 2003 年 7 月に現在の石巻市域などで発生した連続直下型地震が最初であり、各地と連携し、地域資料が直面している様々な問題点を共有してきた。東日本大震災は、その流れの中で起こった最大級の災害であった。その中での歴史資料の救済・保全の実践と、その問題点を述べていきたい。

第 1 節　東日本大震災における歴史資料の被災

　2011 年 3 月 11 日に発生した巨大地震は、沿岸部に巨大津波をもたらし、また原子力事故も発生した。かけがえのない人命、ふるさとの姿とともに、各地に残されていた貴重な歴史資料も消滅した。しかし、その総数を示すことは出来ない。完全な形での、歴史資料の所在や点数に関する基礎的な調査が行われていなかったからである。

　一例を挙げれば、宮城県北上町（現石巻市北上町）が 1999 年から 2004 年にかけて実施した

15件の個人所蔵者のうち8件が津波で被災。約1万5000点の古文書が失われた。数百年前の地域のことを記した古文書、また被災地の人々の記憶とも重なり合うような近い過去の記録といった、公共財としての可能性を秘めた記録が、その機会を得ないまま、永遠に失われたのである。

第2節　東日本大震災への対応と課題

(1) デジタル撮影の意味

　2003年以降の宮城での活動では、当時普及し始めていたデジタルカメラを用いて、その地域の古文書の撮影を行ってきた。前述した北上町の津波で失われた古文書は全点のデジタル撮影を行っており、市役所支所のデータは失われたが、関係者の手元のデータが残された。それを基に、より安定した媒体であるマイクロフィルムへの転写を行うとともに、史料を失った所蔵者に「返却」できた。さらに、了承が得られたものは、石巻市雄勝町の復興まちづくり施設に配架して利用に供されている。

　データの長期保存や可読性に課題を抱えつつも、予算や人員の制約を踏まえ「いま」できることを優先した災害「前」のデジタル記録が、原本消滅という最も悲しい実証を通じて、災害などで地域の歴史が断絶する決定的な危機を回避する糸口を示したのである。

(2) 地域連携の意味

　災害「前」の活動を通じて、地域での史料の所在状況が把握される一方、所蔵者や地域住民、自治体のネットワークが形成された。特に後者は、被災直後の状況把握と、関係者との迅速な連絡による被災史料の救援を迅速に可能とした。関連して、自治体の担当課や博物館・資料館が継続した活動を実施していた場合は、相互に連携して多くの史料が救われている。その一方、自治体合併などで、こちらが提供した所在情報が引き継がれず、救済対応が行われなかった地域もあった。

　専門家のみの活動ではやはり限界があり、どのような形であれ、歴史資料を地域の中で見守るつながりを作れるかどうかが、災害時において、地域の歴史資料を救済できるかどうかに決定的な意味を持つといえる。

(3) 津波被災への対応

　この災害では、古文書から現代の公文書に至るまで、紙に記された記録が、これまでに経験したほどのない規模で一度に被災したことへの対応が大きな課題となった。真空凍結乾燥機など専門的な装置での対応に加え、専門的な知識を持たないボランティアでも作業に動員できるような技法が考案され、宮城も含めた被災各地での活動で急速に導入されていった。これは、2016年の熊本地震や、2018年の西日本豪雨、2019年台風19号など、日本列島で頻発した自然災害への対応でも援用されている。被災した歴史資料や、写真やアルバムなど人々の生活を記録した資料への応急処置で、東日本大震災での対応を経験した関係者を通じて導入されたのである。それらの経験を踏まえて技術が深化しつつある。

第 3 節　東日本大震災以後の歴史資料保全の論点

（1）歴史資料保全のための組織的対応

　東日本大震災で明らかになったのは、大規模かつ広域な災害に際しては、歴史資料の被災への対応もその規模に即して行う必要があるということである。東日本大震災では東京文化財研究所を事務局に、被災自治体・教育委員会や国内の文化財・美術関係団体による「被災文化財等救援委員会」が結成され、行政と専門家とによる組織的な救済・保全活動を実施したが、特に民間史料の救出・保全のためには、行政や専門家だけでは充分な対応が難しい。

　そこで注目されたのが資料ネットであった。阪神・淡路大震災以来各地に設立された資料ネットは、専門家や市民が協力しながら、全国的な連携をとって活動した。この活動は特に民間所在資料への対応として注目され、2014 年 6 月の日本学術会議による「文化財の次世代への確かな継承―災害を前提とした保護対策の構築をめざして―」では、資料ネットが「民」と「公」をつなぎ、今後の日本における文化財保護上、重要な存在であるとし、資料ネットの全国的普及および行政や関係学会・団体との連携・協力の必要性が提言されている。

（2）歴史資料救済・保全が災害復興に果たす意義

　地域の歴史資料などは、その地域の歴史文化を示す重要な手掛かりとなるにも関わらず、日常的に顧みられる機会は多くない。しかしながら東日本大震災では、被災資料は「地域の宝」、「地域のアイデンティティー」であるとし、多くのモノが救出された。2015 年 3 月の「第 3 回国連世界防災会議」で採択された「仙台防災枠組 2015-2030」では、「人、コミュニティ、国家、その暮らし、健康、文化遺産、社会経済的資産、そして生態系をより効果的に守るために、災害リスクを予測し、そのために計画を立て、そして削減すること、それによってそれぞれの強靭性を高めることが、緊急かつ重要である」と、文化遺産も含めた防災体制の構築が求められている。

　東日本大震災では地域資料や被災した写真の救済が行われるなど、個人や社会の「記憶」を救い出す活動が行われた。アン・マステンは「人類が持つレジリエンスのキャパシティは、異文化、そして家族と個人との間の相互作用という重層的な過程の中で、何世代にもわたり長い時間をかけて進化したものである」（マステン 2020）とするが、復興過程で個人や社会の「記憶」が取り戻されレジリエンスにつなげる重要性を、東日本大震災は示したのである。

第 4 節　これからの資料救済・保全にむけて

（1）新たな災害科学の手法①：広域ネットワークによる資料保全の組織化

　現在、資料保全を組織化する上で重要視されているのが、全国の歴史系大学である。前述の資料ネットは各地の大学に事務局を置く場合が多く、宮城で活動する宮城歴史資料保全ネットワークも事務局は災害研内に置かれている。こうした点を踏まえて 2018 年 3 月、東北大学と人間文化機構、神戸大学の三者協定による「歴史文化資料保全の大学・共同利用機関ネッ

トワーク事業」を開始、各地の大学や資料ネット、また国立文化財機構「文化財防災ネットワーク推進事業」などと協力し、地域の歴史文化資料の災害対応を前提とした、資料の保全・活用のためのネットワーク形成に向けた共同研究を進めている。東北大学では本事業推進のため、災害研歴史資料保存研究分野を受け皿に、災害研・文学研究科・東北アジア研究センター・学術資源研究公開センターによる部局連携を構築している。

(2) 新たな災害科学の手法②：資料保全の心理社会支援効果

災害科学国際研究所歴史資料保存研究分野では、震災から10年が経過した現在でも、震災によって被災した資料の保全作業を、宮城資料ネットと協力しながら継続している。その一方で、被災資料の救済・保全が、被災地や被災した人々の復興にどのような影響をおよぼすものであるかについて、歴史学と心理学による学際研究を進めている。本分野の上山眞知子特任教授は、東日本大震災で被災した資料所蔵者に対して、資料の救済・保全の心理社会支援的効果についての調査研究を行っている（上山 2019）。今後、災害から歴史資料を救うことが、どのように人々の「心の復興」につながるのか、さらなる研究を進める必要がある。

おわりに　〜執筆者から

「歴史」というのは、今を生きる私たちにとって、一見すると、すでに過ぎ去った遠い存在に思えるかもしれない。しかしながら、東日本大震災で明らかになったことは、災害から立ち上がるためには〈過去〉の歴史は私たちにとって大きな支えになるものであるということであった。いわば〈現在〉の私たちは〈過去〉によって支えられて生きているのであり、同時に〈未来〉に対して〈過去〉と〈現在〉をつないでいく責任がある。歴史資料を救うことは、そうした〈現在〉の私たちの責任を果たすことだと考えている。

参考文献

1）奥村弘.（2012）大震災と歴史資料保存：阪神・淡路大震災から東日本大震災へ、吉川弘文館（東京）、ISBN 9784642038102

2）アン・マステン,（翻訳）上山眞知子、J・F・モリス.（2020）発達とレジリエンス：暮らしに宿る魔法の力, 明石書店（東京）、ISBN 9784750350196

3）上山眞知子.（2019）資料レスキューと心理社会的支援、荒武賢一朗、高橋陽一編. 古文書がつなぐ人と地域：これからの歴史資料保全活動、東北大学出版会（仙台）、ISBN 9784861633331

27章 災害と宗教

専門分野：宗教学

執筆者：木村敏明

要約

東日本大震災の被災地には死別の悲嘆や生き残った負い目などに苦しむ人々が大勢いた。彼らの心のケアのために、死や死後世界の専門家といえる宗教者を生かすことはできないか。宗教への抵抗感、政教分離の壁などの困難の中、東北大学では「臨床宗教師」という新しい宗教者像の提示とその養成プログラムの実現により、宗教者による被災者支援の可能性を探ってきた。

キーワード：死者、慰霊、民間信仰、心のケア、臨床宗教師

はじめに

宗教教団や宗教者が被災地の人々を支援することを皆さんはどう感じるだろうか。宗教は怖いので嫌だとか、布教伝道や洗脳をされそうだといった感想を持つ人も多いかもしれない。しかし、東日本大震災の被災地、特に津波の激甚な被害を受けた地域では多くの人々が親しい者との死別を経験し、その悲嘆や生き残った負い目が人々を苦しめている。このような現場において、何世紀もの長い時間にわたって死や生の意味を考え叡智を蓄積してきた宗教伝統をバックにもつ宗教者が活躍する余地はないだろうか。東北大学では「臨床宗教師」という新しい宗教者のモデルを打ち出し、その養成プログラムを立ち上げることで、被災地などで苦しみの中にある人々に宗教者が手を差し伸べることを可能とする枠組みを模索してきた。

第1節　東日本大震災が明らかにした問題

「何が起きたのか」　2011年3月11日に発生した東日本大震災では、死者と行方不明者を合わせて2万人近い人々の命が奪われた。とりわけ津波被災地では多くの人々が、朝には元気に出勤や登校していった家族や、先ほどまで机を並べて仕事していた同僚や、前日にはお茶を飲みながら語らった友人を突然失うといった経験をすることになった。わずかな判断の差や偶然が生死を分けた今回のような場合では、生き残った人々が「負い目」に苦しめられる事例も多く、そのストレスを軽減する心のケアの必要性が指摘されてきた。

また、震災は日本人が頼ってきた葬送システムにも打撃を与えた。特に津波被災地では多くの寺院や墓地がダメージを受け、火葬場なども燃料不足で稼働を止めた。震災犠牲者の遺体の

扱いに苦慮した自治体の中には、火葬を伴わない仮埋葬を行う地域も存在した。たとえ火葬ができたとしても、津波被災地では通常のような葬儀を執り行い死者を見送ることは困難であった。このように十全な仕方で死者を見送ることができなかったことも、遺族たちに大きなストレスを与えた。

　「**被害の実態**」　このような死や葬儀の問題については、宗教者、特に日本では仏教の僧侶が専門家として対処するのが伝統的なやり方であった。しかし東日本大震災ではその宗教施設も大きな被害を受け、宮城県では曹洞宗寺院だけを見ても 41 か寺が全壊、69 か寺が半壊となり、6 名の住職が死亡している（2014 年 3 月 31 日現在）。（「曹洞宗公式サイト・曹洞禅ネット」https://www.sotozen-net.or.jp/teqw-hisai-higashi）。また神社本庁によれば宮城県内で 68 社の神社が全壊、86 社が半壊し、4 名の神職が死亡している（2011 年 7 月 15 日現在）（小野崇之「東日本大震災による神社被災の現状と課題」『宗教法』32 号 2013 年）。このようにして極めて多くの遺族が、十分な葬儀もできない中、相談する相手もなく、大きな心の不安を抱えることになってしまったのである。

第 2 節　震災が破壊したパラダイム

　「**宗教者による被災地支援の困難**」　東日本大震災以前の日本では、宗教者が被災地で活動することには強い抵抗があり、まして被災者の心のケアを行うことはタブーに近かった。ボランティア元年ともいわれる 1995 年の阪神淡路大震災の際には、災害救援や復興に様々な NGO などの団体が活躍する中、いくつかの宗教団体もボランティアを被災地に派遣した。しかし、布教活動をされることを恐れた行政や住民の不信感を払しょくすることは困難で、仕方なく自らのアイデンティティーを隠して一般ボランティアと同様の活動に従事するにとどめざるを得なかったことが報告されている。世界の宗教界では 20 世紀の後半から、自分たちの教団の信者へのサービスにとどまらない社会貢献活動に対する関心が高まり、様々な宗教的背景を持った FBO（Faith Based Organization ＝信仰を基盤とした組織）が結成され、貧困、差別、被災、紛争などで苦しむ人々や社会を助ける運動に参画することが一つの流れとなっていた。日本の宗教界でも同様の機運が高まっていたが、阪神大震災の事例は日本における宗教の社会貢献活動の困難さを浮き彫りにする結果となった。

　「**日本人の宗教嫌い**」　宗教による被災者支援の大きな障壁の一つとして、日本人の多くに見られる宗教アレルギーとでもいえる反応があるだろう。よく知られている 2008 年の読売新聞の調査（読売新聞年間連続調査・日本人(6)宗教観）によれば、「あなたは宗教を信じていますか」という問いに対し「信じている」と答えたのは 26.1% にとどまり、逆に「信じていない」と答えた者が 71.9% であった。また、「あなたが幸せな生活を送る上で宗教は大切だと思いますか」という問いに対して「そう思う」と答えたのが 36.6%、「そうは思わない」が 59.1% であった。そればかりか「宗教」に対しては、恐怖や嫌悪の感情をもつ日本人さえ少なくない。これには 1995 年のオウム真理教事件なども影を落としているであろう。

「民間信仰の世界」　しかしこれは日本人が死者や目に見えない存在に無関心であることを意味しない。同じ調査で「しばしば家の仏壇や神棚に手をあわせる」「正月に初詣でに行く」「盆や彼岸などにお墓参りをする」などの行為への関与を問うと、それぞれ 56.7%、73.1%、78.3%の人々がこれらを行うと答えており、死者や神々など目に見えない存在に対し敬意を示し心願を託す習慣は人々の間に根強く残っている。問題はこれらの慣習が、各宗教が説く教えに深く関わりつつもやや「ずれた」ところのある、宗教学で言う「民間信仰」の領域に属していることである。例えば仏壇は仏教の教義的に言えば仏や菩薩を礼拝するための祭壇であるが、多くの日本人はそれを祖先崇拝の装置として用いているのである。被災地の支援にあたっても、宗教者はこの「ずれ」をふまえ、自教派の正統な教えの押し付けを差し控える必要がある。

「政教分離原則」　行政が掲げる「政教分離」原則も宗教が被災地支援に関与しにくい理由の一つである。とりわけ地方自治体などが特定の宗教に資金や情報を提供することをためらい、宗教の被災地支援への参加が困難になっている事例がしばしば見られた。避難所や仮設住宅に宗教団体が出入りすることも布教活動ではないかと疑惑の目で見られ、抑制される傾向があった。実際、東日本大震災後の避難所でも布教活動を行って問題となった宗教団体があり、宗教が被災地救援を行おうとする際に付きまとう問題であると言える。

第 3 節　新しいアプローチ

「臨床宗教師」　「東北大学モデル」とも言われる「臨床宗教師」は、東日本大震災後に上述のような課題を解決して宗教者による被災者支援を実現するために生まれた新しい宗教者のあり方である。震災後、宮城県においては仏教、キリスト教、新宗教などの諸宗教有志が協力して被災者支援を行うことを目的とした超教派超宗教的「心の相談室」が多様な活動を展開し、行政や他 NGO と協力した活動に手ごたえをつかんでいた。この経験をもとに、公共的な場で他宗教や行政、NGO などと協力しながら布教伝道を伴わない被災者の心のケアを行うことができる宗教者を養成できないかという発想から生まれたのが「臨床宗教師」である。東北大学文学研究科では、宗教学研究室が心の相談室の事務局を引き受けていた縁もあり 2012 年 4 月から実践宗教学寄附講座を設置し、そこを中心として様々な宗教の宗教者などを対象とした臨床宗教師養成のプログラムを実施している。2018 年からは一般社団法人日本臨床宗教師会の認定による「公認臨床宗教師」という資格制度もスタートした。

「チャプレンとの違い」　この臨床宗教師の大きな特徴は、布教伝道を行わず、自宗教の教義を押し付けない形で、あくまで苦難の中にある人々の信仰や死生観に寄り添い、共に考える「傾聴」を基本としている点にある。欧米では病院や学校、軍隊などにチャプレンと呼ばれる専門職が配置され、宗教的な角度から心のケアなどにあたっている事例があるが、その場合あくまでキリスト教などの特定宗教の共有が前提となりその教義を頼りにケアを行う。それに対し、日本の臨床宗教師は「民間信仰」の領域と深く結びついている日本の宗教的土壌に適合した形であるといえる。また、行政との関係についても多様な宗教が協力し、布教伝道を目的と

しない点が評価され、従来考えられなかった多様な分野における連携が進んでいる。

第4節　到達点とこれから

　「臨床宗教師の広がり」　東北大学における臨床宗教師養成プログラムは 2017 年度から東北大学の履修証明プログラムを利用した「臨床宗教教養講座」および「臨床宗教実践講座」の二つに再編された。2019 年度までに従来型の研修と合わせて 213 名が養成プログラムを修了し、そのうち 118 名が上述の日本臨床宗教師会の公認臨床宗教師の資格を得ている。また同様のプログラムを開催する動きも広がり、現在では上智大学、龍谷大学、愛知学院大学など国内の 9 大学が臨床宗教師の養成を行っている。また、各地の医療機関などにおいて臨床宗教師を患者、特に終末期の患者のケアに参加させようとする動きも見られ、2020 年 6 月現在、東北大学病院などの公立病院を含む 20 近い病院で臨床宗教師が雇用されている。

おわりに　～執筆者から

　東日本大震災のような大規模災害にともない数多くの命が失われてしまうような事態は、恐らく今後も完全に避けることは難しいであろう。宗教は取り扱いが難しいが、死の問題について長い時間考え続けてきた強みがあることも確かである。社会に蓄積された資源の一つとして活用していくことが、災害に強い社会を構築していくうえでも重要であると考える。

参考文献

1) 木村敏明. (2012) 震災と向き合う宗教―東日本大震災以降の動向. 渡辺直樹編.『宗教と現代が分かる本 2012』平凡社（東京）. ISBN 9784582702927
2) 鈴木岩弓. (2016)「臨床宗教師」の誕生. 磯前順一・川村覚文編『他者論的転回　宗教と公共空間』ナカニシヤ出版（京都）. ISBN 9784779510380
3) 谷山洋三. (2016) 継続する絆をつなぐ宗教的資源　―東日本大震災の被災者支援の現場から―. 死生学年報.

28章　地域に根ざした学校防災

専門分野：学校防災、防災教育、国際教育開発

執筆者：**桜井愛子**

要約

学校防災についての東日本大震災からの大きな教訓のひとつは、学校は自然災害から児童の生命の安全を確保すべき義務を負っていることを再確認したことであった。この教訓を受けて、学校が立地する地域の災害特性を踏まえた実効性のある学校防災体制の整備が全国の学校において急務となっている。宮城県での教訓を踏まえた対策を次の災害に備えていかに広く共有していくのかが、今、問われている。

キーワード：地域の災害リスク、地図の活用、学校防災管理、防災教育、教員研修

はじめに

　日本における学校防災は災害安全として生活安全、交通安全とともに学校安全の一領域に位置づけられる。また、阪神淡路大震災以降の大災害の経験や教訓を踏まえて見直され、拡充をつづけてきた。しかし、金曜日の午後という児童生徒が在校する時間帯に発生した東日本大震災では、学校はいかに子どもたちの命を守れるのかという課題を突きつけた。

第1節　東日本大震災が明らかにした問題

　「何が起きたのか？」　学校防災は「防災管理」と「防災教育」を両輪として、またこれらを相互に関連づけて円滑に実施していくための校内研修や家庭や地域との連携などの組織活動を軸として機能することが期待されている。学校での防災教育は、主に学習指導要領をふまえ学校の教育活動全体を通じて実施されている。学校における防災管理は、災害発生時の対応マニュアルの整備など児童生徒等の安全確保を目指しておこなわれるものである。学校建物の耐震化などの学校環境の安全管理も防災管理にふくまれる。学校保健安全法の第26条から第30条には学校安全に関する規定がもうけられている。

　東北地方太平洋沖地震は、平成23（2011）年3月11日金曜日の午後2時46分に発生した。そのため、地震発生時には多くの児童生徒等が在校していた。地震発生時の揺れによる児童生徒、教職員等の死者はなかったが、沿岸部の学校を中心に津波による甚大な被害をうけた。

　「被害の実態」　東日本大震災による人的被害は、幼稚園から大学までの学校の在学者ならびに教職員あわせて死者645名、行方不明者125名となった（平成22（2010）年度文部科学省白

書）。加えて、学校外施設で部活動中の高校生や下校途中、保護者への引き渡し後に津波の被害にあった例もみられた。中でも石巻市立大川小学校では、学校管理下において全校児童108名のうち74名、教職員10名が津波により犠牲となった。

　教育施設の物的被害としては、地震の振動被害や津波の浸水被害により全壊、半壊、浸水、地盤沈下等のため使えなくなった施設も数多く、公立の学校だけでも193校が建替えまたは大規模な復旧工事を必要とした（平成22（2010）年度文部科学省白書）。多くの学校施設にて天井材、照明、窓ガラスなどの非構造部材の落下、備品の転倒などがみられ、学校建物とあわせて非構造部材の耐震化の緊急性が確認された。被害を免れた学校には多数の被災者が避難し、災害時における学校の役割、学校施設の防災機能や運営のあり方、地域との連携について課題がしめされた。

　被災した学校では3月中の授業は打ち切られ、春休みを含め最短で1ヶ月、最長では2ヶ月近く教育が中断された。学校再開後も、他校での合同授業や間借り教室や仮設教室などでの授業となり、改修、再建された学校での教育再開にはさらなる年月を要した。災害時の学校の早期再開に向けた事業継続計画や準備の必要性が確認された。

第2節　震災が破壊したパラダイム

　「従来までの常識と必要だった対応」　文部科学省の調査によれば、東日本大震災発災時、岩手、宮城、福島県の学校・園等のうち、地震発生時に児童生徒等が在校していた約9割、2,052校の危機管理マニュアルにおいて地震発生時の避難行動が規定されていた。その一方で、ハザードマップなどで津波による浸水が予測されていた場所に位置していたおよび実際に津波が到達した学校149校のうち、津波に対する児童生徒等の避難について規定していたのは約5割の学校となり、大津波に対する学校の備えが不十分であったことが明らかになった[1]。先述の大川小学校は、宮城県が策定した津波浸水ハザードマップの浸水エリア外に位置していたが津波が到達した学校にあたる。

　大川小学校については、一部の遺族が学校の過失に対する損害等を石巻市ならびに宮城県に求めて民事裁判がおこなわれた。令和元（2019）年10月、最高裁判所は市と県の上告を退けると決定し、子どもたちの命を預かる学校と行政の過失を認めた判決が確定した。一審の判決では大津波が学校周辺に迫りつつあり速やかに避難すべきことを認識した教員は、地震後、校庭で避難中であった児童らを裏山に避難させるべき注意義務を負っていたにもかかわらず不適切な避難場所に移動しようとし、このことが原因で児童らの命が失われたとして学校の過失を認めた。これに対して控訴審判決では津波避難のあり方にとどまらず、自然災害発生時に学校が児童生徒等の安全をいかに確保できるか、事前準備と緊急時の対応を含めた学校防災のあり方を厳しく問いかけた。学校保健安全法の第26条には、学校は自然災害から児童の生命身体の安全を確保すべき義務を負っていることが明記されている。控訴審判決では、校長等は危機管理マニュアル中に児童を安全に避難させるのに適した第三次避難場所を定め、かつ避難経路

および避難方法を記載するなどして危機管理マニュアルを改訂すべき責務を負っていた、とした。また、学校が児童の安全確保義務を遺漏なく履行するために必要とされる知識および経験は地域住民が有している平均的な知識および経験よりもはるかに高いレベルのものでなければならない、とした。

第3節　新しいアプローチ

　文部科学省では学校保健安全法に基づき平成24（2012）年度より「学校安全の推進に関する計画」を策定し、各学校における実証的で科学的な学校安全の取組を推進している。宮城県では最高裁決定をうけて「宮城県学校防災体制在り方検討会議」をもうけ、今後の新たな取り組みについて3つの基本方針を示した。第一に教職員や児童生徒等における様々な状況下での災害対応能力の強化、第二に地域の災害特性等を踏まえた実効性のある学校防災体制の整備、第三に地域や関係機関等との連携による地域ぐるみの学校防災体制の構築、である。

　災害科学国際研究所に設置された防災教育国際協働センターでは、宮城県・石巻市の学校防災推進に向け、地震防災、地理学、教育社会学等の学際チームにより学校現場との協働をつうじた実践研究をすすめている。被災地における災害復興・防災教育モデルの開発に取り組み、災害からの年月の経過とともに変化する学校や児童生徒の状況、教職員の意識に注意深く配慮しながら、現在では災害の記録や教訓を活用した防災教育の拡充につとめている。また、防災管理の観点からは、学校区の災害リスク理解のための地図を活用した教員研修プログラムの開発に取り組んでいる。いずれも、東日本大震災の経験を踏まえ次の災害に備えるために、大学研究者の有する専門的知見を全国の学校防災の拡充に向けて社会実装しようとする試みである。

第4節　到達点とこれから

　「新たな災害科学の手法」　災害復興・防災教育モデル「復興・防災マップづくり」は、震災から1年後の平成24（2012）年度から3年間、石巻市内の小学校で総合的な学習の時間を用いて実施された。児童がまち歩きとマップづくりを通じて被災した学校区の復興を自ら記録し、被災の経験と向き合い、復興プロセスに主体的に関わるきっかけを作ることをめざした。平成30（2018）年度においては、中学3年生を対象にしたフォローアップ調査を実施し「復興マップづくり」の有効性を検証した。平成25（2013）年度に小学4年生として「復興マップづくり」を経験した生徒と経験していない生徒との間では、経験した生徒のほうが「地域の一員として地域社会に対する誇りと愛情をもち、自ら地域の未来を考える」意識がより高いことが確認された[2]。

　現在、宮城県、石巻市の小中学校において地震、津波、洪水、土砂崩れ等を含むマルチハザードを対象とした「復興・防災マップづくり」が実践されている（図28-1）。地形図、ハザードマップ等の地図を活用とした学校区の災害リスクを理解するための地域学習として、小

中学校での社会科地理的分野と連携したさらなる発展が期待されている。また学区の実情に応じた学習計画が立てられるよう教員向けの「復興・防災マップづくり」実践の手引も開発された[3]。さらに、学区の災害リスクを理解するための地図を活用した教員研修モデルを開発し、教員の読図力向上を通じた災害対応能力の強化を目指し、学校防災マニュアルが地域の災害特性を踏まえた内容となるための協力支援をおこなっている。

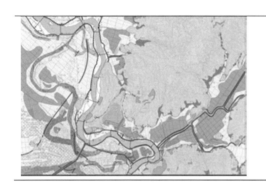

図 28-1　地形分類図とハザードマップ等を活用した「防災マップ」の例（石巻市稲井地区）
（出所）左：国土地理院治水地形分類図、右：2019 年度稲井中学校生徒による防災マップ

おわりに　〜執筆者から

　地域に根ざした学校防災の実現には、学校と地域、行政、そして大学研究者らの専門家が継続的に協働を進め、専門的知見や地域情報を理解しやすい方法で取り入れながら教員や児童生徒等の災害対応力を向上させることが肝要である。学校防災と地域防災との融合を目指した実践研究が次への課題である。防災とは自分たちの暮らす地域の自然と暮らしを知ることであり、日常生活の延長にある。社会的立場にかかわらず、住民として保護者として日頃から自分の暮らす地域の防災に積極的に関与していくことも地域に根ざした学校防災への一歩となる。

参考文献

1) 文部科学省. 東日本大震災における学校等の対応等に関する調査研究報告書
　https://www.mext.go.jp/a_menu/kenko/anzen/_icsFiles/afieldfile/2012/07/12/1323511_1.pdf［2020年10月12日アクセス］

2) Sakurai A, Sato T, Murayama Y.（2020）Impact evaluation of a school-based disaster education program in a city affected by the 2011 Great East Japan earthquake and tsunami disaster. International Journal of Disaster Risk Reduction. 47. https://doi.org/10.1016/j.ijdrr.2020.101632

3) 東北大学災害科学国際研究所防災教育国際協働センター.「復興・防災マップづくり」実践の手引〜郷土の自然と暮らしを知るために〜 http://drredu-collabo.sakura.ne.jp/ja/mapping［2020 年 8 月 20 日アクセス］

29 章 次世代に伝える減災教育

専門分野：コミュニケーション心理学、減災教育

執筆者：**保田真理**

要約

私たちが生活を続ける限り、災害と遭遇することは避けられない。その災害も発生のメカニズムはおおよそわかってきたが、いつ、どこで、どのような災害が起きるのかはまだ人類は解明できない。そのために、私たちは日々災害の被害を小さくすることを心がけながら、災害と共存する生活をしなければならないのだ。

キーワード：自然災害科学、文理融合、減災意識、アクティブラーニング、ツール開発

はじめに

2011 年 3 月 11 日に起きた巨大地震と巨大津波によって、自分で行動できる児童の命が失われたことは、防災教育そのものを変える大きな出来事となった。大人が守る児童の命ではなく児童自身が自分の命を守る「生きる力」を防災教育によって育てる方向に大きく舵は切られた。

第 1 節　東日本大震災が明らかにした問題

「何が起きたのか？」　2011 年 3 月 11 日金曜日の午後、どこの学校でも翌日に卒業式を控え、児童をすでに下校させていたか、下校準備をしていたところだった。14：46 突然これまで経験のない強く長い揺れに襲われた。どの学校もすぐに校庭に在校児童を集め、津波が押し寄せる恐れがある学校では、ただちに学校近くの高台や学校の最上階に児童を避難させた。

しかし、津波の避難計画が無かった学校や住民は普段の避難訓練のとおりに地震対応の避難行動をしていた。地震による被害はすぐに見える形で現れたが、津波は陸上に押し寄せるまでに時差があった。実際に海が見えない学校では津波が想定できずに、高台への避難行動が遅れて、学校保護下で死亡者を出す結果となった。とくに地震から 50 分後に津波に巻き込まれた石巻市立大川小学校の被害は防災教育に大きな変化を与えるきっかけになった[1]。

第2節　震災が破壊したパラダイム

「従来までの常識と必要だった対応」　津波被害といえば、波の届かない高台に避難すれば必ず命は助かる災害である[2]。特に東日本大震災では大地震という予兆もあった。海が見える地域で暮らしていた住民の声がけで児童が高台にある学校へ戻って助かった事例もあり、高台への避難行動さえとっていれば人的被害は免れた災害でもあったと言える。これまでも様々な災害に対して避難訓練や防災教育は実施されていたが、児童は教員の誘導に従って、集団で身を守る行動をさせるという考え方が主流となっていた。特に津波に関してはリアス式地形の地方では歴史的に大きな被害が何度もあったことから、津波対策は重要だと考えられていたが、近代の津波による大きな被害を受けていなかった牡鹿半島より南の地域では、津波が大きな被害をもたらすという意識は低かったと考えられる。1960年のチリ地震津波以降に大きな津波被害がなかったことも、住民の津波に対する警戒心を育成できなかった一因と考えられる。特に標高が低くても海岸から少し内陸に入った地域では、建物で海を直接見ることができない。見えない海から津波がやってくることは想像できなかったのであろう。

　学校でも通常の地震や火災からの避難を中心に訓練していた。児童に対して防災教育を行う教員も学区外から通勤したり、転勤してきたりで、地元の災害をイメージすることは困難だった。住民も50年も経てば経験は伝承されず、まして過去に経験した以上の大津波はイメージできない。津波を研究している大学の教員が児童に直接津波のメカニズムを解説する機会も当時はほとんど無かった。津波災害は低頻度災害の一つと言われている。避難行動をすることで減災できる災害の一つだが、忘れた頃に起きる災害が同じような被害を繰り返してしまう特徴を持つのだ。

第3節　新しいアプローチ

　東日本大震災の教訓を活かして、いつどこで起きるかわからない自然災害に対して、大人も子供も自分の命を自分で守るという考え方を持つことによって地域社会全体の安全を作っていこうという防災教育の考え方が生まれた。なるべく若い世代が最初に学ぶ時期に大学の研究者が小学校に出向いて自然災害のメカニズムを解説し、災害の被害を減らす「減災」の手法を児童自身に考えさせることも必要ではないかと考え、各県の教育委員会に協力をお願いして、研究成果を児童にもわかりやすく伝える『東北大学減災教育「結」プロジェクト』を2015年にスタートさせた。言葉の理解度や理科的な興味が発達する小学校5年生以上を対象に、出前授業として学校を訪問した。

　理工学中心だった自然災害科学に認知心理学・歴史学が融合したチームで、教室の中で児童と教師の反応を見ながら、理解しやすくするために教材を可視化する工夫をし、児童自身が自分の身に起きることと考えやすくするためにアクティブラーニングの手法を取り入れ、グループワークで話し合う時間を大切にした。ゲーム性のあるグループワークのツールも有効と考

え、防災・減災スタンプラリーを企業と共同で開発した。授業の復習と家族との災害対応コ
ミュニケーションツールとして「減災」ハンカチを開発して児童に配布し、減災意識の持続に
つなげている。大学の本来の役割を超えて直接社会とつながることができたことで、新しい教
育の形を生み出すことになった。児童の減災意識の変化はこれまでアンケート調査をしてき
た。その中で、家族と具体的に災害への備えやいざと言う時にどのような行動をするのかを質
問した項目がある。どのようなことを話しあったのか、話あった後に具体的な行動をしたのか
を聞いた。以下に示す図 29-1 および図 29-2 のような結果になった[3]。

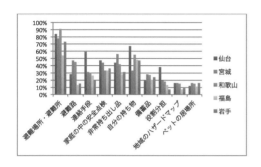

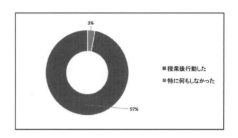

図 29-1　授業後児童が家庭で家族と話しあった項目　　　図 29-2　家族と災害対策を行った児童の割合

第 4 節　到達点とこれから

　減災教育の目的はいざという時に命を守り、なるべく通常に近い生活をできるようになるこ
とだ。そのためには、自然災害科学の基礎を学び、学習を通して自分ができることを見つけ、
すぐに行動を起こすことだ。児童や教師と何ができるかを考えるときは、できそうな事から考
えてみようとアドバイスしている。ステップバイステップ。一歩ずつ階段を登れば良いのだ。
最初は完全ではないことも、少しずつ形にしていくことが重要となる。一度考えてやってみた
で終わりではない。成長に合わせて形を変えて持続させる。その部分が大切なのだ。だから、
防災教育そのものが楽しく興味深いものである必要がある。被害の辛く悲しい部分だけを伝え
てしまうと、印象に強く残っても減災行動に結びつかないのだ[4]。そうならないために、今の
自分に何ができるのかを考えて、日ごろの生活の中で工夫してみることで、減災の考え方が自
分のものになる。われわれがおこなっている出前授業では、災害のメカニズムを学び、グルー
プワークを通して災害のイメージを膨らませる。図 29-3 および図 29-4 に示す。そこで、自分
なりに考えた減災のアイデアを他の人のアイデアと話しあって情報交換することで、判断や行
動の幅を広げることができ、学習自体を楽しい活動と捉える児童が増えた。これからの防災教
育は学びから行動へ児童が自分たちで充実させていく仕掛けが大切だろう。

図 29-3　「減災」ハンカチで学習の復習をする児童

図 29-4　グループワークで意見交換する児童

おわりに　～執筆者から

　自然災害はどの災害をとっても同じものはない。起きる場所や時間帯・季節によって被害の形は異なる。時間の経過によって状況は変化する。だから、「こうすれば良いですよ」と教える正解は無いのである。未来を作っていくあなた達が、災害が起きたらどう行動するべきなのか、常に安全な行動をするためには何が必要かをいまこの時から自分なりに考えて備え続けていってほしい。

参考文献

1）土木学会津波研究小委員会編.（2009）津波から生き残る―その時までに知ってほしいこと―. 土木学会（東京）. ISBN978-4-8106-0679-9.

2）Yasuda M, Muramoto T, Nouchi R.（2018）Assessment of Educational Methods for Improving Children's Awareness of Tsunamis and Other Natural Disasters: Focusing on Changes in Awareness and Regional Characteristics in Japan. Geosciences. 8（2）:47. https://doi.org/10.3390/geosciences8020047

3）Lopes R.（1992）Public Perception of Disaster Preparedness Presentations Using Disaster Damage Images. Natural hazard research working paper, #79. Natural Hazards Research and Applications Information Center, Institute of Behavioral Science, University of Colorado

30章 コミュニティの防災

専門分野：地域防災、学校防災

執筆者：**佐藤　健**

要約

地域の防災・減災を目的に、町内会や行政区などの地域のコミュニティが母体となり、災害時のみならず平常時から自主的な活動を行う組織がわが国の「自主防災組織」であり、その中心的な役割を担う人材が「地域防災リーダー」である。地域防災リーダーには地元に根ざした活動や、地元から顔の見える存在であることが求められる。活動しながら次世代の人材を養成することも重要となる。

キーワード：自主防災組織、地域防災リーダー、学校と地域の連携、子ども

はじめに

自主防災組織の結成数や地域防災リーダーの養成数といった単なる数字が、地域防災力の高さを表しているとは言えない。東日本大震災の経験を通して問われていることは、その実力であり、その実力を災害時のみならず平常時から発揮できるかである。加えて重要なことは、その活動の主体性であり、持続可能性である。

第1節　東日本大震災が明らかにした問題」

「何が起きたのか？」　平成7（1995）年1月17日に発生した阪神・淡路大震災の経験により、「自分たちの地域は自分たちで守る」という観点から自主防災組織の重要性が見直され、その育成強化が全国各地で取り組まれてきている。同時に、自主防災組織による活動の中心的な役割を担う「地域防災リーダー」の人材養成も行われている。

平成23年（2011）年3月11日に発生した東日本大震災では、激甚かつ被害が広域に発生した。加えて、自治体の庁舎や職員も被災したことにより、災害発生直後における「公助」の限界があった。それだけに、「共助」の役割を担う自主防災組織や地域防災リーダーに対する期待が大きかったことになる。しかし、緊急避難場所への避難・誘導や避難所運営などにおいて、社会が期待しているような実力を備えられていない自主防災組織が少なくない状況があった。すなわち、自主防災組織の結成数や地域防災リーダーの養成数といった単に数字だけで地域防災力の高さを評価することは必ずしも適切ではなく、どのような活動を実際にできるか、またその活動が主体的であるかがより重要となる。

　「**避難の実態**」　学校管理下の時間帯に発生した東日本大震災は、学校の防災と地域の防災とを平常時から連携して取り組む重要性について気づく結果となった。岩手県沿岸部のある中学校に対するヒアリング調査の事例を述べる。この学校の震災前における津波に対する避難計画は、校庭への避難であった。校庭からさらに段階的な避難を行うような訓練も実施していなかった。津波は防潮堤を越えて校庭まで押し寄せたため、校庭に避難していた生徒らは標高の高い場所に向かってそれぞれが慌てて緊急避難することになった。一方で、この学校区の地域住民による震災前における津波避難の考え方は、高台に避難することになっており、そのための避難路も整備されていた。このことから、同じ地域に居住する子どもと大人の津波避難の計画が異なっていたことになる。どちらも安全な計画であり、計画の相違も含めた共通理解をお互いが得ていることが重要となる。この中学校は、震災後に津波に対する避難計画を地域住民と同じ高台避難に修正した。このような教訓を踏まえ、"地域社会、家庭との連携を図った学校安全の推進"が、「学校安全の推進に関する計画」[1]に反映され、「第2次学校安全の推進に関する計画」では更にその重要性が増している。

第2節　震災が破壊したパラダイム

　「**従来までの常識と必要だった対応**」　東日本大震災の発生直後、仙台市内陸部の避難所において急遽、対応を迫られる結果となった3つの事例を述べる。

　「**帰宅困難者問題**」　仙台市中心部のある小学校では、仙台駅とその周辺エリアからの避難者が殺到し、避難所に収容された避難者の大部分が、いわゆる「帰宅困難者」で占められる結果となり、地元の避難者が避難所に入れない状況となった。指定避難所は、基本的には地域住民のための施設であり、地域の避難者を地域の人たちで支え合うという認識と現実が大きく異なった。近隣の公共施設や有力企業に対して、学校管理職と町内会役員が学校に避難している避難者の一部を受け入れてもらうお願いに奔走したほどであった。

　「**避難所開設問題**」　指定避難所に指定されていた仙台市内のある小学校では、耐震補強された学校施設でありながら地震の揺れによる被害を受け、安全性が確保できずに避難所として開設できない結果となった。この学校を避難所として当て込んでいた地域住民は、別の避難施設への避難を余儀なくされた。また、指定避難所である学校に整備してあった防災備蓄物資を新たに開設された別の避難施設に移送する必要も生じた。急遽、避難者を受け入れることになった施設管理者にとって、指定避難所が拠点となる前提が崩れることになった。

　「**避難所運営問題**」　仙台市内のある小学校では、避難所の開設から閉鎖までの間、校長のリーダーシップのもと、長期間にわたって教職員が避難所運営の中心となった。運営主体を学校の教職員から地域の町内会等に移行していくことができない結果となった。学校教職員が避難所運営に関われば関わるほど、子どもたちのケアや学校再開に向けた教職員の本来業務に割くべき時間が奪われることになる。避難所開設直後における避難者に対する支援について、ある程度想定していた教職員にとって予想を遥かに超える負担となった。

第3節 新しいアプローチ

　第2節において述べた3つの震災教訓を活かすべく、東日本大震災を経て転換することとなった社会動向について、仙台市の状況を中心に述べる。

　【帰宅困難者一時滞在施設の整備】帰宅困難者が一般の指定避難所に殺到することを避けるために、帰宅困難者を一時的に収容可能な施設を持つ事業所等と地方自治体との間で協定を締結し、「帰宅困難者一時滞在施設」の整備が進められている。一例として、仙台市と仙台駅周辺にある事業者、商店街振興組合などが連携した「仙台駅周辺帰宅困難者対策連絡協議会」は、「仙台駅周辺帰宅困難者対応指針」を策定し、帰宅困難者の一時滞在施設への誘導を含む「帰宅困難者対応訓練」も定期的に行われている。また、事業所は従業員を一定期間、事業所内に留め、災害発生直後に一斉に帰宅することも抑制している（一斉帰宅抑制）。

　【応急危険度判定*の早期化】避難所は原則として施設管理者が安全確認の上、避難者の受け入れを行うものの、専門的な視点に基づく安全確認が求められる。しかし、建築職の行政職員の人数は限られているため、民間の建築技術者の協力を得て、避難所の応急危険度判定をできる限り迅速に行うことが全国的な課題となっている。仙台市は、建築専門家団体と協定を締結し、避難所等の安全確認の迅速化を図っている。具体的には、震度6弱以上の揺れを観測する地震が発生した場合には、仙台市から支援要請がなくてもあったものとみなし、民間の建築技術者は予め担当となっている避難所の判定作業を開始することになっている。

　【避難所運営委員会】避難所運営にあたり、町内会等の地域団体および避難者、避難所担当の行政職員、施設の管理者や職員からなる「避難所運営委員会」を構築し、組織的な活動を行うことになっている。避難所運営委員会として役割分担や運営の在り方について予め協議し、その結果を反映させた避難所ごとの「避難所運営マニュアル」の作成が進められている。また、新型コロナウィルス感染症に配慮した避難所運営については、その対応の高度化や避難所の開設数が増加する方向にあり、災害発生直後における「公助」の限界が明らかであり、地域のコミュニティが母体となった「共助」による期待はますます高まっている。

第4節 到達点とこれから

　「新たな災害科学の手法」　第3節において述べたような地域のコミュニティが母体となった「共助」による活動において、地域防災リーダーがキーパーソンとなる。ここでは、仙台市地域防災リーダー（略称SBL）を取り上げる。SBLの養成講習会の受講にあたり、受講者の個人情報（住所・氏名・電話番号・性別）を地域の町内会と学校、他のSBLに提供できることを条件としているほど、地元から顔の見える存在であることが特徴となっている。

---

* 「応急危険度判定」とは、人命に係わる二次的災害を防止することを目的に、建築の専門家が地震により被災した建物を直接調査し、その後に発生する余震などによる倒壊の危険性や、外壁・窓ガラスの落下、付属設備の転倒などの危険性を判定する作業のこと。

　仙台市片平地区の SBL は、地元の子どもたちに地域の自然や歴史、防災資源について、まち探検しながらガイドする「防災宝探しゲーム」を継続している[2]。写真 30-1（a）は、小学 6 年生だった片平地区の子どもたちが、地元の大人と一緒にまちづくり活動をしたいと申し出た時の様子である。同（b）は、SBL らがガイド役になり、中学 1 年生となった子どもたちが参加した防災宝探しゲームの様子である。同（c）は、中学 2 年生となった子どもたちが世界防災フォーラムにおいて、活動の成果を発表している様子であり、同（d）は、高校 1 年生となった子どもたちが、防災宝探しゲームにおいて小学生をガイドする立場に成長した様子である。

　片平地区のような平常時の防災活動モデルは、活動しながら次世代の人材を養成する上で一つのロールモデルと言える。国内外における地域防災リーダーの優良活動モデル[3]を発信・共有することにより、コミュニティレベルの防災活動の世界的な推進に貢献する。

(a) 2016.3 撮影　　　(b) 2017.3 撮影　　　(c) 2017.11 撮影　　　(d 2019.11 撮影

写真 30-1　片平地区の「防災宝探しゲーム」と次世代の人材養成

おわりに　～執筆者から

　東日本大震災発生後、宮城県教育委員会による「みやぎ防災ジュニアリーダー養成研修会」や、宮城県多賀城高等学校が中心となった「東日本大震災メモリアル day」など、高校生や中学生が防災をテーマに学び合う活動が展開されている。全国各地や異校種の生徒が交流し、学び合う中から自らの意志で宮城県の地域防災リーダー「宮城県防災指導員」の認定を受けた高校生が現れた。次世代を担う子どもたちの学び合いの機会が国内外において恒常的に設けられ、活動しながら次世代の防災人材が育まれ続けることを期待したい。

参考文献

1）文部科学省.学校安全の推進に関する計画について
　https://www.mext.go.jp/a_menu/kenko/anzen/1320286.htm［2020 年 8 月 30 日アクセス］

2）Sato T, Sakurai A, Sadaike Y, et al.（2020）Sustainable Community Development for Disaster Resilience and Human Resources Development for Disaster Risk Reduction – Growth and Community Contribution of the Katahira Children's Board for Community Development –. Journal of Disaster Research. 15（7）: 931–942. https://doi.org/10.20965/jdr.2020.p0931

3）佐藤　健、桜井愛子、小田隆史、他.（2016）コミュニティレベルの防災活動の日米比較―米国緊急事態対応チーム CERT と仙台市地域防災リーダー SBL を事例に―. 地域安全学会論文集 29, 239–246.
　https://doi.org/10.11314/jisss.29.239

31章　アーカイブ学

専門分野：災害アーカイブ学

執筆者：**柴山明寛**

要約

東日本大震災以前では、震災記録の収集方法や整理方法、著作権処理方法、公開方法などが確立しておらず、また、震災記録を自由に使える環境には無かった。しかし、東日本大震災では、震災デジタルアーカイブの元年と言われるほど、震災記録の取り扱いに大きな変化が起こり、震災記録を多くの方に利用ができる環境を整えることができた。

キーワード：震災記録、震災デジタルアーカイブ、著作権、公開方法、利活用、伝承

はじめに

　自然災害の写真や映像、証言、文章などの記録を残す活動は、東日本大震災以前から行われていたが、収集方法や著作権処理、整理方法、公開方法などの体系化や統一した基準はなかった。東日本大震災では、数多くの機関が協力して体系化を行い、震災デジタルアーカイブが確立した。

第1節　東日本大震災が明らかにした問題

　「何が起きたのか」　東日本大震災では、東日本全域で地震動の被害を与え、沿岸部には大津波が押し寄せて建物等が全て流され原風景を失った。さらに、福島第一原子力発電所の事故により、広範囲に放射線被害が発生し、住み慣れた土地を離れて県域を越える避難を余儀なくされた。本震災において、直接死、関連死、行方不明者を含めて約2万人を超える犠牲者が発生した。これらのことが複合的に関係し、失われた記憶や風景を残すこと、被害の実態を正確に伝えること、生死をわけた教訓を伝え残すこと、復旧・復興の記録を残すことなど、個人や団体が様々な目的を持って記録を収集する活動を始めることとなった。さらに、2011年5月10日東日本大震災復興構想会議において復興構想7原則の提言が発表され、原則1には、「大震災の記録を永遠に残し、広く学術関係者により科学的に分析し、その教訓を次世代に伝承し、国内外に発信する」[1]との提言が発信された。この提言により、記録を残す活動が急激に加速した。また、平成24年に改正された災害対策基本法の第7条、第46条及び第47条の2等で

は、「国民の防災意識の向上を図るため、住民の責務として、災害教訓を伝承することを明記するとともに、国・地方公共団体、民間事業者も含めた各防災機関において防災教育を行うことを努力義務化する旨を規定」[2]が明記され、国民の1人1人が災害教訓を伝承することが責務となったことも関係している。

　「**実態**」　東日本大震災が発生した以降、自治体や研究機関、防災関係機関、企業、図書館など多種多様な団体が同時多発的に震災記録の収集が開始された。震災から1ヶ月後には、民間企業のYahoo! Japanによる「東日本大震災 写真保存プロジェクト」が立ち上がり、一般市民からの震災に関する写真の募集が開始され、2011年6月からウェブ上で公開が始まった。同月、Googleでは、震災前後の衛星写真などを公開する「未来へのキオク」が開始され、同サイトで一般市民から提供された写真等の公開も始まった。被災地県では、宮城県仙台市生涯学習施設のせんだいメディアテークにおいて、「3がつ11にちをわすれないためにセンター」が発災から3ヶ月後に立ち上がり、震災記録の収集や映像編集の支援などが開始された。発災から半年後には、東北大学による東日本大震災アーカイブプロジェクト「みちのく震録伝」を開始し、研究者が撮影した震災直後の写真などを中心に収集を開始した。発災から1年後には、報道映像や証言記録映像等をまとめた日本放送協会による「NHK東日本大震災アーカイブス」が、報道メディア関係では初めて公開された。自治体が主体となって震災デジタルアーカイブを構築したのは、2014年3月に宮城県多賀城市「たがじょう見聞憶」が最初となる。その間その後にも数多くの団体が東日本大震災デジタルアーカイブサイトを立ち上げ、国立国会図書館や岩手県、宮城県、ハーバード大学などの50以上のウェブサイトが構築され、合計で400万点以上の震災記録が公開された。

第2節　震災が破壊したパラダイム

　「**従来までの常識**」　東日本大震災の以前から自然災害の記録の公開や利活用に課題があった。まず一つ目としては災害記録の公開方法の課題、二つ目は著作権の課題である。震災以前では、災害記録をインターネット上で公開していることはほとんどなく、書籍や学術論文などの書誌情報のみが公開されていることが一般的であった。書誌情報を公開する方式は、図書館の所蔵物の検索に用いられていることが多く、図書館等に赴いて記録を閲覧するか、記録のコピーを取り寄せる方法しかなかった。次に、過去の災害において個々の目的で写真や映像、証言、文章などの原本の記録を収集し、学術論文や記録誌、証言集などに編集したかたちで公開されることが多かった。しかしながら、それらの原本の記録は、個々の目的に限定した権利処理のみしか行っておらず、他者がその記録を他の目的で利用することが困難な状況であった。その記録を利用するためには、著作権保有者に対して新たな目的を提示して再度の権利処理が必要となる。このように、災害記録は、だれも自由に使用できる状態にはなく、収集した個人や団体もしくは著作権保持者本人が利用するに止まっていた。

　このように震災以前では、震災記録を学校の防災教育等で利用したいと思っても多くの労力

が必要であり、簡便に使うこともできなかった。

第 3 節　新しいアプローチ

　東日本大震災を契機に震災記録の取り扱いの考え方が変わっていった。その大きなきっかけ
は、2012 年 9 月の総務省の「東日本大震災アーカイブ」基盤構築プロジェクトが始まったこ
とに起因する。本プロジェクトでは、東日本大震災デジタルアーカイブの構築のための実証実
験とその成果を基にガイドラインを決めることになった。実証実験に参加したのは、青森県、
岩手県、宮城県、福島県の 4 県 5 団体であった。青森県は、「あおもりデジタルアーカイブシ
ステム（その後、青森震災アーカイブと統合）」、岩手県は、「陸前高田震災アーカイブ NAVI
（その後、国立国会図書館に移管）」、宮城県は、東北大学「みちのく震録伝」、河北新報社「河
北新報　震災アーカイブ」、福島県は、「東日本大震災アーカイブ Fukusima」が実施され、2013
年 3 月に各ウェブサイトで震災デジタルアーカイブの公開がされた。この実証実験で得られた
収集方法、整理方法、著作権処理方法、公開方法は、ガイドライン化[3]されて、その後の震災
デジタルアーカイブに大きな影響を与えた。特に、震災記録のオープンデータ化がなされ、誰
でも自由にインターネット上で閲覧することができること、利活用についても商用目的以外の
教育目的等には利用できることなどが示された。
　同プロジェクトでは、国立国会図書館の東日本大震災アーカイブ「愛称：ひなぎく」が公開
され、各機関の震災デジタルアーカイブを結ぶポータルサイトを公開した。さらに国内だけで
はなく、ハーバード大学エドウィン・O・ライシャワー日本研究所が海外機関として初の
「2011 年東日本大震災デジタルアーカイブ（2017 年に日本災害 DIGITAL アーカイブに名称を
変更）」が公開され、ひなぎくと同様にポータルサイトとして公開している。単体のウェブサ
イトで公開されるだけでなく、各サイトを横断的検索が可能なウェブサイトができたことは、
使用するユーザに取っても様々な震災記録に触れることの門戸を広げたと言える。

第 4 節　到達点とこれから

　東日本大震災以降、震災デジタルアーカイブの元年と言われるほど、震災記録の取り扱いに
大きなパラダイムシフトがあったと言える。しかしながら、50 以上の震災デジタルアーカイ
ブサイトの継続性については、大きな課題も生まれた。現在、構築されたウェブサイトの一部
は、維持が困難ということで閉鎖している現状がある。デジタルアーカイブは、継続するため
のメンテナンス費用やハードウェアの更新費用のランニングコストがかかる。維持をするため
にコストの面を考えていかなくてはならない。ただし、ウェブサイトの閉鎖とともに震災記録
が消えることがないように、国立国会図書館や東北大では移管できるように体制を整えてい
る。
　東日本大震災の震災デジタルアーカイブの事例は、現在の自然災害での記録を残すというこ

とに影響を与えており、2016年熊本地震のデジタルアーカイブの構築や過去や近年の風水害のデジタルアーカイブが構築されている。

おわりに　〜執筆者から

　震災を伝承していく上で重要なことは、東日本大震災の実態を正確に把握することである。そのためには、実際の震災記録を目に触れて、それを感じ、自分の中で解釈することが必要となる。そのきっかけとして震災デジタルアーカイブを利用して欲しいと考えている。

参考文献

1）内閣官房、2011年5月10日東日本大震災復興構想会議、
　 http://www.cas.go.jp/jp/fukkou/［2020年10月13日アクセス］
2）内閣府中央防災会議・防災対策推進検討会議（第11回）
　 http://www.bousai.go.jp/kaigirep/chuobou/suishinkaigi/11/index.html［2020年10月13日アクセス］
3）総務省、震災関連デジタルアーカイブ構築・運用のためのガイドライン、http://www.soumu.go.jp/menu_seisaku/ictseisaku/ictriyou/02ryutsu02_03000114.html［2020年10月13日アクセス］

32章　記憶伝承の科学

専門分野：災害伝承学、災害情報学

執筆者：**佐藤翔輔**

要約

東日本大震災で被害を受けた東北地方は、三陸を中心に過去に津波災害を繰り返し経験している。その経験や教訓を伝えようとする災害伝承（津波伝承）は、震災前はどこまで伝わり、被害軽減にどれだけ結びついたのか。東日本大震災が発生する前は、家族内を中心に過去の経験が伝わっていたこと、災害伝承と避難行動の関連性には地域差があること、災害体験は体験した本人から直接聞くことが重要であることが明らかなった。

キーワード：災害伝承、津波伝承、口承、津波碑、避難行動、語り部

はじめに

　東北地方の太平洋沿岸は、過去に複数の津波災害を経験していた一方で、東日本大震災では万を数える犠牲者が発生した。はたして、過去の津波について、その経験や教訓を伝えるモノや活動は、東日本大震災においてその効果を発揮しなかったのだろうか。東日本大震災は、災害伝承（津波伝承）のあり方を再考する大きなきっかけになっている。

第1節　東日本大震災が明らかにした問題

　「何が起きたのか？」　東日本大震災の犠牲者の主な死因は津波による溺死であることは言うまでもない。津波から命を守るすべには、津波浸水想定範囲外への居住や防潮堤整備など、住まいが津波そのものに見舞われないようにする被害抑止策のほか、その被害抑止限界を超えた場合においては、個々人の迅速な避難行動も必要になってくる。このうち、居住に関する対策においては、土地利用の政策的な側面のほか、本章で取り上げる「災害からの記憶伝承」の側面も多分に影響している。その象徴的な事例として、岩手県宮古市重茂（おもえ）姉吉地区が挙げられることが多い。この地域には 1896 年明治三陸地震津波や 1933 年昭和三陸地震津波で多くの犠牲者を出したことから、「此処より下に家を建てるな」という刻まれた津波碑を建立していた。東日本大震災のおり、漁船や倉庫などは被災したものの、この教えを守り、高台にあった住まいはもちろんのこと、素早く住居エリアに避難をした住民の命を守られている。この「メッセージ」は津波碑に刻まれたからといって「伝わる（教えが守られる）」わけてはな

い。陸前高田市広田町・中沢浜地区にある津波碑にも「低いところに家を建てるな」と刻まれ
ている。昭和三陸地震津波の後、近くに防潮堤が建設されたことを受けてか、徐々に津波碑よ
り下に家が建ったという。東日本大震災では、防潮堤を津波が超えて、住まいの流失だけでな
く多数の犠牲者が発生した。

　「被害の実態」　岩手県と宮城県の人的被害を比較すると、津波のインパクトに比して、死亡
率は岩手県よりも宮城県の方が高い（図32-1）。図32-1を見ると、最大津波高さが相対的に
低いかつ死亡率が高い、という図左上側に宮城県内の地域が多く布置している。図32-2には、
「地震が発生したときに思いうかんだこと」のうち、「過去にこの場所まで大きな津波が来たこ
とがあるという話」と「過去にこの場所まで大きな津波が来たことがないという話」を回答し
た割合とその比を県別で示している[1]。図32-2を見ると、「地震が発生したときに思いうかん
だこと」が、岩手県では「あるという話」が、宮城県と福島県では、「津波は来ない地域であ
る」という通説がかなり定着していたことが分かる。宮城県名取市閖上地区には、昭和三陸地
震津波の後に津波碑が建立されたが、その後の1960年チリ地震津波や2010年チリ地震津波で
大きな被害がなかったことから、いつしかに「閖上には津波は来ない」という安全神話が浸透
していた例もある（名取市震災復興伝承館内展示、著者監修）。

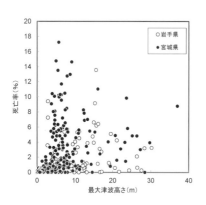

図32-1　東日本大震災における小地域
　　　　別にみた最大津波高さと死亡
　　　　率の関係（著者作成）

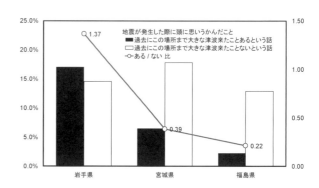

図32-2　東日本大震災発生時点における過去の津波の想起[1]

第2節　震災が破壊したパラダイム

　「従来までの常識と必要だった対応」　「災害が起きた事実を後世に伝える」ことが大切であ
ることは誰も疑わない。特にそれが「津波（津波災害）」である場合には、「同じ場所で、◯年
後に、再び起こる」という特徴があることから、ことさらその役目は大きい。東北地方は、
1896年明治三陸地震、1933年昭和三陸地震、1960年チリ地震など、近地・遠地問わず多くの
津波災害の被害を繰返し受けている。時代をさかのぼれば、1611年慶長奥州地震、869年貞観
地震の津波まである。津波碑、口碑、地名、津波石、遺構、朗読、歌、絵画、儀礼などの数多

くの津波伝承知メディアを目にして、耳にして、「津波災害があったことを後世に伝えよう」
という東北の「先人達の気概」を感じたのである。しかし、ここまでに見てきたように、これ
ら「津波伝承知メディア」は、「伝える」ことができていた地域とそうでなかった地域、「伝え
る」の先にある「津波からの被害を減らす」ことがかなった地域とそうでなかった地域がある
ことが露呈したと言える。

第 3 節　新しいアプローチ

　「津波伝承知メディアは、被害を減らすことができたのか」という議論は、東日本大震災が
発生する前や、発生した直後においては、定量的に、体系的に検証されてはいなかった。「先
人達の気概」は、実災害の場面で活きたのか、そうでなかったのかは、科学的には明らかにさ
れてこなかったのである。著者らは、これまで定性的なアプローチにとどまっていた災害伝承
という領域において、その特徴や効果を定量的に解明することを試みている。

第 4 節　到達点とこれから

　「新たな災害科学の手法」　本節では、2020 年 8 月時点で明らかになったことを述べる。
　「過去の災害はどこから伝わるのか」　過去の災害（津波災害）は、基本的には「家庭」の中
で伝えられている。過去の津波を「両親から聞いて」「新聞・本・テレビ等のメディアを通し
て」「祖父母から聞いて」知った人が多い。特に昭和三陸地震津波は両親や祖父母からの「口
承」が、明治三陸地震津波は新聞・本・テレビ等の「マスメディア」から知った住民が多かっ
た[1]。これは、家庭での口承は 3 世代 2 親等が限界であることと、古い災害は実際に経験した
人が減少することから、三陸地方のような津波常襲地であっても「口承」よりも「マスメディ
ア」から情報を得ることが多くなることが両市で共通する傾向として明らかになった。同時
に、陸前高田市では石碑（津波碑）では伝わっていないことも分かる[1]。
　「災害伝承は被害を抑制するのか」　著者らが陸前高田市の住民を対象に行った質問紙調査の
分析[2]では、東日本大震災において津波避難を実施した住民は「日頃から家族と防災について
話し合っていた」ことに加え、「昭和三陸地震津波という大きな被害をもたらした津波災害が
地域で過去に発生したことを知っていた」人であったことが分かっている。これは、地域で発
生した過去の災害が伝承されていたことが、個人の津波避難を誘引していた可能性を示してい
る。一方で、気仙沼市の住民を対象に行った同様な調査・分析においては、過去の災害を知っ
ていることと避難行動との関連性は見られず、このような傾向の有無には地域差が存在するこ
とも分かっている。
　「災害体験はどうすれば伝わるのか」　災害の体験は、体験した本人から直接に聞くことに
よって記憶に残りやすいことも分かっている。災害の体験は、その語りが映像や文字に残され
ることが多い。ある語り部の災害体験について、本人、弟子（未災者）、音声、映像、テキス

トから聞いた・読んだ後の、受け手の記憶量について実験を行った結果をまとめたものが図32-3である[3]。語りを聞き取った直後は「音声」のみを聞いた実験参加者の記憶量が多いが、その8ヶ月後に抜き打ちで記憶量を計測した結果、体験した「本人」から生の語りを直接聞いた実験参加者の記憶量が最も多い。

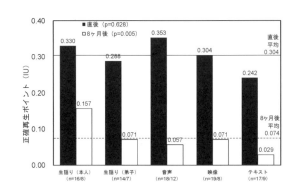

図 32-3　再生正確量の群間比較（直後、8ヶ月後）
※凡例内のかっこは、分散分析の結果の p 値（*p＜0.05、**p＜0.01）[3]

おわりに　〜執筆者から

　津波（津波災害）の再現期間は、複数の世代をまたぐことから、特に家庭や地域における記憶伝承における役割が大きい。どうすれば効果的に持続的に災害伝承が行われるか、を問いつづけ、明らかになったことを踏まえた実践が重要である。特に、ここまでの論考を見てよく分かるように、災害伝承の要は「ひと」である。その災害伝承を担う「ひと」づくり（人材育成）の方法を明らかにし、実践することこそが、今後の最も重要なミッションである。

参考文献

1）佐藤翔輔、新家杏奈、川島秀一、今村文彦．（2018）東日本大震災の発生前における津波伝承に対する認識の地域間比較・評価、土木学会論文集 B2（海岸工学）、74, 2. I_505-

2）佐藤翔輔、平川雄太、新家杏奈、今村文彦．（2017）災害伝承は津波避難行動を誘引したのか―陸前高田市における質問紙調査を用いた事例分析―、地域安全学会論文集、31, 69-76. https://doi.org/10.11314/jisss.31.6

3）佐藤翔輔、邑本俊亮、新国佳祐、今村文彦．（2019）震災体験の「語り」が生理・心理・記憶に及ぼす影響：語り部本人・弟子・映像・音声・テキストの違いに着目した実験的研究、地域安全学会論文集、35, 115-124. https://doi.org/10.11314/jisss.35.115

33章　先人の災害体験を未来の防災へ

専門分野：災害文化

執筆者：**蝦名裕一**

要約

1611 年に発生した慶長奥州地震津波について、東日本大震災以前はその実態が過小評価されていたが、災害科学国際研究所における史料の再検討や文理融合の学際研究によってその実相が解明されつつある。史料に記される災害情報を軽視せず、様々な歴史情報を用いて歴史災害を解明することで、先人の災害経験を将来の防災へ活用することが可能となる。

キーワード：歴史災害、歴史資料、慶長奥州地震津波、歴史地形復元

はじめに

　東日本大震災をうけ、近年の大規模災害の分析や防災計画においては、歴史災害、特に近代の気象観測が成立する以前の災害の情報が重要視されるようになった。ここでは、多種多様な歴史資料（以下、史料）に記録される様々な歴史災害の情報を活用し、未来の防災へと活用する研究手法を検討していくことにする。

第1節　東日本大震災が明らかにした問題

　「何が起きたのか？」　平成 23 年（2011）3 月 11 日に発生した東日本大震災では、東北地方太平洋沿岸に襲来した巨大津波によって、岩手県・宮城県・福島県の沿岸一帯を中心とした広範囲に甚大な被害がもたらされた。この災害は、当時マスコミなどで「未曾有の大災害」と表現されたように、多くの人々が予想もしていなかった災害として受け取られた。従来「津波の常襲地帯」と言われていた岩手県から宮城県北部沿岸の三陸海岸では、明治 29 年（1896）に発生した明治三陸地震津波や昭和 8 年（1933）に発生した昭和三陸地震津波の経験から、様々な防災対策が実施されていたが、東日本大震災ではこれをさらに上回る規模の大津波が襲来した。また、宮城県仙台平野や福島県沿岸の地域では、東日本大震災の発生以前は津波災害に対する危機意識は希薄であり、十分な防災対策がなされないまま、巨大津波による甚大な被害を受けることになった。

　「被害の実態」　東北地方太平洋沿岸における巨大津波の襲来については、東日本大震災以前より、貞観 11 年（869）に発生した地震津波による津波堆積物の発見、慶長 16 年（1611）に

発生した地震津波を記録した史料の存在から、度々警鐘が鳴らされていた。しかし、結果とし
てこれらの歴史津波の存在は、東日本大震災以前の防災対策において充分に活用されてはいな
かった。その理由について考えるならば、東日本大震災以前は明治以降の近代気象観測のデー
タに基づいた防災対策が実施されてはいたものの、それ以前の史料に記された歴史災害は考慮
されていなかったことが指摘できる。

第2節　震災が破壊したパラダイム

「従来までの常識と必要だった対応」　慶長16年10月28日（グレゴリオ暦1611年12月2
日）、東北地方太平洋沿岸一帯に大きな津波被害をもたらした地震津波は、従来「慶長三陸地震
津波」と呼ばれ、その地震規模は昭和三陸地震津波と同程度のMw（モーメント・マグニ
チュード）8.1と定義されていた。先行研究において、この地震津波による被害を記した史料
は盛岡藩、仙台藩、相馬中村藩の各地に存在することは確認されていた。ここで注意したいの
は、史料から読み取れる被害地域が現在の岩手県、宮城県、福島県の沿岸全域に及んでおり、
昭和三陸地震津波と比べて明らかに被害範囲が大きいにもかかわらず、これと同規模の地震津
波として取り扱われていた点である。
　実は「慶長三陸地震津波」という名称そのものにも大きな問題点があった。「三陸」とは、
それまで「陸奥国」と呼ばれた東北地方太平洋沿岸地域を、明治政府が陸前国、陸中国、陸奥
国、磐城国に分割し、先の3カ国の総称として成立した言葉である。つまり、「慶長三陸地震
津波」という名称は、江戸時代初期に存在しない「三陸」という語が用いられていることに加
え、この津波の被害範囲である現在の宮城県南部から福島県沿岸が含まれていないのである。
こうした史料情報の過小評価や不正確な名称には、この歴史災害の研究に歴史学研究者が積極
的に関与していなかった研究状況を物語っている。東日本大震災以前、この地震津波につい
て、歴史学研究の見地から正確な史料の分析・検討がおこなわれていたら、あるいは仙台平野
や福島県の沿岸部における津波災害の注意喚起を促せていたのかもしれない。

第3節　新しいアプローチ

　東日本大震災をうけて、災害科学国際研究所では慶長16年（1611）に発生した地震津波につ
いて、史料の全体的な見直しとともに、文理融合型の新たな研究を展開した。これにあたり、
当時の史料に記されている東北地方太平洋沿岸を示す語である「奥州」を用い、津波被災範囲
を正確に示すため「慶長奥州地震津波」と改称し、従来の過小評価からの脱却を目指した。
　慶長奥州地震津波を記録した史料を大別すると、①津波を直接目撃したスペイン人探検家ビ
スカイノの記録や江戸に滞在していた公家が地震について記録した同時代史料、②当時、駿府
において仙台藩の関係者から伝えられた被害状況を記述した『駿府政事録』、③仙台藩や相馬
中村藩の史書、④盛岡藩領の宮古地域、山田地域、大槌地域などの地域有力者が所蔵する文書

などが存在し、東北地方から関東地方にかけて広域的な地震があったことと、東北諸藩の沿岸部における津波被害があったことが確認できる。これらの史料の中で、先行研究において疑問とされたのが、②の『駿府政事録』での記述である。その内容は、現在の岩沼市域に存在する千貫山の山頂にかつて存在した「千貫松」に、慶長奥州地震津波で流された舟が漂着したという内容である。この記述のみからでは、標高約 190 メートルの千貫山の山頂に津波が到達したとは考えにくく、先行研究においてこの記述は政宗が創作ともみられてきた。しかし、仙台藩の記録によれば、「千貫松」は千貫山山頂から麓にいたる松林を指す言葉であり、さらに慶長奥州地震津波から 50 年後に描かれた古地図「田村右京亮知行境目絵図」（仙台市博物館所蔵）では、当時は阿武隈川の支流が千貫山の麓付近を流れていたことが確認できる（図 33-1 参照）。ここから当時の歴史地形を復元すると、慶長奥州地震津波の際、阿武隈川河口から浸入した河川津波が、千貫山の麓

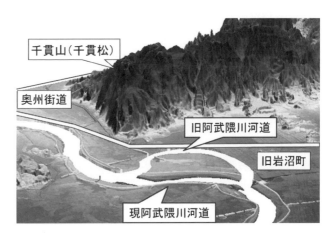

図 33-1　慶長奥州地震津波当時の岩沼地域の歴史地形

付近まで遡上した可能性を指摘することができる[1]。

　東日本大震災の発生から 2 年後、岩沼市教育委員会の調査によって、岩沼市新菱沼において貞観津波と東日本大震災の津波堆積物の間から、慶長奥州地震津波に起因するものと考えられる新たな津波堆積物の地層が発見された[2]。これにより、慶長奥州地震津波が岩沼地域の沿岸に襲来していたことが証明された。さらに津波工学や理学分野の研究者との連携により、先述の①から④の史料の記述や関連史料から慶長奥州地震津波の痕跡を抽出し、各地点の痕跡高を最新の測量技術を駆使して測定して、その分布を説明するための津波波源を推定した。その結果、慶長奥州地震津波の地震規模は Mw8.4〜8.7 となり、かつて同程度とみなされてきた昭和三陸地震津波の地震規模を上回る結果となった[3]。

　新たな慶長奥州地震津波の研究では、歴史災害を記した史料について、単に災害の記述部分のみを取り扱って判断するのではなく、史料の成立背景や関連する史料を含めて分析すること、さらにこの史料分析によって得られた解釈に基づいて、津波工学や理学と学際連携した文理融合型の研究を展開することにより、その実相を明らかにすることが可能となったのである。

第 4 節　到達点とこれから

　「新たな災害科学の手法」　史料に記される災害の記録を、過去の災害の解明にとどまらず、

将来の防災へと繋げるため、現在取り組んでいるのが歴史地形の復元と災害発生要因の関連性の分析である。今日、我々が目にしている地形、特に海岸線や河川の流路は、近現代の人工開発によって従来の自然地形から大きく改変されている場合があり、災害時にはそうした場所で思わぬ被害が生じることがある。津波や洪水などからの防災を考えるにあたっては、かつての地形がどのような状態であったのか、様々な史料から歴史地形を復元して検討していく必要があるだろう。その作業に重要な手がかりとなるのが、江戸時代から明治初期に作成された村絵図や地籍図に記された歴史地形の情報である。現在、災害科学国際研究所では超高精細スキャン装置を導入した古絵図・古地図の情報を詳細にデータ化し、分析をおこなっている。

　例えば、岩手県宮古市では東日本大震災の際に、閉伊川の河口部から津波が市街地に浸入して大きな被害がもたらされた。明治7年（1874）段階に作成された「陸中国閉伊郡宮古村書上絵図面」（岩手県図書館所蔵）に描かれる地形と比較すると、津波の浸入経路はかつて市街地の中央を流れていた山口川の旧河道と対応している。現在、山口川の旧河道は暗渠とされ、その上を市道が通っており、今日の姿からでは津波が浸入する危険性を把握することが困難となっている（図33-2参照）。このように、今日の地形からは予測が困難な被害の危険性を、史料を活用して歴史地形を復元することで見つけ出すことが可能となり、将来の防災対策に活かすことができるのである。

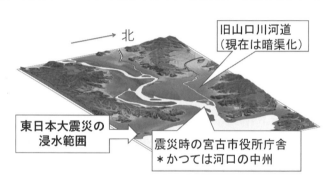

→ 北

旧山口川河道
（現在は暗渠化）

東日本大震災の
浸水範囲

震災時の宮古市役所庁舎
＊かつては河口の中州

図 33-2　宮古地域の歴史地形と津波浸水状況

おわりに　～執筆者から

　今日、日本各地には膨大な史料が残されており、そこには歴史災害の情報を含めた様々な先人の体験や教訓が込められている。これらはいわば先人が遺したビッグデータであり、子孫の我々に与えられたメッセージである。その情報を軽視すること無く丹念に読み解くこと、またその情報を多くの研究者が連携して様々な視点から多角的に分析し、将来の防災へと活用していくことが、東日本大震災以後の新たな災害科学に求められている。

参考文献

1）蝦名裕一．（2013）慶長奥州地震津波の歴史学的分析、宮城県考古学会、宮城考古学(15), 27-43.
2）岩沼市教育委員会．「新菱沼津波堆積物地層」
　https://www.city.iwanuma.miyagi.jp/kanko/bunkazai/documents/sinnhisinuma.pdf［2020年10月13日アクセス］
3）今井健太郎、前田拓人、飯沼卓史、他．（2015）組み合わせ最適化手法を利用した歴史津波の波源推定法―1611年慶長奥州地震の事例―、東北地域災害科学研究、51, 139-144.

34章 近未来における巨大地震津波への備えかた

専門分野：地震学

執筆者：**福島　洋**

要約

震災後、巨大地震津波に対する防災政策が、各地域で考えうる最大クラスの地震に対応できるようにするという方針に変更された。その対応策の軸のひとつが、津波からの避難である。現在、地震・津波の監視システムの開発や情報発表の仕組みの整備が進んでいるが、これらを実効的に活用できる避難体制を整えるためには、社会一体となった取り組みが必要である。

キーワード：最大クラスの地震への対応、監視システム、情報発表、不確実性

はじめに

　プレート境界断層で発生する巨大地震による被害は、断層の急激なずれにより生じる地面の揺れ（地震動）および、海底の盛り上がりにより生じる津波によってもたらされる。地震動については、十分とは言えないまでも、わが国ではある程度の対策は進んでおり、その強化のための道筋は見えている。一方、津波については、東日本大震災により課題が広く認識され、その対応策についての変革が進行中である。

第1節　東日本大震災が明らかにした課題

　「何が起きたのか？」　東日本大震災発生前の段階において、地震予知（短期的な地震発生予測）は難しいものの、長期的に起こりうる地震の発生場所と大きさの予測はある程度できていると考えられていた。しかし、東日本大震災をもたらした2011年3月11日の東北地方太平洋沖地震（以下、東北沖地震）は、政府の地震調査研究推進本部（以下、地震本部）や多くの地震学者が同領域で発生すると考えていた地震の規模をはるかに超え、南北500 km・東西200 kmの断層域を破壊するマグニチュード（M）9.0の超巨大地震であった。

　「被害の実態」「想定の大幅超え」により、特に津波に関する甚大な被害が発生した。防潮堤などの津波に対する防御施設ではほとんど津波を食い止めることはできず、また、初期（地震発生から3分後）の津波の予想高さの過小評価、停電等による一部での更新情報不達の発生、防御施設があることへの安心なども相まって、各地で津波からの避難の遅れが生じた。福島第一原子力発電所でも、多重に設計されていたはずの防護設備・安全設備が巨大津波により

同時に破壊され、深刻な事故につながった。

第2節　震災が破壊したパラダイム

　「従来までの常識と必要だった対応」　1995 年の阪神・淡路大震災後に設立された地震本部
では、30 年内の地震発生確率試算などからなる「長期評価」がおこなわれてきた。海溝沿い
のプレート境界型地震の長期評価は、過去の地震の発生履歴を重視し、同様の地震が将来も発
生するという仮定のもとにおこなわれていた。東北地方太平洋沖については、過去に M8 を超
える大きな地震が発生していたことが少し前から知られていたため、評価の見直しがおこなわ
れていたが、震災前に防災体制の強化には至っていなかった。

　また、上述の通り、東北沖地震発生直後には、初期段階の過小評価された津波高の予想情報
以降の通信の不達等により、多くの沿岸の住民等が適切な対応をとることができなかった。地
震が検知されてから津波が沿岸に到来するまでには 30 分程度以上の時間の余裕があったため、
正確な津波の予測情報が住民に確実に届いていれば、被害の様相は大きく異なっていたことが
想像される。

第3節　新しいアプローチ

　東日本大震災を受け、政府の中央防災会議は地震防災政策を見直し、「あらゆる可能性を考
慮した最大クラスの巨大な地震・津波を考慮すべき」とした[1]。この考え方に従い、西南日本
の南海トラフ沿いの領域と日本海溝・千島海溝沿いの領域について、M9 クラスの巨大地震モ
デルと津波想定などが公表された。津波への対応としては、従来想定されていたような数十年
から百数十年に一度程度の頻度で再来する規模の「レベル 1（L1）津波」と、数百年から千年
に一度程度の極めて低頻度で発生しうる最大規模の「レベル 2（L2）津波」の二つを想定すべ
きということになった[1]。L2 津波に対しては、防潮堤などのハード対策だけでは対応できない
ので、住民等の避難を軸にハードとソフト（構造物に頼らない対応）の総合的な対策をとると
いう基本的考え方が示された（図 34-1）。この考え方に沿う施策は、「津波防災地域づくりに
関する法律」（2011 年 12 月施行）によって法的に保障されることとなった。

　震災後の新たな防災政策の考え方は、避難のための迅速かつ確実な情報提供と、適切な対応
行動の重要度が増したことを意味している。震災後に改善された津波警報発表の仕組みでは、
すぐに地震の規模を把握するのがむずかしい M8 を超える巨大地震の場合には、最初の津波警
報（第一報）では最大級の津波を想定した発表をすることになった。しかし、警報で避難を促
しても実際に津波が来ないということが続くと、情報の信頼性が低下し、避難率が低下すると
いう問題が発生する（オオカミ少年効果）。早期に精度よく津波の高さを予想することができ
るようになれば、より適切な避難行動につながる。

　震災以降、日本海溝から千島海溝海域に至る東日本太平洋沖には、S-net と呼ばれるケーブ

ル式の観測網が新たに設置された。南海トラフ沿いの領域でも、同様に海底ケーブル式である
観測網 DONET の拡張と機能強化がおこなわれた。これらの観測網のデータや、陸域の GNSS
連続観測システム（GEONET）を使った即時的で正確な地震断層モデル推定と津波予測手法の
研究が大学と現業機関の共同研究などで活発に推進されており[2]、早期の実用化が期待される。

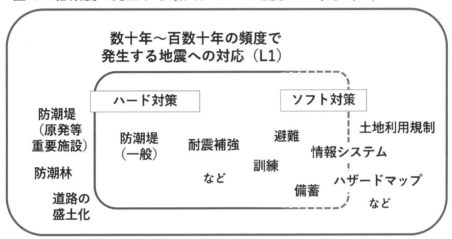

図 34-1　わが国の震災後の地震防災政策の考え方を示す概念図。数十年〜百数十年の頻度で発生する地震に対
しては、ハード対策を中心に被害を出さない防災が目標とされる。極めて低頻度で発生する最大クラ
スの地震に対しては、津波を遅らせたり弱めたりするための防潮林や盛土構造にした道路などを利用
した多重防御構造をつくることによって避難を容易にするなど、ソフト対策も含めた総合的な被害の
最小化が目標とされる。

第 4 節　到達点とこれから

「新たな災害科学の手法」　2017 年 11 月から、南海トラフ地震（南海トラフ沿いで発生する
M8 以上の巨大地震）に関する「臨時情報」が気象庁から発表される仕組みができている[3]。
この臨時情報は、巨大地震の発生する確率が平時より高まり、警戒が必要となった場合に発表
される。この情報が発表されるケースは複数あるが、本書執筆段階では、「M8 クラスの地震
発生後に、隣接区域で別の M8 クラスの地震の誘発が懸念されるケース」に主眼を置いた仕組
みとなっている（なお、このケースに発表される情報は、「南海トラフ地震臨時情報（巨大地
震警戒）」と呼ばれる）。この臨時情報が発表されたときに必ずしも地震が発生するとは限らな
いが、現在展開され強化されつつある観測網のデータを活用することにより、どの領域で地震
の切迫性が高まっているのかなどの評価が可能となる。この臨時情報の仕組みは、津波からの
早期避難を促すことにより被害を大幅に減らせる可能性を秘めている。

おわりに　〜執筆者から

　巨大地震による津波被害を軽減するためには、地震や津波の見通しに関して発表される情報を適切な防災行動につなげる必要がある。南海トラフ地震の臨時情報は「巨大地震が起こるかもしれない」という、不確実性を含むわかりやすいとは言えない情報だが、今後、研究者・行政（情報の出し手側）・市民（情報の受け手側）・メディアが協働し、この仕組みを継続的に改善しつつうまく使いこなせるようになれば、一層の被害軽減が実現されることになる。災害情報を社会でうまく使いこなしていくための取り組みに、社会構成員それぞれが主体的に参加することを期待したい。

参考文献

1) 内閣府.（2011）東北地方太平洋沖地震を教訓とした地震・津波対策に関する専門調査会, 中間とりまとめ〜今後の津波防災対策の基本的考え方について〜.
http://www.bousai.go.jp/kaigirep/chousakai/tohokukyokun/pdf/tyuukan.pdf.［2020 年 12 月 11 日アクセス］

2) Ohta Y., Inoue T, Koshimura S, et al.（2018）Role of Real-Time GNSS in Near-Field Tsunami Forecasting. Journal of Disaster Research, 13（3）: 453–459. https://doi.org/10.20965/jdr.2018.p0453

3) 福島洋.（2019）南海トラフ地震臨時情報：起こる「かもしれない」巨大地震への対応. なゐふる 119:4–5.
https://www.zisin.jp/publications/pdf/nf-vol119.pdf.［2020 年 12 月 11 日アクセス］

コラム2

震災流行語に要注意

川島秀一

東北大学災害科学国際研究所 シニア研究員

専門分野：民俗学

東日本大震災から 10 年が経とうとするなか、これまで主に行政や研究者、マスコミによって使用頻度が上がって、一人歩きを始めた一連の言葉がある。

「語りべ」に関しては、阪神・淡路大震災からすでに、「震災の伝承者」の意味で使われていたが、この 10 年間で大きく伸し上がってきたのは「伝承」という言葉である。なにも「災害の記憶」だけが、伝承の価値があるわけではないが、一手に引き受けた感じである。

ほかには、アメリカ社会学からの借り物の言葉である「コミュニティ」。いかにも分かったように使われているが、日本の共同体、とくに東北地方の集落のように、本家と分家の関係が濃厚な集落と、「契約講」を骨子とする集落では大きな違いがある。そのことを認識せずに「コミュニティ」という抽象化された言葉だけで被災地の復興状況を捉えることは難しい。あるいは、被災地の文化に関わりやすいせいもあったのだが、「民俗芸能」だけが「民俗」であるかのように、そのレスキューに血道を上げた動向も、反省の必要がある。

これらの言葉や言動を、再度、本質的な議論を通して考え直すことが、これからの災害研究には欠かせないだろう。

ある県の震災復興の「語りべ」育成事業の説明会に出席した語り部志望者は、県から委託されたコンサルが、東京電力の原発事故による放射能汚染やトリチウム水の海洋放出の問題には触れないようにと勧められたという。

「語りべ」という言葉がいかにあやしいものであるかが分かったと共に、スポンサーである国や県、企業に忖度するような事業や研究は、ろくな成果をもたらすことができないことも露呈した出来事であった。

これは、必ずしも災害研究にかぎることではないが、研究者自身が「自立」の意識を保ちながら事に当たらないかぎり、今後は日本の大学から創造的な学問は、とうてい生まれることはないであろう。

第 3 部
東日本大震災によって進化した健康の科学

35章　災害医療の深化

専門分野：災害医療国際協力学

執筆者：江川新一

要約

わが国の災害医療体制は阪神淡路大震災に始まり、東日本大震災を経て強化された。すべての災害で人々の健康に被害が起きるが、災害ごとに必要な医療ニーズは異なることを理解し備える必要がある。仙台防災枠組ではじめて災害から「からだとこころの健康」を守る考え方が取り入れられ、災害医療の事前の備えは重要性を増している。普段から健康な社会をつくる努力こそが、防災（災害リスクを小さくすること）につながるのだ。

キーワード：災害医療体制、医療ニーズの変化、情報共有、コーディネート、業務継続計画、仙台防災枠組、平均寿命と災害リスク

はじめに

　1995 年の阪神淡路大震災の経験から整備されたわが国の災害医療体制は、東日本大震災のときにも有効に機能し、多くの人命を救った。しかし、外傷の数よりも慢性疾患やこころのケア、地域医療の復旧と復興が大きな課題となり、災害医療体制には大きな変革が起きた。

第1節　東日本大震災が明らかにした問題

　「何が起きたのか？」　わが国の災害医療は、建物の倒壊により 4 万人（死者 6000 人）を超える負傷者がでた阪神淡路大震災の経験をもとに、平時の医療を提供できていれば「防ぎえた災害死亡」を減らすための体制が整えられていた。全国に 700 以上の災害拠点病院（Disaster Base Hospital）が認定され、発災後 24〜48 時間という早い時間で被災地に到着し、現場での救急医療支援ができる災害派遣医療チーム（Disaster Medical Assistance Team: DMAT）を災害拠点病院から派遣することができる。被災地の中では十分な医療を提供することが困難なので、遠隔地の災害拠点病院に搬送するための広域搬送、どの患者を優先するかを決定するための Staging Care Unit（SCU）、およびその情報を共有するための広域災害救急医療情報システム（Emergency Medical Information System: EMIS）が兵庫県をはじめとして全国に整備されていた（図 35-1）。

　「被害の実態」　東日本大震災の被災地では、津波によって 2 万人近くの死者・行方不明者を

出したが、30-40年ごとに起きる宮城県沖地震、阪神淡路大震災での経験から建物の耐震化が
進んでおり直接の負傷者数は6000人に減少した。しかし、一時期は40万人以上が避難所で生
活し、津波で薬が流された慢性疾患や花粉症などの非感染性疾患（68%）、衛生状態の悪化に
よる風邪や下痢などの感染症（22%）、睡眠障害や不安などのメンタルヘルスの問題（6%）、が
れきの片づけなどに伴う軽度の外傷（4%）、妊娠や出産などの母子保健（0.3%）が避難所や自
宅などでの医療ニーズだった（図35-2）[1]。

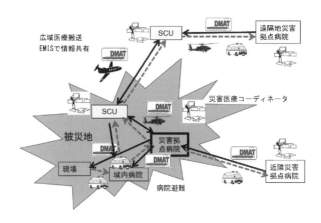

図 35-1　わが国の災害医療体制

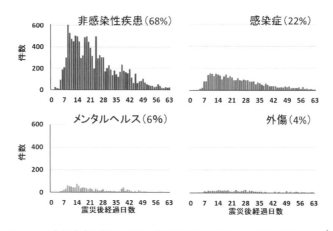

図 35-2　東日本大震災後の南三陸町における医療ニーズの時間的推移[1]

第2節　震災が破壊したパラダイム

「従来までの常識と必要だった対応」　阪神淡路大震災の経験から樹立された災害医療体制で
は、地震で外傷者が多発し、被災地では救うことのできない重症者を医療資源のある病院に搬
送し救命することが中心だった。災害拠点病院は耐震化や非常用電源は装備しており、病院機
能を喪失することの予測と備えは少なかった。福島第一原子力発電所の事故に伴って、患者と

医療従事者の安全を守りながらどう支援するかは全く未経験のミッションだった。

　東日本大震災では、外傷の治療よりも、被災地医療の需要と供給のアンバランスをどう支援するかが大きな課題となった。気仙沼地区では血液透析ができる病院が少なくなったために、透析を必要とする患者を、仙台にある東北大学病院で中継の透析を行い北海道や日本海側、首都圏の病院に遠隔搬送するミッションが行われ、透析ができないために亡くなった患者はいなかった。空間線量の測定と被ばく上限値を見定めながら計画的に病院避難を遂行したことによって、避難の過程でさらなる犠牲者を出さずにすんだ。疲れ切った医療従事者の代わりになる人材を派遣して休養をとってもらうことも大きな意義があった。阪神淡路大震災の経験から長期的に孤独死などが起き、災害後のメンタルヘルスケアが重要であることが知られていたため、早期からこころのケアチームが被災地に数多く入り、その後も長期間にわたって継続的なケアを行っている。生活不活発病は高齢者が動けなくなる原因となるため、早期からリハビリの支援も行われた。避難所での健康状態を把握する保健師などの人員不足に対して全国から保健所の支援も行われた。放射線への曝露を最小限にしながら被災者の健康を維持するためにさまざまなアプローチで支援がなされた。

第3節　新しいアプローチ

　東日本大震災をきっかけに、災害における健康被害と医療ニーズは常に変わりうることが明らかとなり、適切に対処するための災害医療体制の見直しがなされた[2]。広範囲に多発する医療ニーズへの適切な支援のために、災害医療コーディネータが各都道府県で任命され、災害拠点病院やDMAT、広域搬送システム、SCUなどの組織がより効率的に機能するための役割を担っている[2]。DMATの役割は被災地の病院を支援することに重点がおかれ、EMISは支援すべき病院や避難所、各DMATチームの所在地などをリアルタイムに表示でき、効果的な情報共有がなされるようになった。災害拠点病院は自らも被災する可能性に対して業務継続計画（Business Continuity Plan: BCP）を策定することが義務付けられた。災害時に精神疾患の患者に対する医療を専門的に支援する Disaster Psychiatry Assistance Team（DPAT）、リハビリを支援する Japan Rehabilitation Assistance Team（JRAT）、保健所などの公衆衛生を支援する Disaster Health Emergency Assistance Team（DHEAT）、小児や透析患者など特殊な医療を必要とする患者を支援するためのリエゾンチーム、避難所の健康状態を把握するチームなどが形成され、南海トラフ地震や首都圏直下型地震を想定した実働訓練で、災害保健医療調整本部での活動訓練がなされている。

第4節　到達点とこれから

　「新たな災害科学の手法」　2015年に第3回国連防災世界会議で採択された仙台防災枠組では災害で「からだとこころの健康が被害を受ける」ことが初めて明記され、健康という単語の

使用回数が大幅に増えた[3]。災害のリスクは、ハザードと暴露、脆弱性、対応能力の欠如のそれぞれのリスクの関数によって計算できるが、各国の健康の総合的な指標である平均寿命と災害リスクは逆相関することが明らかとなっている（図35-3）[3]。わが国は地震や津波、台風などハザードと暴露リスクは高いが、貧困や低栄養、乳児死亡率などの脆弱性リスクと、医師不足や医療へのアクセス困難などの対応能力欠如リスクは低い。したがって、総合的な災害リスクも低く、かつ長寿である。普段から健康な社会は災害にもレジリエントな社会なのである。

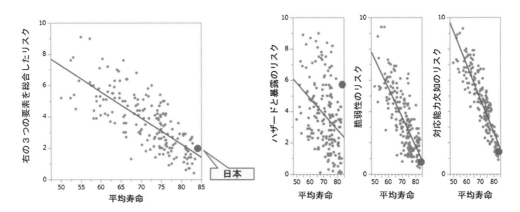

図35-3　平均寿命と災害リスク（INFORMリスク係数）は逆相関する。総合リスクは、ハザードと暴露、脆弱性、対応能力欠如のリスクをそれぞれ掛け合わせたもの。[3]

おわりに　〜執筆者から

　災害は人間の一生よりも長いサイクルでやってくる。災害が起きると大騒ぎになるが、世代を超えて災害の記憶は続かないことが多い。忘れてしまうのも人類が生存していくのに必要な機能だ。また、つぎの災害では社会が変化しているので、それまで予想もしない健康被害が起きる可能性も高い。災害を乗り越えて健康な社会を築くにはどうしたらよいかを長い目、大きな視点で考えてほしい。

参考文献

1）厚生労働省. (2011) 災害医療体制のあり方に関する検討会報告書
　　https://www.mhlw.go.jp/shingi/0106/s0629-3.html［2020年7月6日アクセス］

2）Suda T, Murakami A, Nakamura Y, et al. (2019) Medical needs in Minamisanriku Town after the Great East Japan Earthquake. Tohoku Journal of Experimental Medicine. 248(2): 73–86. https://doi.org/10.1620/tjem.248.73.

3）Egawa S, Jibiki Y, Sasaki D, et al. (2018) The correlation between life expectancy and disaster risk. Journal of Disaster Research 13(6): 1049–1061. http://doi.org/10.20965/jdr.2018.p1049

36章 災害とメンタルヘルス

専門分野：災害精神医学

執筆者：**國井泰人、富田博秋**

要約

わが国における災害時メンタルヘルスは阪神淡路大震災に芽生え、東日本大震災を経て結実し、災害派遣精神医療チーム（DPAT）の組織化、中長期の支援活動など一定の成果を示してきた。今後は、被災実態の把握による科学的根拠に基づく支援、さらに、遠隔支援、バイオセンシング、AI、脳科学、ロボット工学、バーチャルリアリティ等の科学の手法を取り入れて、災害への備えを充実させる必要がある。

キーワード：DPAT、こころのケア、心的外傷後ストレス反応、原子力発電所事故、被災コミュニティ、先進技術の利用

はじめに

　わが国では古くから大地震、大津波などの記録が存在するが、災害時あるいは災害後の心のケアの必要性が認識されたのは、比較的最近の阪神淡路大震災の後になる。その後の新潟中越地震、東日本大震災等の経験を経て災害時のメンタルヘルスの重要性は広く認識されるようになった。

第1節　東日本大震災が明らかにした問題[1]

　「何が起きたのか？」　阪神淡路大震災以降の災害を経て、東日本大震災発災時には精神科医等の専門家の間にメンタルヘルスの必要性の認識が浸透しており、発災直後より多くの支援が行われた。岩手県では、県内外から計29のこころのケアチームが活動を行い、延べ9811名の被災者に、5553件の診察、2083件の処方が行われた。宮城県では33チームの派遣を受け入れ、相談対象者は12794人に上った。福島県では災害対策本部が転院対応にあたる一方、精神保健福祉センターが相談電話を開始、福島県立医科大学とともに避難所支援を開始した。県外からも多数のチームが支援に訪れ、福島第一原子力発電所のある相双地区で54、全県で90のチームが活動した。

　「被害の実態」　東日本大震災は、精神科診療体制へ空前の影響を与えた災害である。岩手県の精神科病院は被害は軽度であったものの、宮城県では沿岸部3病院で津波が病棟に浸水し、

24名の患者が他界、300名の患者が転院を余儀なくされた。福島県では1病院が地震により、1病院が津波浸水のため入院患者が施設内の避難・移動を余儀なくされ、相双地区に位置する5病院が津波に続いて起きた福島第一原子力発電所の事故により稼働できなくなり、入院患者710名が避難・転院を余儀なくされ、この地域の精神医療は一時壊滅状態となった。その後、2病院は何とか稼働を再開させたが、原発20km圏内に位置する2病院は閉鎖、1病院は圏外に診療所を開設する形で大半の職員の退職、規模縮小を余儀なくされた。以上のような甚大な被害を受けないまでも、食糧、燃料、医薬品の入手、水道、電話、職員の通勤等に支障が出た医療機関は多かった。

第2節　震災が破壊したパラダイム

　「従来までの常識と必要だった対応」　東日本大震災発災時には、阪神淡路大震災の経験から多くの精神医療従事者は災害支援における意識づけがなされており、また、これまでの支援活動の中で集積されてきた知見が指針や心構えの形で公表されていた。しかし、これらのマニュアルが事前に共有されていたり、トレーニングが実施されていたわけではない。また、東日本大震災における「こころのケア」活動の体制や方針は、発災後に手探りで確立されたものである。基本的な方針が平常の精神保健に関わる組織によって事前に策定され、関係者がその方針を共有し習熟しているか否かで災害対応の効率は大きく異なると考えられ、今後の課題である。

　また、東日本大震災の津波により引き起こされた原子力発電所事故という先例のない事象は、地震・津波による直接被害とは別に検証すべき複雑で重要な課題を含んでいる。東日本大震災以前、原子力災害を想定した災害対応の備えはなされていなかった。収束の見えない事故後の状況は地域住民のメンタルヘルスに広範な影響を及ぼすことが分かっており[2]、原子力災害は再び起こるという想定のもと、その検討を進める必要がある。今般の新型コロナウイルス感染症によるパンデミックも五感で感知できず、終息が見えない災害であり、罹患者のスティグマの問題など原発事故後の状況と類似しており、これらの特殊災害についても十分な備えをしておくべきである。

第3節　新しいアプローチ

　東日本大震災発災時点では、被災地域の精神医療対応や精神保健支援活動については体系だった支援体制の整備はなされてはいなかったが、東日本大震災での教訓を経て、災害派遣精神医療チーム（Disaster Psychiatric Assistance Team: DPAT）（図36-1）が組織されるに至った。DPATが組織されたことで、発災直後からの指揮命令系統の明確化、情報の集約、災害医療支援全体の枠組みでの連携体制の構築、事前の登録や訓練の導入などの体制ができ、その後、熊本地震などで比較的円滑に被災精神科病院からの患者搬送を行うなど成果を上げてきている。

首都直下型地震や南海トラフ大地震のような大規模で長期の支援体制が必要となる事態に備えて、今後、より幅広い領域の精神医療保健専門家が効果的に災害支援に関わるための方針を定め、その方針をコミュニティ全体と共有していく必要がある。

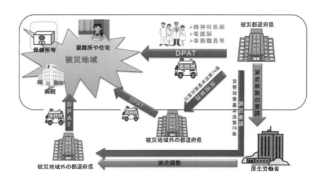

図 36-1　災害派遣精神医療チーム
（Disaster Psychiatric Assistance Team: DPAT）

また、東日本大震災に基づくエビデンスとしては、東北大学と宮城県七ヶ浜町の共同事業で震災以降継続している調査によって、メンタルヘルスへの悪影響が長期にわたって持続することがあらためて示され（図 36-2）、被災者の示す心的外傷後ストレス反応（被災体験のような、あたかも心が外傷をうけたような体験をした後に生じる反応）や心理的苦痛、不眠は人との交流、飲酒、運動習慣などによって変動することも明らかとなった[3]。これらは、震災後の被災コミュニティの精神的

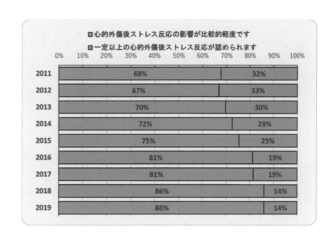

図 36-2　東日本大震災後の宮城県七ヶ浜町における心的外傷後ストレス反応の経時的推移

健康の把握、支援、見守りをより長期にわたって継続することの必要性を示している。

第 4 節　到達点とこれから

「新たな災害科学の手法」　阪神淡路大震災以降大規模災害後のメンタルヘルス支援として、心のケアセンターを中心にアウトリーチ支援やサロン活動等の支援などが展開され一定の効果を示してきたが、精神保健関係者のマンパワーにも限界があり、科学的根拠に基づく評価法や予防、ケア、治療など新たな災害精神医学の手法の確立が求められている。新型コロナウイルス感染症流行という特殊災害下のメンタルヘルス対策では、オンラインツールを用いた遠隔支援が実施されてきており、また、活動量、睡眠、自律神経機能のバイオセンシングによるモニタリングの活用などの試みが始まっている。また、これらの先進技術を用いて得られる膨大な情報を処理するための AI 技術や、脳科学、ロボット工学、バーチャルリアリティ技術といった新たな介入アプローチの導入も期待される。

おわりに　～執筆者から

　阪神淡路大震災から東日本大震災に至る年月は精神医療・保健に関わる者に、災害発生後の
メンタルヘルス対応の必要性を浸透させた。しかし、これらの震災を経験しても尚、備えや対
応の方策には大いに改善の余地を残している。首都直下型地震や南海トラフ大地震が発生し際
に悔いを残さず、これまでの震災で経験した教訓が生かされるかどうかは、これからの取り組
みにかかっている。

参考文献

1）富田博秋.（2018）阪神・淡路大震災から東日本大震災では何を継承し、どう対応したか.
　　精神医学 60（12）: 1363-1374. https://doi.org/10.11477/mf.1405205734

2）Kunii Y, Suzuki Y, Shiga T, et al.（2016）Severe Psychological Distress of Evacuees in Evacuation Zone Caused by the
　　Fukushima Daiichi Nuclear Power Plant Accident: The Fukushima Health Management Survey. PLoS One 11（7）:
　　e0158821.doi: 10.1371/journal.pone.0158821

3）Utsumi Y, Nemoto H, Nakaya N, et al.（2020）The Impact of Health Consciousness on the Association Between Walking
　　Durations and Mental Health Conditions After a Disaster: a Cross-Sectional Study. Sports Medicine Open 6（1）:30. doi:
　　10.1186/s40798-020-00259-6

37章 災害と女性の健康

専門分野：災害産婦人科学

執筆者：三木康宏、伊藤　潔

要約

災害時の女性医療は、産科と婦人科の連携だけでは対応できない問題が多く、さらに小児・周産期医療やメンタルヘルスなど、様々な領域との連携が必要となってきた。さらに災害時の女性の健康管理では、医療施設やシステムの復旧だけでは解決できない点も明らかとなり、今後、それらを丹念に分析し、包括的に災害産婦人科医療を構築していかなくてはならない。

キーワード：災害産婦人科学、産科、婦人科、がん検診、インクルーシブ防災

はじめに

　産婦人科ではその名のとおり、産科と婦人科双方の対応が求められる。災害時とその後の対応において、両科の連携だけではなく、種々の診療科との連携が必要である。災害に直面したことで、災害産婦人科学は女性医学領域を広くカバーする学問・診療体系へと進化を遂げつつある。

第1節　東日本大震災が明らかにした問題

　2005 年に開催された第 2 回国連防災世界会議では、今後 10 年間の防災活動の基本指針としての「兵庫行動枠組」が採択された。国、地方が防災を優先課題とすることや緊急対応の強化などが功を奏し、その後 10 年間の災害による死者数の増加を抑えたと評価されている。一方で、その 10 年間においても大規模な災害は多くの犠牲を生じ、近年の気候変動に伴う小規模災害など、その被害も多様化している。とくに女性や子どもなど弱い立場にある人は著しい影響を受けていることが指摘されている。東日本大震災禍において、日本人の助け合いの精神が注目されてきた。しかし、日中の自宅の片づけや肉親捜しを終えて避難所に戻ってくると、女性のみに夕食当番が待っているという事例も報告されている。このように個々の事例を拾い上げていくと、男性中心の防災が女性のメンタルや健康に大きく影響をおよぼしてきたことが見えてくる。2015 年に仙台市で開かれた第 3 回国連防災世界会議にて、「仙台防災枠組」が採択され、そこには女性や若者のリーダーシップの重要性が掲げられており、ステークホルダーとしての女性の役割が期待されている。「仙台防災枠組」には「母親・新生児・子供の健康」「性

と生殖の健康」が新たなキーワードとして加わり、今後、産婦人科学や女性医学が防災へ果たす役割は大きいものと考えられる。

第2節　震災が破壊したパラダイム

「従来までの常識と必要だった対応」
災害サイクルと産婦人科の対応について図37-1にまとめた[1]。産科に関して、東日本大震災時では「母子健康手帳（母子手帳）」の紛失が相次ぎ、紙ベースでの管理の脆弱性が指摘された。岩手県ではネット回線による「周産期医療情報システム いーはとーぶ」が2009年に整備され、登録された母子手帳の電子データから母子手帳が復元されている。このような災害に強い母子保健情報の管理システムの構築が必須である。

　婦人科に関しては、東日本大震災発生直後、手術は中止となり、がん患者に対する日常診療も中断した[2]。手術や外来は震災後11日目に、抗がん剤投与や放射線療法は3週間程度で再開された[2]。医療体制の早期回復のためには、新たな情報システムの構築と施設・機材の復旧といった、ソフトとハード双方の速やかな対応が求められる。

　災害サイクルの慢性期以降においては、緊急的な対応から、メンタルケアや健康管理に目が向けられつつある。宮城県対がん協会による巡回バスでの子宮頸がん検診（集団検診）では、4月から順次、巡回が再開され、被害の大きかった沿岸地域も翌年2月には再開された[3]。診療所や検診システムの迅速な復旧により、受診率も速やかに回復するものと考えられていたが、実際は災害から5年経っても、震災前年の受診率の水準にまで回復していない地域が多かった（図37-2）[3]。つまり、健康管理においてはソフトと

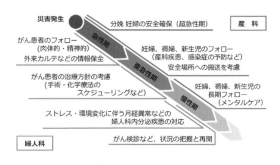

図37-1　災害サイクルと産婦人科疾患

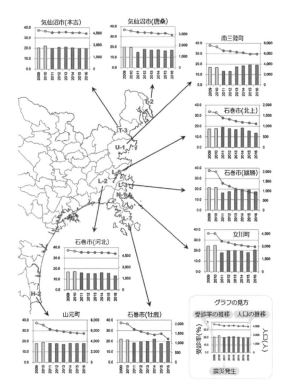

図37-2　宮城県沿岸地域における子宮頸がんバス検診の受診率の推移と人口の推移

ハードの復旧だけでは復興できない問題があることを意味している。

第 3 節　新しいアプローチ

　東日本大震災禍において、妊娠初期の受診が遅れ、妊婦検診を受けることもできず、さらに母子手帳の紛失も重なり、「飛び込み分娩」が多く発生した。第 2 節で述べたとおり、医療情報の電子化とネットワークの構築（図 37-3）が急務である。また、母子手帳をスマートフォンなどで撮影し、遠隔地の親族と共有するなど、個人レベルでの対策も大事である。

　婦人科領域では、被災女性が自身の健康管理に留意できる環境を整備しなくてはならないが、何が欠けており、何が必要とされていたのか？を今後、詳細に調査する必要がある。広域かつ甚大な災害では長期的な避難生活を強いられるが、災害後の女性の健康を長期的に管理するために、メンタルケアの充実（ストレスへの対応）、女性目線での災害対策（避難所・仮設の運営を含む）と普段の防災意識など、包括的な対策・行動が必要とされる（図 37-3）。

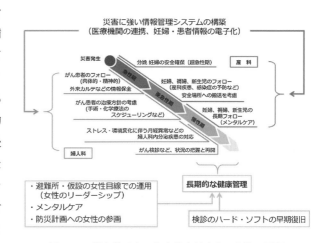

図 37-3　災害サイクルと産婦人科疾患：今後の展開

第 4 節　到達点とこれから

　「新たな災害科学の手法」　産後に十分なケアを受けることができずに退院した褥婦は、その後半年にわたって過大なストレスに曝されていたことが報告されており、産科、さらに周産期（妊娠 22 週から出生後 7 日未満まで）・小児医療と災害医療との連携の必要性が浮き彫りとなってきた。さらに「少子化社会対策大綱（平成 27 年）」では、乳幼児や妊産婦に配慮した防災行動・訓練の普及、子供を守るための関係機関の連携の強化が強調されている。これを受け、さらに厚生労働省による災害時小児周産期リエゾンの養成へと展開されている。また、日本産科婦人科学会では災害時の病院間情報共有システム PEACE（Perinatal Early Assessment and Communication system for Emergencies）の立ち上げを図っている。今後、産科・婦人科内の連携のみならず、さらに多くの女性医学に関連する診療科の連携が求められ、統合的な災害産婦人科学の構築が課題である。

おわりに　〜執筆者から

「仙台防災枠組」の基本指針の一つである「女性のリーダーシップ」について、本項では女性医療の観点からその重要性を考えることができたのではないだろうか。また、「仙台防災枠組」の重要なキーワードとして「年齢」「ジェンダー」「障害」があげられる。どのような立場の人であっても孤立することなく、排除されないようにお互い支えあう、包み込まれるような社会を「インクルーシブ社会」と呼ぶ。「インクルーシブ防災」を達成するためには、日々、意識することなくとも「インクルーシブ」が実行される社会でなくてはならない。

参考文献

1）伊藤潔、三木康宏.（2012）災害産婦人科学とはなにか？ 医学のあゆみ 242（12）, 949-950.

2）平川新、今村文彦、東北大学災害科学国際研究所 編著.（2013）東日本大震災を分析する 2.　第 4 章 大震災時の産婦人科医療（伊藤潔・菅原準一）pp55-67. 明石書店（東京）ISBN: 9784750338248

3）Miki Y, Tase T, Tokunaga H, et al.（2020）Cervical cancer screening rates before and after the Great East Japan Earthquake in the Miyagi Prefecture, Japan. PLOS ONE. 15（3）, e0229924. doi: 10.1371/journal.pone.0229924.

38章 災害と公衆衛生学

専門分野：災害公衆衛生学

執筆者：栗山進一

要約

東日本大震災では、①「すぐに逃げなかった」心理、②発災直後の対策、③中長期的健康課題の実態解明とその対策が、災害公衆衛生学の大きな課題として浮き彫りになった。集団全体に介入すること、津波にのみこまれても救命の可能性が高まる対策を立てること、中長期的にはメンタル面や身体面での多くの課題に対する対策が必要である。

キーワード：公衆衛生、ポピュレーションストラテジー、フロートパック、健康調査、中長期的健康影響

はじめに

災害公衆衛生学では、予防医学である公衆衛生学の手法を用いて、発災前、発災直後、発災後の中長期のそれぞれのステージで減災をめざす。

第1節　東日本大震災が明らかにした問題

「**被害の実態**」　東日本大震災では、死者は 1 万 5899 人、行方不明者は 2529 人に上っている（2020 年 3 月 7 日警察庁）。東日本大震災の犠牲者の死因のほとんどは溺死であったが、他にも有害物質をのみ込むことによる呼吸困難、がれきなどによるけが、低体温、火災による焼死など種々の原因が存在した。東日本大震災の発生後、同震災による負傷の悪化などによる震災関連死が出現している。さらに東日本大震災が原因となって出現してくる心身の健康課題の実態は、そのほとんどは不明のままである。

第2節　震災が破壊したパラダイム

「**従来までの常識と必要だった対応**」　多くの方が亡くなり、さらに中長期的な健康課題が懸念される。その原因として少なくとも以下の 3 つが考えられる。

①「すぐに逃げなかった」心理：

なぜ溺死が多かったのか。大きな原因のひとつは、「すぐに逃げなかった」という点があげ

られる。「ここまでは津波は来ないだろう」、「自分だけは大丈夫である」といった思い込みが
早期の避難を妨げた可能性がある。
②発災直後の対策：
　万が一津波にのみ込まれても、死に至る危険性を少しでも減らす対策が必要である。
③中長期的健康課題の実態解明とその対策：
　震災関連死に加え、大災害後にどのような健康被害が出現してくるのかについての実態把握
と、それに伴う対策の立案、実践が必要である。

第3節　新しいアプローチ

①「すぐに逃げなかった」心理：

　公衆衛生学・予防医学では、感染症
対策やがん、循環器疾患などの生活習
慣病にならないようにすることを目指
す。これまで痛くもかゆくもない方々
に禁煙や減塩を推奨し、実際にこれを
実現してきた。「タバコを吸うと肺が
んになりますよ」と言っても、人はそ
う簡単には行動を変えないというの
が、公衆衛生学がもっている最も重要
な知見のひとつである。ではどのよう
な対策を行ってきたのか。そのひとつ
のまとめが図 38-1 である。ここでい
う「ポピュレーションストラテジー」

（1）広報活動・環境整備
　（例：メディアなどを通した広報活動、施設の禁煙・完全分煙、遊歩
　　　道・公園整備、飲食施設でのヘルシーメニュー、など）

（2）自治体保健事業を活用して、広く介入
　（例：健康教育など参加者への働きかけ）

（3）義務教育と連携
　（例：小・中学校の児童・生徒や親への働きかけ）

（4）税・経済的誘導/インセンティブ・企業の取り組み
　（例：タバコ税の値上げ、健康保険の保険料の差別化、
　　　非喫煙者用保険商品、禁煙補助製品の販売）

（5）法令による社会通念の形成
　（例：シートベル着用、未成年の禁煙・禁酒、自販機撤去条例、
　　　生活環境条例（千代田区）、健康増進法、食育基本法）

**図 38-1　公衆衛生学は痛くもかゆくもない人々の行動を変容
させてきた健康意識と防災意識の向上：ポピュレー
ションストラテジーの例**

とは、「ハイリスクストラテジー」と対比される語で、対象を一部に限定しないでリスクの高
い低いに関わらず集団全体に介入していく戦略である。災害においても同様で、リスクの高い
低いに関わらず、常日頃から防災・減災のための意識付けと行動のための訓練をみんなで行う
ことが重要である。

② 発災直後の対策：

　災害が起こった際には、必要に応じ避難する。そ
の避難の際に「非常用持出袋・緊急避難セット」を
もつことも多い。その持出袋にライフジャケット機
能を持たせることで、例えば津波にのみ込まれた場
合でも、救命の可能性を高めることができる。われ
われは図 38-2 のような非常用持出袋付きのライフ
ジャケットを考案しており、「フロートパック」と

図 38-2　フロートパック

命名している。

　東海・東南海・南海地震では、地震後 2 分で 34 m の津波の襲来が想定されている地域もある。また、近年の豪雨によって、突然洪水が押し寄せてくる場合もある。フロートパックをはじめとした具体的な取り組みが必要である。

③ 中長期的健康課題の実態解明とその対策：

　大災害後にどのような健康被害が出現してくるのか。われわれは大規模な健康調査を複数実施し、健康課題の抽出とともに必要な対策立案とその実践を行っている。これまでに東日本大震災に関連する英文原著論文 24 編を公表している。

（1）東日本大震災被災地の小児保健に関する調査研究（厚生労働科学研究費補助金）

　東日本大震災による子どもの発育への影響を明らかにするために、全国の保育所で実施・保管されている身体測定データを収集した。全国 3,624 保育所から調査票が返送され、調査票数は 69,004 件にのぼる。

　調査の結果、4〜5 歳の時点に震災を経験した子どもにおいて、震災から約半年後に過体重となっていた子どもの割合が多く、男児では被災が特にアトピー性皮膚炎の増加と有意な関連が認められ、女児では被災が特に喘息の増加と有意な関連が認められる傾向にあった[1]。

（2）地域子ども長期健康調査

　平成 24-27 年度に宮城県内 28 市町村の小中学生の保護者を対象に「地域子ども長期健康調査」を実施し、4 年間で累計 17,043 人にご協力いただいた。その結果、津波や住居環境の変化を経験した子どもは経験していない子どもに比べて、アトピー性皮膚炎の症状をもつ子どもの割合や、こころの所見のある子どもの割合が大きい傾向にあることを見出した[2]。調査の集計結果は、市町村および各地の教育委員会にお知らせしている。

（3）三世代コホート調査

　三世代コホートは 2013 年 7 月 19 日に県南の医療機関で始まった（図 38-3）。世界初の出生三世代デザインを採用し、7 万人以上の方々にご参加いただいている[3]。

- ・ **対象地域**:宮城県全域・岩手県の調査指定地域
- ・ **対象者**:20,000人の妊婦・胎児および児（子ども）の父親・祖父母・その他の家族（20,000家系、70,000人以上）
- ・ **方法**:出生(胎児)コホートとその家族
- ・ **登録場所**:
  - ・ 産科施設または地域支援センター
  - ・ 妊娠が判明し診療所・病院を受診した宮城県・岩手県在住の妊婦とその胎児をリクルート
- ・ **父親・祖父母**:
  妊婦の夫・祖父母にも協力を呼びかけ、個別にインフォームド・コンセントを行う

イラスト製作 椿野るな子

※両親の同意のもと可能であれば児の兄弟の情報についても

図 38-3　三世代コホート調査

　三世代コホートから震災時に住んでいた自宅の被害を経験した妊婦さんは、被害のなかった妊婦さんに比べると、夫／パートナーの喫煙割合が高くなっており、妊婦さん自身の喫煙割合も高い傾向があった。年齢・地域を補正しても同様な結果であった。こうした「妊婦の喫煙率が高い」との調査結果を受けて、石巻市では、2019年1月に石巻市立病院で禁煙外来を新設している（図38-4）。

コホート調査の結果から統計的な健康関連情報を市町村に提供（累計65件）し、必要な対策に反映

市町村の対策への反映例

市町村	登米市	石巻市	南三陸町
調査結果	推定塩分摂取量が高い	妊婦の喫煙率が高い	こころの健康が悪化している
対策	減塩対策の機運が高まり保健指導を開始	石巻市立病院で禁煙外来を新設	・災害支援センターの職員によるこころの見守り強化 ・専門性の高い職員の志津川保健センターへの常駐

図 38-4　長期健康調査とその後の対策

おわりに　〜執筆者から

＜「教訓」は残し、「禍根」を残さず＞
　東日本大震災の健康影響は、次世代の被災地住民、つまり今の子どもたちに健康上の大きな負の遺産を残すことになる可能性がある。震災の"教訓"は残さなければならないが、病気の増加など"禍根"は残したくないものである。

参考文献

1）Ishikuro M, Matsubara H, Kikuya M, et al.（2017）Disease prevalence among nursery school children after the Great East Japan earthquake. BMJ Global Health. 27;2（2）:e000127. doi: 10.1136/bmjgh-2016-000127. eCollection 2017.

2）Kuniyoshi Y, Kikuya M, Miyashita M, et al.（2019）Prefabricated Temporary Housing and Eczema or Respiratory Symptoms in Schoolchildren after the Great East Japan Earthquake: The ToMMo Child Health Study. Disaster Medicine and Public Health Preparedness. 13（5-6）: 905-911. doi: 10.1017/dmp.2019.8.

3）Kuriyama S, Metoki H, Kikuya M, et al.（2020）Cohort Profile: Tohoku Medical Megabank Project Birth and Three-Generation Cohort Study（TMM BirThree Cohort Study）: rationale, progress and perspective. International Journal of Epidemiology. 49（1）: 18-19m. doi: 10.1093/ije/dyz169.

39章 災害と医療情報（診療記録）

専門：災害医療情報学

執筆者：**藤井　進、中山雅晴**

要約

医療情報技術の発展は、診療の効率化だけでなく医療安全面にも貢献している。東日本大震災を機にデータの遠隔地保存や地域間の情報共有の意義が再認識された。医療情報の災害対策には、平時と災害時の医療をシームレスに結びつけることが重要であり、普段の医療現場で有効に活用される情報システムの確立および災害時にも利用できる環境の構築が必要である。

キーワード：医療情報、PHR、医療 ICT、地域連携システム、遠隔地保存

はじめに

　IT（Information Technology：情報技術）は医療の効率性や安全面において重要な役割を担っている。東日本大震災では多くの病院で病院情報システムは維持されたが、被災直後は電源供給の不安定さから運用が困難となった。また津波の被害を受けた病院では診療記録が消失するなど、医療情報が滅失しないような対策の必要性がこれまで以上に認識された。

第1節　東日本大震災が明らかにした問題

　「何が起きたのか？」　IT 技術の進化は、医療に求められる高い専門性や複雑性、安全性、迅速性への対応など、医療の質の向上に欠かせないものとなっている。病院情報システムがなければ検査や処方、病名などが確認できず、患者の正しい状態把握に時間がかかってしまう。例えば薬の飲み合わせや量、アレルギーなど、システムが禁忌・誤薬チェックすることで安全性に貢献しているが、それらが困難となる。

　こうした医療業務の IT 化により診療記録は紙の記録から電子化され、電子カルテ情報（医療情報）として病院情報システムサーバに保存されるようになった。システムの停止は医療業務に多大な影響を与えることから、サーバの二重化や非常用の電源を用意するなど安定稼働に向けた対策がとられている。またハードウェア故障による医療情報消失に備え、バックアップを実施するなど、システム障害を網羅的に想定し対応している。震災への対応もその延長線上で備えていた。

　「被害の実態」　東日本大震災において厚生労働省の調査報告[1]では、「岩手・宮城・福島」

の3県での医療機関の被害は表39-1の通りである。総務省の調査報告[2]では、27.3%(n＝11)の病院でデータ損失があり、60%(n＝15)の病院で利用できなかった業務システムがあるとされている。さらに被災前に災害訓練の実施や対応マニュアルを用意していた病院は78.9%(n＝19)となっているが、津波の想定などはそれを超える状況であったとされている。日本医療情報学会の資料[3]には、被災早期に約60%(n＝55)の病院情報システムが稼働困難であったとされている。津波被害を受けていない場合、多くは3日後には通常稼働になったとされ、早期の稼働困難の理由には被災直後の電源供給が不安定であったことが原因の1つに報告されている。また津波による紙カルテやバックアップデータの喪失により、診療記録（医療情報）の復旧が困難となった事例も報告されている。

表39-1　被災地の病院・診療所の被害状況

	病院数	全壊	一部損壊	診療所数		全壊		一部損壊	
				医科	歯科	医科	歯科	医科	歯科
岩手県	94	3	59	927	613	38	46	76	79
宮城県	147	5	123	1,623	1,065	43	32	581	367
福島県	139	2	108	1,483	919	2	5	516	374
計	380	10	290	4,033	2,597	83	83	1,173	820

厚生労働省医政局平成23年7月11日時点まとめ

第2節　震災が破壊したパラダイム

「従来までの常識と必要だった対応」　病院情報システムはシステムダウンを回避するため、サーバや供給電源装置などを二重化し稼働率を向上させる、いわゆる冗長性によるシステム障害対策が一般的であった。またサーバの物理的故障からデータを守るために、定期的にデータのバックアップを行い、サーバから取り外した状態で保存していた。バックアップデータはサーバと同じ場所で保管すると、火災などでサーバと共に焼失する可能性があることから、同じ病院内の違う場所で保管するなどの対策が一般的であった。

東日本大震災では、耐震構造などの備えで建物被害が免れた、もしくは軽微であった病院は、被災直後の病院情報システムの稼働は困難であったものの、電気供給の復旧に伴い早くに稼働に至った。一方、津波被害などで甚大な被害を受けた病院では紙カルテだけでなく、病院情報システムにある医療情報もバックアップを含めて滅失した。

それが自己のかかりつけの病院であれば、被災時という医療需要が高い状況にありながらも、適切な治療を受けることが一時的であるとしても困難になるだろう。高血圧や糖尿病などの慢性疾患を持つ人の中には、常用しなければならない薬があるにもかかわらず、避難時に持ち出せなかった人もいた。被災という状況の中、自らの常用薬を正しく記憶していない、かつ病院のカルテも消失しているとなれば、薬の入手や安心安全な服用は困難となるだろう。

　これらの経験から、従来のシステム障害対策では震災には不十分なことが明らかになった。バックアップデータを被災が及ばない遠隔地に保存する必要性、一部の病院が甚大な被害を受けても、他の病院で医療情報が閲覧できる、いわば各病院が保有する医療情報を地域で共有できるようなシステムの必要性が認識された。また避難所などで迅速に正しく対応するためには、患者自身が自らの医療情報を保有し、いつでも正しい情報を提供できるよう、自らの医療情報を携行できるような仕組みも必要であると考えられるようになった。

第 3 節　新しいアプローチ

　「The Gemini Project」　東日本大震災をきっかけに、病院情報システムの震災に対する備えは従来の障害対策では十分でないことが明らかになった。2012 年度に文部科学省により、"The Gemini Project" が開始され、全国 42 の国立大学・46 の大学病院の病院情報システムのバックアップデータが、東/西日本にあるデータセンターに保存されることになった。被災後にサーバの改修がされれば、保存したデータからシステム復旧が可能となる。1,000 キロ以上離れた地域で同時に震災が起きない限り、医療情報が滅失する可能性は極めて低い。また医療情報参照機能を有しており、被災早期のシステム稼働が困難な時期に、震災前の検査値や病名、処方などの情報が参照可能となっている。

　「MMWIN」　被災により医療機能を提供できない病院が発生し、地域医療の需給バランスが崩れる。その対処に地域で医療情報を共有できるようなシステムが期待された。宮城県では県内の病院や診療所、薬局、介護施設などで情報を共有する "MMWIN：Miyagi Medical and Welfare Information Network" が構築された。"The Gemini Project" のようにバックアップの保存機能と医療情報の参照機能がある。2012 年に石巻・気仙沼の医療圏、2013 年には仙台圏、2014 年には県北県南の医療圏に拡充された。2020 年 3 月末では、同意患者登録数は 10 万人、総バックアップ人数も延べ 1,400 万人を超えている。また宮城県南地区の医療圏が隣り合う福島県の診療所なども加入するなど、着実に裾野を広げている。

　こうした震災への備え、患者情報の共有は日々の医療提供において有用であることが重要となる。平時において活用できなければ、被災時に有用に機能するとは到底思えない。現在、手術や専門性の高い治療を提供する病院、日々の症状を管理する診療所など医療機関の役割分担が厚労省の方針で促進されている。病院間で医療情報

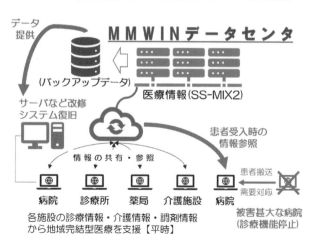

図 39-1　MMWIN 概要図

を共有することは、曖昧な患者の病名や処方薬などの記憶に頼らず、正確な情報を医療従事者間で把握することでもあり、医療の効率性や安全性の面で有用である。医療情報の震災対応とは、こうした病院間や地域での医療の質に貢献するものなのである。

第4節　到達点とこれから

「新たな災害科学の手法」　2020年7月の復興庁の集計では、東日本大震災による自県外への避難者数は、福島県から29,706人、宮城県から3,841人、岩手県から944人となっている。これらの避難者は病院情報システムがバックアップにより復旧しても、地域での情報共有がされたとしても、その恩恵を受けることが難しい。避難先での病院にはこれまでの医療情報はなく、事実上は失ってしまったことに近い。

　厚生労働省ではデータヘルス改革が推進され、自らの医療情報を自らがいつでも活用できるよう整備を進めている。これはPHR（Personal Health Record）と呼ばれるもので、スマートフォンなどで自身の医療情報を参照し携行できる仕組みも含まれている。もし被災前にPHRとして自らの医療情報を携行していれば、避難地域の病院に医療情報を提供ができるかもしれない。また着の身着のままで避難し、常用薬を持ち出せなかった場合でも、正しい情報を提供できることは、避難後も安心して再処方が受けられ、服用できるだろう。

おわりに　～執筆者から

　シームレスな地域連携医療を実現するシステムは、地域完結型医療の質を向上させるだけでなく、実は被災に強いシステムである。病院や地域では、平時から活用し震災に備えているわけである。ただし、その恩恵は自らの生活拠点がそこにある場合である。地域外へ移住すれば事実上、医療情報がなくなるからだ。これら課題解決には自ら医療情報を携行し、自らの意思で活用する、個人を中心にしたPHRシステムでの震災対応が求められている。

参考文献

1）厚生労働省, 東日本大震災における災害拠点病院の被害状況. (2011)
　　〔https://www.mhlw.go.jp/stf/shingi/2r9852000001uo3f-att/2r9852000001uo7y.pdf（cited.2020.8.25）〕
2）東日本大震災と事業継続第2節. 総務省. (2012)
　　〔https://www.soumu.go.jp/johotsusintokei/whitepaper/ja/h24/pdf/n3020000.pdf（cited2020.8.25）〕
3）近藤泰三, 長谷川篤美. (2013) 東日本大震災被災時の医療情報システム. 医療情報学 33(5): 279-291

40章 地域包括ケアと災害

専門分野：社会医学
執筆者：小坂　健

要約

津波による死亡と、震災前の状況について解析したところ、日常生活の自立度が低く、リスクが高いと思われていた人の震災当日の死亡は少なかった。一方で、家族と同居していたり、友人関係の多い人ほど亡くなっていた。重度のうつ傾向だった方の死亡のリスクは 3.9 倍高いことが判明した。この結果はひとりひとりがばらばらで逃げて、それぞれが命を守る言い伝えである「津波てんでんこ」の重要性を示しているが、一方でいわゆる災害弱者が「誰一人取り残されない」ために何が必要かを考えさせる。国が地域の医療介護連携の中で進めている「地域包括ケアシステム」が地域防災にも大きな役割を果たすと考えている。

キーワード：地域包括ケアシステム、岩沼プロジェクト、地域防災、多職種協働

第1節　東日本大震災が明らかにした問題

震災前後の高齢者の健康と生活を調べる「岩沼プロジェクト」

　我々は 10 年以上前より、宮城県の岩沼市（人口約 4.4 万人）と共同で高齢者の介護予防プログラムを開発し、様々なメディアにも取り上げられ、国のモデルとなるなど協力関係を深めてきた。東日本大震災の前年である 2010 年に岩沼市役所と一緒に全ての高齢者を対象とした「生活と健康の調査」を行うことができた。これは、我々も参加している JAGES（日本老年学的評価研究機構　代表：近藤克則千葉大教授）プロジェクトに岩沼市も参加してくれることになったためである。このプロジェクトは地域の高齢者の生活や健康について調査し、人と人との絆（ソーシャルキャピタル）や社会環境がどのように健康に影響するかを調査するものであり、全国で約 30 市町村が参加し、3 年ごとに調査を行っており、多くの研究者が参加しているプロジェクトである。

　岩沼市は、東日本大震災により、死者・行方不明者 187 人、全壊・半壊・一部損壊 5,428 棟、市域面積の 48％が浸水し多くの農地と工業団地内の 200 企業が被害をうけるなど甚大な損害があった。我々は震災前のデータ（2010 年）に加え 2013 年、2016 年、2019 年にも調査を実施し、これらを結合することで、震災前の状況から震災後年単位の変化をとらえるデータを構築した。この貴重なデータに対して、以前から共同研究をしていたハーバード大学イチロー・カワチ教授のご尽力により米国国立衛生研究所（NIH）からも資金提供を受け、「岩沼プロジェ

クト」としてスタートした。

　このプロジェクトで明らかになったことは以下の通りである。

○避難場所では集団入居が良い

　限られた数しかない仮設住宅への入居は、多くの自治体では、公平性を保つために抽選など
で決めていた（ランダム入居）。岩沼市では、阪神淡路大震災の被災地での経験をもとに、町
内会単位で集落を維持した状態で仮設住宅へ入居する（集団入居）方法を実施した。この影響
を調査したところ、集団入居をした人は、ランダム入居した人に比べ、人間関係が保たれ、精
神状態が良い人が2.5倍多いことが明らかになった。

○災害が被災者の心身に与える影響は大きい

　震災後のうつ発症と住居の転居の関連では、転居しなかった人と比べて、仮設住宅へ転居し
た人では、震災後のうつ発症リスクが2倍となっていた。「家を失うこと」に加え「仕事を失
うこと」「震災直後に精神科を受診できなかったこと」が、抑うつ症状の悪化と関連がみられ
た。震災から2年が過ぎても影響があり、自宅が全壊したことの影響は男性に顕著であった。
震災直後に精神科を受診できなかったも影響があったようだが、こころのケアセンターの開設
など様々な対策がとられた。震災直後、皆が頑張っているなかで、メンタルなダメージが気付
かれない場合もあり、大丈夫に見える方に対してもこころのケアを実施していくことが重要と
いえる。

　心的外傷後ストレス障害（PTSD）は
戦争、自然災害、事故など、生命の安全
が脅かされるようなトラウマ体験によっ
て引き起こされることが知られている。
被災者のPTSDについて調べたところ、
「親族あるいは友人の喪失」、「家屋被害」
はPTSDを増やす一方で、震災前の個人
および地域コミュニティの社会的な結び
つきがPTSDを抑制していたことがわ
かった。

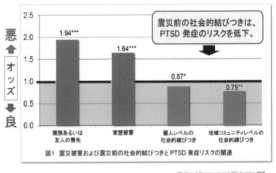

図40-1　震災前の地域の結びつきにより外傷後ストレス障
　　　　害（PTSD）発症抑制

　高齢者では震災の影響で認知症が悪化
した。住宅が全壊した人は、自宅被害がなかった人に比べ、認知機能が悪いことが報告されて
いる。震災後に社会的結びつきが弱くなった人は、住宅被害による認知症度の悪化が見られた
のに対して、震災後に社会的結びつきが改善した人は、住宅被害が認知症度に与える影響が緩
和されたことが示唆された。

　「家を失う」、「仕事を失う」、「震災直後に内科を受診できなかった」の3つが、震災後約2
年半時点での被災高齢者の生活自立度の悪化と関連があったことがわかった。内科を受診でき
ないことは、元々の通院・内服薬の中断による持病の悪化や、通院がなくなったことで外部と
のつながりが無くなり、外出頻度などが減ることも影響したと考えられた。

第 2 節　震災が破壊したパラダイム

東日本大震災では、地震発生から津波到達まで約 1 時間の時間があったが、多くの人々が津波で亡くなった。我々は、津波による死亡と、震災前の地域在住高齢者の特性の関連について調べた。震災前に重度のうつ傾向だった方の死亡率は 12.8 ％と高く、死亡のリスクは 3.9 倍有意に高いことがわかった。一方、驚くべきことに、日常生活の自立度が低く津波による死亡リスクが高いと思われていた人ほど震災当日の死亡が少ない傾向にあった。岩沼市では、震災当日、地震対策が出来ていて壊れなかった橋があり、高齢者施設の入所者の避難が無事成功したことが報告される。予想外であるが、あまり友人と会わないような人に比べて、しばしば人と会う社交的な人の方が震災当日の死亡リスクが 2 倍高い傾向があった。これは、人付き合いの良い人ほど他人を放っておけず助けにいき、津波の犠牲になった可能性が高い。要介護者など地域で支援が必要な者については、地域の関係が密な場所では、様々な対策が取られており、迅速な避難が可能であった一方で、重度のうつ傾向の人は必ずしも周りに認識されておらず、災害時に避難が遅れるハイリスク者になってしまう。三陸地方では昔から、ひとりひとりがばらばらで逃げてそれぞれが命を守る「津波てんでんこ」が大切に受け継がれているが、自分では避難できない災害弱者については、ケアプランの中で震災対応を検討しておく等の事前の対策を決めておくことによって、多くの命が救われることになる。

		震災当日の死亡リスク	震災翌日以降の死亡リスク
海岸線からの距離	≧岸線からの距	1	1
	1000-1999 m	3.01 (0.56, 16.16)	0.83 (0.42, 1.65)
	500-999 m	16.88 (4.33, 65.84)	0.76 (0.38, 1.51)
	0-499 m	22.66 (5.78, 88.84)	0.84 (0.43, 1.68)
家族構成	一人暮らし	1	1
	親以外と同居	3.04 (0.47, 19.74)	1.05 (0.54, 2.06)
	親と同居	6.67 (0.83, 53.71)	0.45 (0.10, 2.12)
友人との交流	会わない	1	1
	会う	2.06 (0.51, 8.23)	0.46 (0.26, 0.82)
うつ傾向	なし	1	1
	軽度	0.79 (0.29, 2.19)	1.39 (0.81, 2.38)
	中等度	1.14 (0.29, 4.50)	1.45 (0.65, 3.26)
	重度	3.90 (1.13, 13.47)	1.91 (0.81, 4.50)
日常生活の自立度	自立している	1	1
	一部要介護	0.73 (0.18, 2.89)	2.44 (1.30, 4.56)
	要介護	0.32 (0.04, 2.64)	2.97 (1.43, 6.14)

＊年齢、性別、原住所、生活習慣などを調整済み　＊＊当日はロジスティックス回帰分析、翌日以降は HR の比例ハザード分析を適用

Aida J, Hikichi H, Matsuyama Y, Sato Y, Tsuboya T, Tabuchi T, Koyama S, Subramanian SV, Kondo K, Osaka K, Kawachi I. Risk of mortality during and after the 2011 Great East Japan Earthquake and Tsunami among older coastal residents. Scientific Reports 2017;7(1):16591.

図 40-2　大震災当日の 3 年間の死亡リスク

第 3 節　新しいアプローチ

地域包括ケアシステムを活かした災害対応

国が進めている地域包括ケアシステムが災害対応にも役立つと考えてきた。地域包括ケアは、医療や介護が必要な状態になっても、可能な限り、住み　慣れた地域でその有する能力に応じ自立した生活を続けることができるよう、医療・介護・予防・住まい・生活支援が包括的に確保されるという考え方である。

第4節　到達点とこれから

　この地域包括ケアシステムの中心を担う地域包括支援センターと市町村等を対象に災害対応状況について全国調査をした。地域包括ケアシステムを災害対策として体制整備が出来ている自治体は少なかったものの、地域で自主防災に取り組む市町村・町内会は少しずつ広がっている。外からの援助を待っているのではなく、優れた行政や町内会のリーダーシップのもと、自分達で出来ることはやるといったコミュニティである。町内会などが中心で、医療・介護・保健関係者が関わっているところは少ないが、これからは、在宅療養支援診療所、訪問看護ステーション、介護事業所、訪問調剤薬局といった地域の在宅医療に関係する地域資源は、災害時の緊急対応としても大変重要であり、災害対応に有機的に関わる仕組みが必要である。個々の「ケアプラン」の中で在宅酸素や人工呼吸器を使っている方の電源確保はもちろんのこと、緊急時の避難先として既存の介護・福祉施設等を想定しておくこと、地域ケア会議の中で震災対応を検討しておくことが、これからの地域防災には必要である。また、個々の企業や医療機関が事業継続計画 Business Continuity Plan（BCP）を作ればよいのではなく、例えば、保育園や介護施設が閉鎖になれば、多くの働く人への影響がでることから、地域全体で考えていかないといけない。産業分野では、このような動きが出てきているようであるが、地域全体を持続させるためのマネジメント、Community Continuity Management（CCM）が必要となる。そのためには、要介護高齢者も障がいのある方も貴重な地域の人的資源として、子どもから高齢者、行政や企業も一緒になって「ごちゃまぜ」の取り組みが地域で行われることが必要である。

おわりに　～執筆者から

　これからの新型コロナウイルスを含めた、自然災害や人的災害に対して、多様な人々が多様な形で関わる「ごちゃまぜ災害対応」といったアイディアを実践にうつすことにより、誰もが取り残されない、よりレジリエントなコミュニティが形成されていくことが望まれる。

参考文献

1）「地域包括ケアシステム」による災害対応体制の構築　2017年度厚生労働省健康増進等事業報告書（主任研究者　小坂　健）

2）Tsuboya T, Aida J, Hikichi H, et al.（2017）Predictors of decline in IADL functioning among older survivors following the Great East Japan earthquake: A prospective study. Social Science & Medicine. 176: 34-41. doi: 10.1016/j.socscimed.2017.01.022.

3）Aida J, Hikichi H, Matsuyama Y, et al.（2017）Risk of mortality during and after the 2011 Great East Japan Earthquake and Tsunami among older coastal residents Scientific Reports. 7（1）: 16591. doi: 10.1038/s41598-017-16636-3.

41章　これからの感染症対策

専門分野：災害感染症学

執筆者：**牧野祐子、児玉栄一**

要約

東日本大震災のような広域災害に伴うライフラインの停止（電気・水）、密な避難所生活、情報網の遮断は、通常の生活であれば制御可能な感染症を拡大させる要因である。また、新型コロナウイルス感染症のように感染症そのものが、ひとつの災害として認識されつつある。災害と感染症について、平時より十分な想定・訓練・教育などの備えが大切である。

キーワード：感染症、集団発生、訓練、教育、ネットワーク

はじめに

　緊急時、災害時において、深刻な感染症の集団発生を起こさないためには、どのような対策が必要か。そのためには平時から非常時においてどのような準備と心構えが必要なのか。東日本大震災発生時の事例を参考に考えていく。

第1節　災害が明らかにした感染症問題

　「災害と感染症」　東日本大震災は、地震と巨大津波により、東北地方の沿岸部を中心にこれまでにない大きな被害をもたらした。事実、宮城県内だけでもピーク時に 32 万人を超える被災者が、避難所で集団生活を余儀なくされた[1]。限られたスペースに多くの被災者が集団で生活する避難所では、感染症の集団発生が起こりやすい。通信インフラも被害を受けたため、発災初期には約 1,300 か所の避難所のどこでどのような感染症が発生しているか把握が困難であった。初動が肝心の感染制御において、情報の遅れは大きな問題である。

　「災害関連感染症の実態」　災害時に発生する感染症は、災害の種類、地域、季節、被災地の環境、フェーズなどによって異なる（図 41-1）[2]。東日本大震災では、発災直後は津波による汚染水からのレジオネラ感染症、外傷での破傷風、避難所での集団生活よる季節性インフルエンザ、ノロウイルスの感染がみられた。手洗いやトイレの衛生を維持するための必要な水が不足し、消毒薬やマスクといった感染症対策に必要な物的資源供給も不十分で、避難所での環境衛生の維持は困難であった。

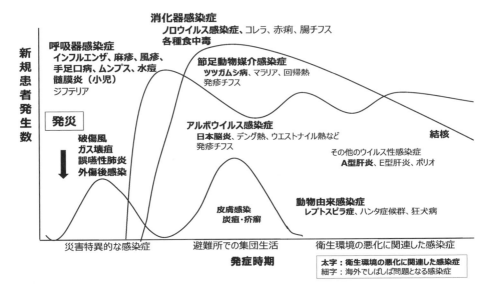

図 41-1　災害後に問題となる感染症と発症時期[2]　発災直後は、外傷などに関連する感染症が発生しやすい。避難所での集団生活では、平時でも蔓延するインフルエンザやノロウイルス感染症が増えてくる。清潔な飲料水とともに手洗い用の水は消化器感染症を防ぐために必須である。感染症ごとに感染から発症までの時間が異なる点も対策に注意が必要である。

第2節　パラダイムシフト：新しい対策が要求されている

　「従来の対応では不十分」　効果的な感染対策には、迅速な感染症発生状況の把握が必要である。しかし、東日本大震災では、災害時における感染症発生状況を把握するシステムが十分に確立されておらず、さらに、発災初期に避難所が広範囲に多数散在していたこと、調査のための人材・物資の不足、電話や FAX 等の情報網の不通により、発生状況の把握は非常に困難であった。地方自治体、医療機関、専門機関、大学などが連携し、情報把握、分析などで支援・協力体制を構築することが大切である。

　「新たな懸念」　大規模災害では、被災地支援のため、様々な地域から多数の医療従事者、地方自治体職員、ボランティアが、複数の避難所や支援施設に出入りすることも多い。すなわち、病原体が避難所の外から持ち込まれる可能性も考え、支援者や訪問者に対する感染対策も必要となる[2,3]。長期の避難所での生活によるストレス・疲労で被災者自らに慢性・潜伏感染していたものが顕在化する帯状疱疹や結核なども考えなければならない（図 41-2）[2]。

第3節　新しいアプローチ

　大規模災害では、被災地の医療機関や自治体も同時に被災しており、被災者救済の対応が遅れやすい。災害時の感染症対策については、東日本大震災をきっかけに、日本環境感染学会を

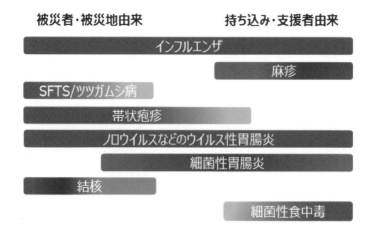

図 41-2　感染症の発生源は被災地とは限らない[2]
インフルエンザやノロウイルスなど平時でも見られる感染症と異なり、食中毒などはほとんどが支援者などの持ち込みである。

中心に災害時感染制御支援チーム（Disaster Infection Control Team：DICT）が設置された。DICT は避難所での感染症発生防止と発生した感染症対応について、専門家による支援体制を構築している（図 41-3）[2]。また、被災地におけるリスクアセスメントや避難所での感染予防の啓発資料などが整備され、災害時の速やかな対応に役立てられている。東日本大震災の経験から上記学会が取りまとめた「大規模自然災害の被災地における感染制御マネージメントの手引き」[2] には、震災を経験した多職種、多機関の視点で災害時における感染症対策が記載されている。今後も、これまでの災害経験から学び、様々な災害に対応できる感染症対策を検討していかなければならない。

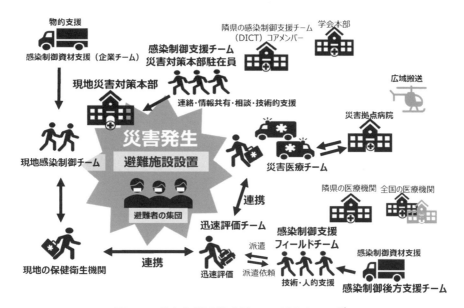

図 41-3　災害時感染制御支援チーム活動イメージ[2]

第4節　到達点とこれから

　「平時からの備え」　東日本大震災の経験から、感染症対応の人的・物的支援、情報や啓発資料の早期提供が可能になりつつある。一方、災害の種類などによって発生する感染症は異なり、平時から「想定・訓練」を行うことが重要である[3]。

　「平時の取り組み」　①感染症対策の教育：災害時に被災者自らが感染予防行動をとれるよう、「手洗い・マスク」などの基本予防策を含めた衛生・健康管理に関する教育が大切である。実際、新型コロナウイルス感染症の流行下に令和2年7月に熊本で豪雨災害が発生したが、日ごろからの感染教育が感染予防・拡大阻止に役立っていた。②ワクチン接種：ワクチンは、地域住民だけでなく、災害時に支援を行うボランティアや自治体職員においても平時から確実に接種する必要がある[2]。③ネットワークの構築：大規模災害の場合、医療機関や地方自治体等も同時に被災し、感染症対応が後手となる。平時から地方自治体と医療機関、大学などが地域での感染症の情報や取り組みを共有し、ネットワークを構築しておくことが大事であろう。④動物：災害時の人獣共通感染症（人と動物に共通する感染症）にも注意が必要である。蚊などの昆虫対策、ネズミなどの野生動物との接触の回避、ペットなどとも一緒に避難することを想定してワクチン接種も必要となる。

おわりに　〜執筆者から

　「天災は忘れた時分にくる」とは、関東大震災に際して東京帝国大学教授寺田寅彦博士が言い出した警句である。平時から災害に備え、家族、地域、職場などの組織内で十分な想定・訓練・教育を継続し、災害時においては、感染症対策に限らず、「当たり前のことを、馬鹿にしないで、ちゃんとやる」（日本語の頭文字を略してABC）を徹底・習慣化することは、自身だけでなく他の被災者も守ることにつながる。

参考文献

1）宮城県：「東日本大震災―宮城県の発災後1年間の災害対応の記録とその検証―」平成27年3月
2）日本環境感染学会：「大規模自然災害の被災地における感染制御マネージメントの手引き　第1版」（第2版を編集作業中）
3）児玉栄一（2019）災害医療におけるバイオセーフティ．JBSA Newsletter; 9（1）日本バイオセーフティ学会．

42章　放射線災害と健康影響

専門分野：放射線科学

執筆者：**鈴木正敏、千田浩一**

要約

自然災害よりも発生頻度が低い放射線災害は、大規模な災害になると国境や県境を越えて被ばく影響のリスクが生じる。放射線教育の充実によって放射線災害に対応できる人材育成、正しい理解のもとに風評被害を防ぐ社会の醸成などの防災・減災への貢献が期待される。放射線教育の深化に向けて、知見が不足している低線量域の放射線影響の解明が今後の課題である。

キーワード：放射線災害、原子力発電所事故、確定的影響（組織反応）、確率的影響、低線量・低線量率被ばく、医療被ばく、放射線教育

はじめに

過去に生じた放射線被ばく事例を教訓として人体への放射線被ばく影響が理解されている。放射線災害時の被ばく線量・線量率を正確に評価し、生物・健康影響との関連性を調べることが影響解析で必要な手段となる。低線量域の影響を疫学研究だけで結論を得ることは難しく、生命科学手法を用いた検証実験も必要となる。

第1節　東日本大震災が明らかにした問題

「何が起きたのか？」　原子力発電は核燃料に含まれるウラン 235 と中性子による核分裂反応を利用しており、この反応で放出される中性子が他のウラン 235 と反応して連鎖的に核分裂が誘発される。中性子数が過剰になると核分裂が暴発してチェルノブイリ原発事故のような大規模放射線災害を引き起こす原因となるため、中性子を吸収する制御棒を利用して核分裂が適切な範囲で反応するように制御している。自然災害などで原子力発電を緊急停止する際には、制御棒による核分裂の低減とともに、原子炉を冷却して放射性物質が外部に漏出しないように閉じこめる自動停止機能がはたらくために電力が必要となる。

東北地方太平洋沖地震では、東京電力福島第一原子力発電所（福島第一原発）立地地域に震度 6 強の揺れが生じた。この地震による鉄塔の倒壊などで福島第一原発は外部電源を喪失したが、非常用発電からの電力供給によって、震災時に稼働していた全ての原子炉で自動停止措置が発動したことが報告されている。しかしながら、地震から約 50 分後に到達した津波の浸水

によって全ての電源供給システムを喪失したために、2つの緊急停止機能のうち原子炉の冷却機能を失った。このため、温度が上昇して炉心が損傷し、水素が大量に発生した。さらに、圧力が上昇したために構造物にゆがみが生じ、放射性物質と水素が原子炉建屋内へ漏出した。圧力を下げるベント作業や水素爆発によって、原子炉建屋から放射性物質が環境中へ放出される放射線災害が発生した。このように福島第一原発事故は自然災害が間接的に引き起こした放射線災害、すなわち複合災害となった。

　「被害の実態」　国際原子力機関（IAEA）と経済協力開発機構原子力機関（OECD/NEA）では国際原子力事象評価尺度（INES）によって原子力施設などの異常事象や事故を深刻度に応じて7段階に分類している。福島第一原発事故はチェルノブイリ原発事故と同じレベル7の深刻な事故とされた。福島第一原発事故で放出された放射性物質の総量は77×10^{16}ベクレル（Bq）で、チェルノブイリ原発事故の520×10^{16} Bqと比べて約6.8倍少ない。チェルノブイリ原発事故では核分裂反応が暴発して核燃料断片自体が放出されたことに対して、福島第一原発事故では原子炉から漏出した放射性物質が環境中に放出された。このような違いによって、放射性物質の放出量が異なったと考えられている。

第2節　震災が破壊したパラダイム

　「従来までの常識と必要だった対応」　放射線被ばくによる人体への影響は、広島・長崎の原爆被爆やチェルノブイリ原発事故などの放射線被ばく事例の疫学調査結果から理解されている。なかでも、大規模で継続的に行われた原爆被爆者の長期疫学調査は類例がなく、調査結果は国際的なゴールドスタンダードとして現在でも様々な国際機関で参照されている。

　放射線影響には一定の被ばく線量（しきい線量）以上の被ばくをしたときに出現して、被ばく線量が増加すると症状がひどくなる確定的影響（組織反応）と、被ばく線量の増加とともに発生率が増加する確率的影響がある。組織や臓器を構成する細胞が放射線に被ばくした時に生じる損傷が修復できる場合には障害はみられないが、修復できずに細胞が死滅すると確定的影響として臨床症状が出現する。線量に応じて臨床症状がひどくなるのは、死滅する細胞数が増加するためと考えられる。一方で放射線被ばくによって遺伝子に変化を生じた細胞が生き残ると、さらに別の変化を蓄積することによってがん化する可能性がある。原爆被爆者の疫学調査結果より、放射線以外の要因による自然発症のがん死亡割合と比べて放射線によるがん死亡割合は100 mSvを越える範囲から増加し、その後の線量域では被ばく線量に応じて増加することが示された。しかしながら、100 mSv以下では自然発症の発がんリスクと同等以下となるために、疫学データから100 mSv以下の放射線発がんリスクの推定は困難であることが国際的に合意されている。そこで放射線防護の観点から、100 mSv以下の放射線発がんリスクを高い線量域のデータから直線的に外挿したしきい値のないモデル（LNTモデル）で推定されている。

　チェルノブイリ原発事故では小児甲状腺がんが増加した。放射性ヨウ素に汚染した牛乳など食品の流通を制限していなかったために、体内に取り込まれた放射性ヨウ素が甲状腺に集積し

て内部被ばくの原因となった。その内部被ばく線量は 300 mSv 以上と推定され、1 Sv（＝ 1,000 mSv）を超える被ばくも報告された。

　放射線災害時には被ばく線量を低減化することによって、健康被害のリスクを低減化することができる。低線量を 200 mSv 以下と定義することが多いが、確定的影響は 500 mSv 以下で発現しないために、低線量被ばくでは白血病、固形がんのような確率的影響のリスクを低減化することが重要になる。その中で、放射性物質に汚染した食品の流通を制限するためのモニタリングを実施することは内部被ばくの低減化における重要な対策である。

第 3 節　新しいアプローチ

　福島第一原発事故後の避難指示、および基準値を超える食品の出荷制限は放射線被ばくを低減化する有効な対応で、チェルノブイリ原発事故の教訓といえる。福島県県民健康調査では、放射線業務従事経験者を除く調査対象者の 99.8 ％ が外部被ばく線量 5 mSv 以下（平均 0.8 mSv、最大 25 mSv）と報告されており、前述の確定的影響のしきい線量よりも低い。これまでに当該事故による確定的影響が報告されていないことと合致しており、放射線災害時における被ばく線量低減化の重要性が示された。

　食肉のモニタリング検査は屠畜後に行われ、食品の基準値を超えて汚染した食肉は廃棄処分された。また、福島第一原発事故後に指定された避難区域（旧警戒区域）内の家畜は全頭処分された。可食部位で基準値を超えることが屠畜前に判別できると、非汚染飼料を給与することで体内の放射性物質を排出し、基準値を下回った後に出荷することが可能になる。放射性セシウムを体内に取り込んだ肉用牛の筋肉に含まれる放射性セシウム濃度を体外から推定する技術を私たちは確立した。また、血液中と筋肉中の放射性セシウム濃度比と生物学的半減期から、放射性セシウムが基準値以下になるまでに必要な非汚染飼料の給与期間をおおまかに推定できる実験的知見を得た[1]。この技術の実用化は、食品の安全に加えて、放射線災害時に不必要な屠殺を回避できるために動物愛護での貢献も期待される。

　旧警戒区域の家畜血漿を用いて低線量放射線被ばくによる分子レベルの影響を解析すると、酸化ストレスが軽度に増加することが明らかとなった。また、この反応に関連することが予想される抗酸化能の変化を、電子スピン共鳴を利用した i-STrap 法で評価することに成功した[2]。少量の血液で評価ができるので、放射線災害時のトリアージ、健康影響評価や被ばく線量評価での実用化が期待される。

第 4 節　到達点とこれから

　「新たな災害科学の手法」　福島第一原発事故後に福島市で開催した市民公開講座や宮城県庁内の原発事故相談窓口での経験を通じて、一般市民が放射線に対して多くの誤解を持っており、風評を防止するためにも放射線の基礎知識の普及が喫緊の課題であると強く実感した[3]。

低線量被ばく研究の重要な基盤として、医療被ばく関連研究の推進が不可欠である。また、旧警戒区域に生息している霊長類の野生ニホンザルを対象として継続している影響調査は、低線量放射線の人体影響について理解を深める知見となることが期待される。

おわりに　〜執筆者から

　放射線災害時の不必要な被ばくは避けるべきだが、放射線災害後には除染後に残る低濃度の放射性物質や、トリチウム水の処理など社会変容をもたらす要因が生じる可能性がある。放射線を含めて多くの事象にゼロリスクはないため、受容可能なリスクの基準を正しい知識をもとに構築することは放射線災害からの復興を後押しする原動力となる。

参考文献

1）Suzuki M, Suzuki H, Ishiguro H, et al.（2019）Correlation of Radiocesium Activity between Muscle and Peripheral Blood of Live Cattle Depending on Presence or Absence of Radiocontamination in Feed. Radiation Research. 192(6): 589-601. doi: 10.1667/RR15418.1

2）Sun L, Inaba Y, Sato K, et al.（2018）Dose-dependent decrease in anti-oxidant capacity of whole blood after irradiation: A novel potential marker for biodosimetry. Scientific Reports. 8(1): 7425. doi: 10.1038/s41598-018-25650-y.

3）千田浩一.（2019）震災から7年　復興と放射線技術学. 日本放射線技術学会雑誌. 75(8): 787-798. doi: 10.6009/jjrt.2019_JSRT_75.8.787

43章 災害医療の人材育成

専門分野：災害医療国際協力学、総合医療学

執筆者：佐々木宏之、石井　正

要約

東日本大震災では被災地に集まった多くの医療支援チームを統括し、中長期にわた
る派遣調整を行う組織、機能が不十分だった。この課題を解決するため、東北大学
病院では「コンダクター（指揮者）」として災害時に保健医療チームを束ね、多職
種と連携しながら発災直後から長期間にわたって活躍できる災害保健医療人材の養
成プログラムを実施している。

キーワード：コンダクター型災害保健医療人材の養成プログラム、災害医療コー
ディネート、人材育成、多職種連携

はじめに

　東日本大震災では被災地に集まった多くの医療支援チームを統括し、中長期にわたる派遣調
整を行う組織、機能が不十分な地域もあった。この章では平成 30 年文部科学省補助事業とし
て採択された東北大学病院の「コンダクター型災害保健医療人材の養成プログラム」を中心
に、東日本大震災以降に実施された災害医療の人材育成について概説する。

第 1 節　東日本大震災が明らかにした問題

　「何が起きたのか？」　東日本大震災は、
1995 年の阪神・淡路大震災を契機に設立
された災害派遣医療チーム（DMAT, Disas-
ter Medical Assistance Team）が全国から被
災地に派遣された初めての大規模災害だっ
た。しかし当時の日本 DMAT が主対象と
考えていた建物倒壊による圧挫症候群（ク
ラッシュ症候群）や外傷、熱傷などの超急
性期医療対応を要する患者は少なく、反
面、内服薬を喪失したり医療機関へのアク

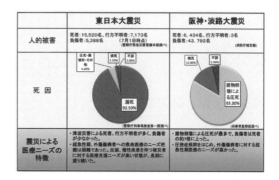

図 43-1　東日本大震災における人的被害の特徴

セスを失ったりした慢性疾患患者の医療継続支援ニーズは高くかつ長期化した（図 43-1）[1]。

通常保健医療供給体制への移行なども課題となり、急性期対応を主眼としていた当時の日本DMAT は被災地の中長期医療ニーズを十分に満たすことができなかった。

　「被害の実態」　宮城県北部沿岸地域では病院の津波浸水被害が大きく、石巻市で当時開院していた 10 病院中 5 病院（50.0%）、女川町 1 病院中 1 病院（100.0%）、南三陸町 1 病院中 1 病院（100.0%）、気仙沼市 6 病院中 3 病院（50.0%）が浸水被害を受けた[2]。とくに石巻市では診療所の被害も甚大で 158 診療所中 114 診療所（72.2%）が浸水した。石巻医療圏で被災後の地域医療を中核的に支えた石巻赤十字病院には日本全国から多くの医療支援者が集まり「石巻圏合同救護チーム」を立ち上げ、その陣頭指揮を執った石井正医師（執筆者。宮城県災害医療コーディネーター）を中長期にわたり支えた。被災地を複数の「エリア」に分け、各エリアの活動・派遣調整などを長期活動可能な支援チーム（「ライン」）に一任する「エリア・ライン制」はこの時に出来上がり、その後の日本の災害医療支援体制の礎となっている[3]。

第 2 節　震災が破壊したパラダイム

　「従来までの常識と必要だった対応」
当時の日本 DMAT が主眼としていた超急性期外傷対応のニーズが津波災害では極端に少なく、反面、慢性疾患患者の医療継続支援ニーズが高かったことや、DMAT 活動時間の制限（48 時間）、本部指揮調整機能を迅速に設置できなかったことなどは、東日本大震災での活動を通じて浮かびあがった日本 DMAT の新たな課題となった（図 43-2）[1]。DMAT 以外の医療支援チームも含め、地域医療

急性期から中長期の医療提供体制の移行
・ 災害時の超急性期医療を担うDMATの活動を引き継ぐため、医療チームを中長期的に派遣調整する組織が都道府県に必要ではないか。
中長期における医療提供体制の構築
・ 地域のニーズに応じた医療チームの派遣のため、保健所管轄区域（もしくは地域災害拠点病院がカバーする地域単位）で、災害医療コーディネーター（仮称）やそれを含む調整機能を持った組織が必要ではないか。
平時からの準備
・ 患者の円滑な搬送のために、平時から都道府県及び災害拠点病院を中心にして、災害時における域内・域外の搬送計画を策定しておくべきではないか。
・ 具体的な訓練を実施すべきではないか。
・ 広域災害が発生した場合に備えて、都道府県の関係者や基幹災害病院などの関係者が、計画の継続的な見直しのため、それぞれの取り組みを共有する場が必要ではないか。

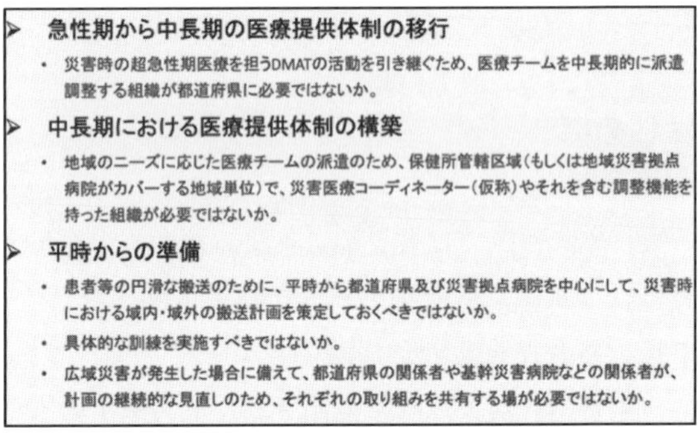

図 43-2　東日本大震災後、中長期の医療提供体制に関する論点

ニーズに応じた支援チームを中長期的に派遣調整するための都道府県調整組織（機能）や災害医療コーディネーターの設置もまた課題となり、平時～災害時の保健医療を調整できる人材育成のニーズが高まった。

第 3 節　新しいアプローチ

　平成 30 年文部科学省補助事業とてして採択された東北大学病院の「コンダクター型災害保健医療人材の養成プログラム」（ホームページ：https://www.dcnd.hosp.tohoku.ac.jp）は、東日本大震災で大きな被害を受けた宮城県と福島県に立地する東北大学と福島県立医科大学が協働し、あらゆる災害、あらゆるフェーズ、あらゆる立場で災害現場をマネジメントできる人材の養成を目的としている。具体的には、1. 自然・人為災害などあらゆるタイプの災害に急性期

から慢性期までの各フェーズで実効的に災害対応できる人材、2. 効率的な後方ロジスティック支援を調整・実行しうる人材、3. 他組織と効果的に連携できるコーディネート能力のある人材、4. 多職種の医療人材をチームとして束ねて最大限の力を引き出す能力のある人材、5. 今後の災害に対するレジリエントな備えについて分析・研究し構築できる人材、の育成を目指している。プログラム実施には行政（宮城県、福島県）、医療機関（石巻赤十字病院、南相馬市立病院など）、NPO（災害医療 ACT 研究所）などが参画し官・学・民が連携して職種横断的な実践的教育プログラムを展開する。

　プログラム受講対象者は医師、歯科医師、看護師、薬剤師、その他医療職や消防関係者、医療関連行政職と幅広い。さらには実習講義におけるほとんどのカリキュラムで受講生以外のオープン参加を可能としている。受講生は①災害マネジメントコース（履修証明プログラム：履修期間 2 年）受講を基本とし、他に②社会医学系専門研修コース（3 年）、③大学院コース（修士課程（2 年）・博士課程（4 年））も設置する。アウトカムとして現場でも後方支援でも活躍できる実効力、多職種でのチーム活動や他組織との連携ができるといった能力獲得の他に、①履修証明プログラムでは東北大学履修証明書交付、宮城県災害医療ロジスティックスタッフとしての登録、②では社会医学系専門医資格取得、③では修士（公衆衛生学または医学）、博士（医学）の学位を取得できる。カリキュラムでは実践的スキルの習得を目指しハンズオンを重視している。実習講義内容は、平時における病院の備え（災害時組織対応セミナー）から発災直後の対応（急性期活動、災害保健医療コーディネーション、CBRNE、メンタルヘルスケア、薬事、歯科）から中長期対応（災害公衆衛生、ロジスティックサポート）など多岐にわたる（図 43-3）。また、どのように災害が発生するのか学際的な講義（災害科学概論）や国際的な災害対応（災害国際協力セミナー）などがカリキュラムに盛り込まれていることも大きな特色となっている。

	科目名	授業内容
1	CBRNE対応実習	（化学・生物・放射性物質・核・爆発物）災害対応、緊急被ばく医療などのあり方や方略を学ぶハンズオンセミナー。
2	災害保健医療コーディネーションセミナー	災害保健医療本部において適切なコーディネーションを行うために必要な知識を獲得する。
3	災害保健医療コーディネーション実習	災害保健医療調整本部内で、医療に関する調整業務や保健衛生に関する調整支援のためのコーディネートの実際を体験する。
4	災害急性期活動実習	災害や多数傷病者発生時の初期対応スキルを学ぶためのハンズオンセミナー。
5	災害公衆衛生セミナー	⑤と⑥は同時に開催する。「支援の質とアカウンタビリティ向上ネットワーク」が実施している被災地人道支援トレーニングコースをカスタマイズし、被災者の健康管理（急性期～慢性期）の視点から、国内や地域の自然災害事例を取り入れた実際の支援時や計画時の留意点や考え方について学ぶ。
6	災害公衆衛生実習	
7	災害時組織対応セミナー	災害時に病院などの組織が適切に対応するための、平時からの備え（防災訓練、BCP）のあり方について学ぶ。
8	災害メンタルケア実習	DPAT（災害派遣精神医療チーム）のトレーニングコースとPFA（psychological first aid：災害時の不安対応と心理的応急処置）を組み合わせたハンズオンセミナー。
9	災害派遣セミナー	災害発災時に、後方（非被災地）から被災地に救護班やDMATを派遣するなどの支援活動に必要な知識、調整スキルを習得する。
10	災害科学概論	地震、津波などの科学、備えと避難に関する科学など、保健医療以外の災害分野について、多角的な視点で学習する。
11	災害薬事実習	災害時の薬剤対応の原則や薬事トリアージ、薬剤師と他職種の連携のあり方等について学ぶハンズオンセミナー。
12	災害国際協力セミナー	国外の災害時における災害支援や防災への取り組みなど、国際協力活動に関する知識や経験を学ぶ。
13	災害歯科学	災害時の歯科医療、歯科保健審美歯科所見からの身元確認など災害時における歯科医学全般についての知識を習得する。
14	ロジスティックサポート実習	避難所アセスメントなどの情報管理、通信確保など、災害時に必要なロジスティック活動に関するハンズオンセミナー。
15	災害保健医療へのオリエンテーション	

図 43-3　「コンダクター型災害保健医療人材の養成プログラム」カリキュラム

第4節　到達点とこれから

　「新たな災害科学の手法」　2019年度は延べ27回の実習/講義を実施し、延べ556名が受講した。2020年度は新型コロナウイルス感染症蔓延のため一時プログラム実施を中断していたが、7月18日よりオンラインでの研修を再開した。コロナ禍における災害医療教育のあり方についても大きな視点変更が求められており、オンライン研修など新たな技術のメリットを最大限に活用した教育手段の確立を目指している。

　コンダクターたる俯瞰的視野を持った多くの災害保健医療人材が被災現場、現場を支える本部、後方支援に臨むことで、多職種・多機関の有機的連携が可能となり、効果的な災害医療の展開が可能となる。東日本大震災以後も国内では2016年熊本地震、2018年西日本豪雨、2020年7月豪雨など様々な自然災害が発生しており、災害保健医療人材の育成は急務となっている。

おわりに

　災害は発生する時、場所を選ばず、未来ある若い命をも理不尽に奪っていく。そして、災害発生予知が困難であることも東日本大震災は明らかにした。では我々医療者には何ができるだろうか。少なくとも東日本大震災と同じ轍を踏まないよう、経験を伝え、災害に「備え対応できる」人材を育成することができる。多くの若いコンダクター達が災害保健医療人材を縦横無尽に指揮し、被災者の苦悩を一刻でも早く緩和できる災害医療体制となるよう願っている。

参考文献

1）厚生労働省. 災害医療等のあり方に関する検討会（第2回）.
　　https://www.mhlw.go.jp/stf/shingi/2r9852000001khc1-att/2r9852000001khdi.pdf［2020年8月17日アクセス］
2）新沼星織, 宮澤　仁.（2011）東日本大震災における医療機関の津波被害と内陸部医療機関の被災患者受け入れ
　　状況. 季刊地理学 63（4）: 214-226, https://doi.org/10.5190/tga.63.214
3）Ishii, T.（2011）Medical response to the Great East Japan Earthquake in Ishinomaki City. Western Pacific surveillance
　　and response journal: WPSAR. 2（4）: 10-16, doi:10.5365/wpsar.2011.2.4.005

コラム3

災害・熱帯感染症研究その後

服部俊夫

吉備国際大学保健医療福祉学部 教授

専門分野：内科学・血液学

　フィリピンからの共同研究者（レアノ先生）、ホルロ助教と大学院生を交え、結核診断の方法に関して、教授室で打ち合わせをしていた際に経験したことの無い揺れを感じたが、大きな机の下に身を潜め、難を逃れた。災害大国フィリピンのご出身のレアノ先生も不安そうではあったが、落ち着いて病院で一夜を過ごし、1週間後にフィリピン大使館からの迎えのバスで無事帰国をしていただいた。フィリピンでは奇跡の生還と騒がれたという。その後災害科学国際研究所で、災害感染症の研究をする機会を得た。災害感染症には熱帯感染症の性質を有する疾患が多い。幸いにもホルロ助教がデング熱で上昇するバイオマーカーとしてガレクチン9（Gal-9）を明らかにしていたので、それを手がかりに災害感染症のバイオマーカーの研究を進めた。レアノ先生の御協力で洪水（2012年マニラ）の後に生じたレプトスピローシスの患者のサンプルを解析できた。

https://hontotsutae.blogspot.com/2015/06/blog-post_10.html

　最近になり解析してきた蛋白が Immune check point 因子（ICM）であることが明らかになり、7年前のデーターを読み替え、思いもかけず、オステオポンチンがレプトスピローシスの急性腎障害のマーカーとなることを報告できた（Dianositcs, 2020）。

　サハラ以南では死亡者の40％がエイズ結核患者であるのでエイズ・結核その物が災害感染症と主張していたが、インドとの共同研究で Gal-9 がその良いマーカーとなりうることを記載した（Frontier microbiology 2020）。Gal-9 は私が熊本大学に在籍中に、好酸球遊走活性物質として共同研究をして平島教授が分離された蛋白であり、近年 Treg 誘導因子、ICM として知られるようになった。COVID やデングのサイトカインストームに関与する因子ではないかと思い研究を進めている。

第 4 部
東日本大震災によって進化した国内外との連携

44章 仙台防災枠組と災害統計グローバルセンター

専門分野：国際防災政策

執筆者：**小野裕一**

要約

各国が災害被害を把握するための統計システムを整備する必要があるが、これらが整備されている国は先進国も含めて少ないのが現状だ。そこで災害科学国際研究所は、国連開発計画（UNDP）との連携を中心に、災害被害統計整備に向けた支援を目的として「災害統計グローバルセンター」を 2015 年 4 月に設置した。センターの活動について振り返るとともに今後の活動の展望についてまとめた。

キーワード：国連防災世界会議、仙台防災枠組、災害統計、国連開発計画、SDGs、パリ協定

はじめに

「仙台防災枠組」は 2015 年 3 月 18 日に第 3 回国連防災世界会議で採択された国連による正式文書である。原文は英語で Sendai Framework for Disaster Risk Reduction 2015–2030 と記され、有効期間は 2030 年までの 15 年間、前身である「兵庫行動枠組」（2005–2015）よりも 5 年長い。これは同様に有効期間が 2030 年までの「持続可能な開発のための 2030 アジェンダ」、すなわち SDGs とリンクしていることの証左であり、SDGs は仙台防災枠組が策定されてから半年後の 2015 年 9 月にニューヨークの国連サミットで採択された。さらに国連では 3 ヶ月後の 12 月に「気候変動に関する国際的枠組」、すなわち「パリ協定」が採択されたが、こちらのほうの有効期間は 2020 年からである。

第 1 節　2015 年の防災に関連した 3 つの国際アジェンダ

これらの 3 つの国際枠組は密接に連関している。気候変動の影響により災害は激甚化すると考えられているので、気候変動緩和策と適応策の両方のアプローチが防災にも不可欠である。何百年に一度という大きな災害や繰り返し何度も発生する小さな災害による人的・経済的損害は持続可能な開発や社会の発展を妨げるので、SDGs 達成のためには防災は不可欠である。今では当たり前であるが、2000 年に採択された SDGs の前身である「ミレニアム開発目標」（MDGs）に防災は盛り込まれていなかったし、2005 年に採択された「兵庫行動枠組」では、地球温暖化に懐疑的な国が許さなかったので、気候変動と防災の関わりについては曖昧な書き

ぶりとなっていた。

第2節　仙台防災枠組

　日本の外交で世界をリードすべき案件は、平和・核軍縮・防災であろう。先の大戦で国土の多くが焦土と化し、すべての活動が軍事費優先のために停滞してしまった後で何が起きたか？敗戦後、災害被害統計をみると明らかに大きな災害が頻発した。多くの大都市が沖積平野に位置し、洪水や地震のリスクの高い日本は、戦争からの復興で経済を立て直すためには、防災は避けて通れぬ喫緊の課題であった。大きな被害を出した洞爺丸台風や伊勢湾台風のような風水害があちこちで頻発していては、安定した経済発展は見込めないからだ。伊勢湾台風後に制定された災害対策基本法はもちろん国内法であるが、この DNA は、日本がホスト国を務めた第1回国連防災世界会議（1994 年横浜）で採択された横浜戦略にみることができ、仙台防災枠組にも連綿と受け継がれている。

　これらの国際防災枠組を一言で言うならば、国際的な防災指針であり処方箋である。「防災を推進するためには、大枠で何が重要なのか、これらを国の施策として法律を作り防災に投資をすれば人的・経済的被害を減らすにはどうすべきか。それによって社会経済の発展が見込めるのか」と。表 44-1 に示したのは、3 つの国際防災枠組の比較だ。仙台防災枠組の特徴の一つは、7 つのグローバルターゲット（表 44-2）が設定されたことである。また、東日本大震災の被災地・仙台が会議の舞台となったので、ビルド・バック・ベター（よりよい復興）も優先事項の中に明記された。また、急激な都市化による人口集中や乱開発は、気候の温暖化による影響と相まって災害リスクの上昇を招くので、防災投資の重要性が指摘されている。他に新しい点としては災害と保健との関係を明確にしていること、災害の対象を自然災害由来のみでな

表 44-1　国際防災枠組の比較

	横浜戦略	兵庫行動枠組	仙台防災枠組
有効期間	1994年〜2004年	2005年〜2015年	2015年〜2030年
行動計画・優先行動	1. 防災への取組みの重要性の普及 2. 社会の脆弱性を増大させないためのリスクアセスメント手法の開発 3. メディア、科学技術、企業、NGO等多分野の協力の推進 4. 災害の監視と早期の警報の伝達。防災情報の共有 5. 地域レベルでの防災協力の推進。そのための地域センターの設立 6. 後開発途上国、小島嶼国における重点的な防災の推進	1. 災害リスクの軽減は 2. リスクの特定、評価、監視と早期警戒の強化 3. 安全の文化と災害に対する抵抗力を培うために、知識、技術革新、教育を利用 4. 潜在的なリスク要素を軽減 5. 全てのレベルにおける効果的な対応のための災害への備えの強化	1. 災害リスクの理解 2. 災害リスクを管理する災害リスク・ガバナンスの強化 3. 強靭性のための災害リスク削減への投資 4.. 効果的な災害対応への備えの向上と、復旧・復興過程における「より良い復興（Build Back Better）」
ターゲットの有無	—	—	7つのグローバルターゲットを設定

表 44-2　仙台防災枠組の 7 つのグローバルターゲット

目標（a）	災害による死亡者数の大幅な削減
目標（b）	災害による被災者数の大幅な削減
目標（c）	災害による直接的経済損失の削減
目標（d）	医療・教育施設を含めた重要インフラへの損害や基本サービスの途絶の大幅な削減
目標（e）	国家・地方の防災戦略を有する国家数の大幅な増加
目標（f）	開発途上国の施策を補完する適切で持続可能な支援、開発途上国への国際協力の大幅な強化
目標（g）	マルチハザードに対応した早期警戒システムと災害リスク情報・評価へのアクセスの大幅な向上

く疫病なども含めていること、SDGs との関連で災害から生命を守ることは当然として、生業や仕事の継続の重要性も謳われているところである。

第 3 節　災害統計グローバルセンター

　災害科学国際研究所は、第 3 回国連防災世界会議が仙台で行われることを歓迎し、防災の専門家の立場から新しい枠組に何を打ち込み、開催地仙台に会議開催後に何を残すかまで俯瞰して考え行動した。具体的には、この会議で防災の数値目標の設定が議論されることを目指し、想定し、関連のステークホルダーに働きかけ、そのためには各国が災害被害統計を整備する必要があることを見抜いて、国連や JICA、防災の専門家を交えて東北大学で専門家会合を複数回にわたって開催した。その狙いは、国連との協働で災害科学国際研究所に「災害統計グローバルセンター」を設置することであった（写真 44-1）。

　災害統計グローバルセンターは、「各国政府から災害被害データを収集・保存し、連携機関と共同で分析を加え、その結果を各国政府に還元し、各国の防災政策立案に役立ててもらうこと」を目指している。既存の災害被害統計は、各国政府から発信された公式なも

写真 44-1　災害統計グローバルセンター設置発表式（2015 年 3 月）

のではなかったし、質・量ともに不十分、あるいはシステムが不安定で、分析能力にも限界があり、各国の防災政策立案のためには効果的に使用できていなかった。当センターは、各国政府が管理するデータを網羅的・体系的に収集することを目的としている点で画期的だ。長期的に、仙台防災枠組に則り、同枠組が有効な2030年までに、世界の災害犠牲者および経済的損失を減らすことに大きく貢献したい。

　具体的には、各国の災害被害統計構築を補完／推進するために国連開発計画（UNDP）との連携体制を構築した。当センターは、「各国の災害被害統計を統一したフォーマットに集約するグローバルデータベース（GDB）の構築」、「途上国の防災能力向上支援」の二つの活動を実施する。構築するGDBは、各国で収集された情報を受け入れつつ、各国間で比較が可能なように共通項目をプロトタイプとするようなデータベースとした。そして、災害科学国際研究所の有する多様な防災の研究分野の専門的知見から、データを分析し、政策立案、開発計画に活用可能な情報として各国に還元する。一例として、日本の防災白書のように災害被害の現状と分析結果をまとめたレポートを作る事への貢献と、途上国が容易に災害被害統計を政策に活用できるようなシステムの構築を検討している。

　なお、GDB構築にあたっては、富士通（株）から大きな支援を受けており、段階的にアップグレイドしていく予定である。分析にあたっては、パシフィック・コンサルタンツ（株）と共同研究を実施している。このように、当センターの活動は、UNDPやJICA、国内外の他大学、企業、研究機関、防災関連機関と連携して実施する体制をとっている。

おわりに　～執筆者から

　東日本大震災の教訓も盛り込まれた仙台防災枠組とSDGsの達成の目標年は2030年なので、残りあとわずか10年である。2020年はCOVID-19の影響で世界中で国内総生産の値が大きく下落し、それらの目標達成の動きが遅れることは必至の状況である。このような中で、社会連携オフィスは震災10年を迎えるにあたって発展的に解消する予定だ。災害統計グローバルセンターの活動を基軸として、「2030国際防災アジェンダ推進分野」（仮称）として、国連を中心とした防災政策立案の動きを調査・研究しながら、次世代に有効な国際防災政策の在り方について積極的に発信していきたい。

参考文献

1) 小野裕一 (2016) 仙台防災枠組における目標設定までの道のり, 用語・指標設定の現状, および災害統計グローバルセンターについて. 学術の動向. 21 (3) 号 p.94-102.

2) Ito T, Miyamoto M, and Ono Y. (2016) Strengthening governance on disaster risk reduction through improved disaster damage statistics. Journal of Disaster Research 11 (3): 470-475.

3) Sasaki D and Ono Y. (2018) Overview of the special issue on the development of disaster statistics. Journal of disaster research 13 (6): 1002-1005.

45章 学術への期待と役割

専門分野：国際防災戦略

執筆者：泉　貴子

要約

2015 年の国連世界防災会議にて採択された「仙台防災枠組」では、地域コミュニティや地方行政機関の活動および政策と科学の連携を支援することが、学術機関に期待されている。その「仙台防災枠組」実現のために災害科学国際研究所は、「国際研究所」として、日本の災害経験や防災活動を国内外に発信し、世界中の学術機関や様々な機関・組織などと連携しながら、様々な活動を提案・実施している。

キーワード：大学連携、マルチハザード、仙台防災枠組、環太平洋大学協会（APRU）

はじめに

気候変動などの影響により、世界的に洪水や台風などの災害の頻度や被害が増加傾向にある。今後も、様々な災害のリスクが懸念される中、学術にはどのような役割と貢献が求められているのか？海外との大学や様々な機関との連携や協力から何を生み出すことができるのか？学術への期待はますます高まっているといえよう。

第1節　東日本大震災後に誕生した研究所

災害科学国際研究所は、東日本大震災発災の翌年 2012 年 4 月に発足した。東日本大震災は「科学技術システム」の弱点・限界を浮き彫りにしたとされている。大震災により、これまでの工学や理学などの理系の研究を中心とする防災研究・対策では、今後起こりえる巨大災害・複合災害には十分に対応できないことが明らかとなった。そのような課題を克服するために、当研究所は新たな学際的研究集団組織として、その実態と教訓を明らかにし、復興への具体的貢献と未来の災害への備えを先導し、国内外の災害による被害軽減に向けて社会の具体的な問題解決を指向する実践的防災学の礎を築くことを目指して設立された。

それ以前にも日本には災害に特化した研究所はすでに存在していた。例えば、関東大震災を契機として 1925 年に東京大学地震研究所が、また、1951 年には地震に加えて気象災害、水災害、土砂災害を網羅し防災科学を組織的に研究する専門機関として、京都大学防災研究所が創設されている。さらに、1995 年の阪神淡路大震災後には、大震災の経験を語り継ぎ、安全・

安心な市民協働・減災社会の実現に貢献するための研究機関である「人と防災未来センター」が設置された。東日本大震災後に設立された災害科学国際研究所には、理学と人文学が融合した「分離融合」型の防災研究の先駆けとなる役割が与えられたといえよう。また、「国際研究所」として、日本の復興はもちろん、世界の災害リスク・被害軽減に貢献すること、地球規模で災害のメカニズムを解明し、将来に備える「グローバルな視点」とその国や地域の独自性・多様性・価値観などをつぶさに研究する「国際的な視点」の融合を目指している。

第2節　震災後の学術機関への期待と役割

　東日本大震災のような大災害が再び発生した場合、その被害をできる限り軽減するには何が必要だろうか？また、学術からどのような貢献が可能だろうか？これは我々が研究や実践を継続していく中で、常に心にとめておかなければならない問いかけである。従来の様々な研究による取り組みに加え、ひとの行動・慣習・文化などの生活に基づいた、個々の住民が主導となる防災対策や活動が求められ、研究や教育を含めた学術の役割への期待も高まってる。

　2015 年 3 月に仙台で開催された第 3 回国連世界防災会議において、2015 2030 年に世界的に取り組むべき防災活動の指針となる「仙台防災枠組」[1]が採択され、この中には、学術の役割が下記のように記されている。

「(b)学術機関及び科学研究機関及びネットワークは、中長期的に、新規災害リスクも含む災害リスク要因とシナリオに焦点を当てて：地域、国家、地方での適用のための研究を増やし：コミュニティ及び地方行政機関による行動を支援し：意思決定のための政策と科学との連携を支援する」

　ここでは、学術機関が研究を増やすことに加え、コミュニティや地方行政機関の活動、政策と科学の連携を支援することが期待されている。従来の学術機関の役割は、教育や研究に重点がおかれていたが、仙台防災枠組の中に記された役割には「実践的な支援」が加えられている。こうした役割を果たすためには、学術機関が国を超えた様々な機関や組織、また、地方自治体などの地元の組織や機関と連携・協力することが重要である。

　また、2017 年には国際ジャーナルを多々発刊しているエルセビア社から「災害科学における世界的な見通し（A Global Outlook on Disaster Science）」と題した報告書[2]が出版され、これまでの災害研究の特徴や今後、強化していかなければならない分野などが明らかとなった。その中で、特に、災害の被害が大きくなりやすいとされる発展途上国における災害の研究が伸び悩んでおり、そうした研究を支援する意味において彼らとの「共同研究」の重要性が強調されている。先進国と比較すると途上国はその貧困や劣悪な生活環境から、より深刻な災害被害を受けやすい。しかしながら、途上国では研究を支援するための予算の確保は容易ではなく、先進国の研究機関が積極的に途上国の研究機関との共同研究などをとおして、災害メカニズムの解明や事前の防災対策への提案などに貢献することも重要である。

第 3 節　国際連携を主体とするアプローチ

　国際共同研究の発展と実践的な支援に「国際的な視点から」貢献するためには、海外の研究機関との連携強化が必須である。彼らとのネットワーク構築を目的として、災害科学国際研究所は、2013 年 4 月に、環太平洋地域の 55 大学（2020 年 8 月 20 日現在）のネットワークである環太平洋大学協会（APRU）とともに「マルチハザードプログラム」を立ち上げ、その事務局としての役割を担うことになった。「マルチハザードプログラム」は、APRU 加盟大学とともに研究・教育・国際的な政策議論への参加と貢献を主な活動の柱とし、学術のみならず、政府・国際機関・NGO・企業などの学術以外のステークホルダーとの連携を基盤としている。主に「サマースクール（教育）」「防災グローバルプラットフォームやアジア防災閣僚会議などへの参加・セッションの企画」「キャンパスセーフティー（大学における防災力の強化）」などの活動を行っている[3]。

1. サマースクール：東日本大震災の経験や教訓を世界中の学生や教員、研究者に発信し、被災地への訪問を通して、実際の復興について学習する（写真 45-1）。

2. 防災グローバルプラットフォーム・アジア防災閣僚会議・世界防災フォーラムへの参加と貢献：様々な国際会議に参加し、セッションや展示を行っている。そこでは、災害科学国際研究所や APRU マルチハザードプログラムの活動を紹介するとともに、より多くの災害関連機関とのネットワークを広げ、政策提言にかかわる議論に学術の立場から新しい視点などを共有している。

3. キャンパスセーフティープログラム：大学には学生・教員・職員など多くの人たちが学び、働いている。彼らの安全を確保することは大学の責務である。災害による被害を軽減し、効果的な災害対応を実施するために、防災対策や災害対応経験の共有などを大学間で行っている（写真 45-2）。

写真 45-1　サマースクールでの被災地視察（石巻市立旧大川小学校）

写真 45-2　キャンパスセーフティーワークショップでのグループ討議

第4節　到達点とこれから

　現在、我々は「気候変動」というグローバルな課題に直面し、特に今年は世界中が「新型コロナウィルス」という新たなウィルスとの闘いも強いられている。今後は、自然災害のみならず、こうした生物災害、産業災害、化学災害、原子力災害などの様々な災害リスクに関する理解を深め、そのリスクを軽減するための貢献も求められる。同じ分野の中での海外の研究機関との連携のみならず、今後は異なる専門分野をもつ研究者や専門家との連携もさらに強化していかなければならない。

　複雑化する世界情勢の中、学術の「従来の研究・教育を超えた」役割への期待は今後もますます高まるといえよう。その時、海外との連携から何を生み出し、実際に社会にどのような効果をもたらすことができるのか？世界的レベルの研究結果を生み出し、将来の防災分野におけるリーダーを育成すべく学生・若手研究者の育成に力を注ぎ、また、災害被害の大きい途上国を含め、国内外において研究成果を実践に活かすことが、今後も災害科学国際研究所の重要な使命と考えている。

おわりに　〜執筆者から

　日本における「防災」は国際的に非常に進んでいると考えられ、海外から参考とされる場合も多い。また、災害を学ぶ海外の多くの学生がぜひ日本の経験を学びたいと考えている。特にアジアは災害が最も多い地域であり、日本とアジア各国の学生や若手の研究者同士が活発に、また積極的に交流を行い、お互いの文化や慣習を学びながら、「防災」に関しても新たな発想・イノベーションがうまれることを期待している。

参考文献

1) 仙台防災枠組　2015–2030（仮訳）外務省　https://www.mofa.go.jp/mofaj/files/000081166.pdf［2020年8月20日アクセス］

2) A Global Outlook on Disaster Science, 2017（Elsevier）https://www.elsevier.com/research-intelligence/research-initiatives/disasterscience2017［2020年8月20日アクセス］

3) Izumi T.（2016）Science and Practical Disaster Risk Reduction: Role of Universities and Academia in Disaster Risk Reduction – From the Discussions at the UNWCDRR Public Forum by APRU and IRIDeS. Journal of Disaster Research 11（3）454–458. https://doi.org/10.20965/jdr.2016.p0454

46章　住民移転による復興

専門分野：復興計画、災害リスク・レジリエンス
執筆者：井内加奈子

要約

壊滅的被害を受けた被災地では、将来の災害リスク軽減を目的に、近年、大規模な住民移転が実施されるようになった。しかし、その実現に至る過程や、実現後の社会経済的な影響には様々な違いが見られる。社会的・文化的背景などの地域特性を配慮した住民移転の原理・原則を検討するため、多くの先行事例から学ぶことが重要である。

キーワード：住民移転、地域再建、将来の災害リスク軽減、社会脆弱性、地域特性

はじめに

　災害復興では、2 次災害を減らすためにも迅速な実施が不可欠である。そのため従来は、もともとの場所で早期復旧を目指す現地再建が主流で、全世界的に住民移転は避けるべき事業だと考えられ、復興での移転例は多くみられなかった。

第1節　東日本大震災が明らかにした問題

　「何がおきたのか」　平成 23 年（2011 年）3 月 11 日に発生した 9.0 Mw の地震は、高さ 9.3 m を記録する津波（遡上高は 35 m）をもたらし、東日本の沿岸部で 560 km^2 を超える広範囲を浸水させた。死者・行方不明者は 18,500 人を超え、住宅の被害は全壊約 13 万棟・半壊 27 万棟以上、ピーク時の避難者は約 47 万人という深刻な被害がもたらされた。総被害額は 16〜25 兆円と推定され、世界史上、最も被害額が大きい被災になっている[1]。

　「復興の実態」　津波でまちや集落が消滅し多くの被害が生じたため、復興に当たり、将来発生する津波で同様の被害を受けないことが重視された。そのため、従来型復興である現地再建は可能な限り避け、津波被災の可能性が低い安全な地域での再建が行われることになった。

第2節　震災が破壊したパラダイム

　「必要だった対応」　高台の整備や土地のかさあげで津波から安全な地域を整備し、住民の住まいやまちを移転する復興計画が立てられた。震災の約 1 年後には、国は復興交付金制度など

を整備し、住まいの移転に「防災集団移転促進事業」、土地のかさあげとまちの再建に「被災市街地復興土地区画整理事業」などを準備し、自治体の実情に沿って活用された。なかでも、「防災集団移転促進事業」が特出して多く利用され（図46-1）、移転促進対象の地区は295地区（約2,840 ha）・37,000戸、移転先は324地区（約839 ha）・12,555戸である[2]。

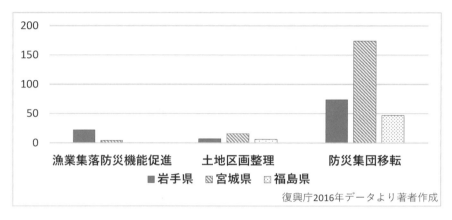

復興庁2016年データより著者作成

図46-1　すまいの再建関連事業の活用状況（県別）

第3節　新しいアプローチ

　海外でも、近年、災害復興において住民移転事業を活用する動きが見られる。

　平成30年（2018年）9月のインドネシア国中部スラウェシ島地震（7.5 Mw）では、海底地すべり、津波、大規模範囲の液状化、泥流など、複合的な災害が発生した。この復興では、まず、国家の支援によってパル湾周辺地域のハザードマップが策定され、その結果を基に、パル市と隣接するドンガラ県とシギ県では、津波・液状化・泥流に対して危険とされた地域の住民を、安全な高台や内陸部に移転させる計画が策定された。現在、4カ所の大規模な移転地が造成中（最大の移転地には約3,400世帯の住宅が整備中、写真46-1）で、住民のニーズに応じて今後、より小規模な移転地の整備が予定されている。

写真46-1　造成中の移転地（パル市トンド地区）

　また、平成25年（2013年）11月に発生した台風ハイアン（現地名：ヨランダ）からの復興では、フィリピン政府は被災自治体に対して、高潮で壊滅した沿岸部での再建を規制し、住民移転を検討するよう通達した。これを受

けて、レイテ島のタクロバン市では、被災前に市中心沿岸部に居住していた約 14,000 世帯を約 15 キロメートル離れた北部地域に移転する計画を策定し、実施している。従来、経済的に恵まれていなかった沿岸部の住民は、直接的被害を受けて財産を失ったため、生活の継続が難しくなった。将来の高潮被害リスク軽減を目指して、内陸に移転先の住宅地が準備された[3]。

第 4 節　到達点とこれから

「新たな災害科学の手法」　上記のように、将来の災害リスク軽減を目指した住民の移転事業を含む災害復興が行われるようになってきたが、その実施に関して改めて顕在化した問題も多い。

中部スラウェシ島パル市周辺で起こった災害のメカニズムは、地震後 2 年が経過した現在も未解明で、いまだにハザードマップの改訂が検討されている。危険地域の指定が変更される可能性があるため、移転促進対象地区の範囲が確定していない。そのため、事業実施に遅れが目立ち、被災住民の生活再建にも大きな影響を及ぼしている。

また、タクロバン市では、当初想定とは異なるすまいの再建状況が生じている。市は高潮から安全な地域に住宅地を整備したが、その整備を待つ間に、従来の仕事や生活を営むために元の沿岸部で住宅を再建した住民が増えた（写真 46-2）。その結果、新たに提供された移転先の住宅と合わせて 2 戸の家を行き来して生活するパターンができている。

一方、東北地方沿岸部の移転事業はほぼ終了したものの、移転先住宅地コミュニティの高齢化や住宅入居者数の減少などが、今後の課題になっている。

写真 46-2　元の沿岸部で再建された住宅
（タクロバン市アニボン地域）

世界中の被災各地で実施されている復興に伴う住民移転事業は、将来の災害リスク軽減という究極の目的を等しく持つ一方、ハザードがもたらす災害の違いや、社会的・文化的・経済的背景の多様さから、移転事業の成果や課題には様々な違いが生じている。

おわりに　～執筆者から

地球温暖化や都市化のさらなる加速によって、人々の居住環境は災害に対してより脆弱となると予想され、これからも災害の時代は続く。災害復興の現場では、2015 年採択の仙台防災

枠組みで言及された「よりよい復興」をスローガンに、将来の減災を目指して大規模な住民移
転事業が継続して活用されるであろう。現在実施されている多くの先行事例から、復興におけ
る住民移転で考慮すべき原理・原則を抽出し、地域特性へも配慮した事業実施のありかたにつ
いて検討したい。

参考文献

1）Iuchi, K., & Olshansky, R. B.（2018）. Revisiting Tohoku's five-year recovery: Community rebuilding policies, programs and implementation. In V. Santiago-Fandino, S. Sato, N. Maki & K. Iuchi（Eds.）, The 2011 Japan earthquake and tsunami: Reconstruction and restoration insights and assessment after 5 years（pp. 91–111）. Switzerland: Springer.

2）復興庁.（2020）. 復興の現状と取り組み. https://www.reconstruction.go.jp/topics/main-cat1/sub-cat1-1/index.html（2020 年 8 月 16 日閲覧）

3）Iuchi, K., & Mutter, J.（2020）. Governing community relocation after major disasters: An analysis of three different approaches and its outcomes in Asia. Progress in Disaster Science, 6（2020）, 100071-Open Access.

47章 よりよい住宅復興とは－国際比較から考える

専門分野：建築学、住宅復興

執筆者：マリ・エリザベス

要約

1995年の阪神淡路大震災以来、日本における災害後の住宅再建における考え方は大きく変わっておらず、前例を踏襲しながら住宅復興事業が実施されてきた。しかし2011年の東日本大震災と津波による未曾有の被害に直面して、住宅復興事業に新たなアプローチが加わった。仮設住宅および恒久住宅事業は、被災者にとってのより良い復興を第一に考え、一人一人の被災者のニーズに応えられるよう多様な選択肢を揃えた。それにより連続性、柔軟性のある住宅復興プロセスと、持続可能な地域コミュニティの実現を目指した。2015年に制定された国際的なガイドラインである仙台防災枠組においても、人間中心の住宅復興プロセスの重要性と共に、被災前よりもよりよい復興を目指す「ビルド・バック・ベター」の考え方に重点が置かれている。

キーワード：より良い復興、住宅復興、人間中心住宅復興、生活復興、連続復興

はじめに

　東日本大震災後のコミュニティと住宅復興は、日本における長い災害の歴史と過去の経験を踏まえても、巨大で複雑な課題であった。よりよい復興とは、より安全で頑丈な住宅を作ることだけではなく、被災者の生活再建を包括的に支援する、ということである。これは、東日本大震災後の日本国内や海外における同様の災害後の事例からもわかる。

第1節　東日本大震災が明らかにした問題

　「何が起きたのか？」　日本は歴史的に地震、津波を含む多くの災害を経験してきており、その中で、被災者の生活再建に欠くことのできない住宅再建に関する政策がつくられてきた。東日本大震災後の住宅復興を難しくした要因には、必要な住宅の多さだけでなく、被災したコミュニティの状況が多様であったこと、そして恒久住宅に入居できるようになるまでの仮住まい生活が長かったことがあげられる。

　東日本大震災は、スマトラ島沖地震（東南アジア／2004年）、ハリケーンカトリーナ（米国／2006年）、台風ハイエン（フィリピン／2013年）などと同様に世界的に注目された巨大災害で

あった。災害後の生活復興期における被災者のニーズは世界的に見ても共通する点が多いが、一方で住宅復興事業は国によって様々である。日本の住宅復興事業は、国の法制度と過去の復興事例に基づく独自の側面を持つが、革新的な住宅復興プロジェクトの中には国際的に見ると類似している点もある。

　「**被害の実態**」　東日本大震災により、被災地では約2万人の死者と行方不明者が発生し、最大で47万人が自宅から避難した。津波により沢山の住宅が部分的または完全に破壊され、福島第一原子力発電所で発生した炉心溶（メルトダウン）により多くの人々が故郷を離れ、何度も移動を強いられ、かつ長期間にわたり避難生活をしなくてはならなかった。10年近く経った2020年現在も、避難生活をしている人は4万3千人もいる。　津波により深刻な被害を受けた自治体の復興計画には、集団移転のみならず、土地の嵩上げや山の切り崩しによる景観の改造、巨大な防潮堤、道路、橋、市街地の建設など大規模なインフラ事業が含まれていた。住宅復興は、集団移転事業との組み合わせやインフラ事業の終了を待たなければならない場合もあり、完成までに長い時間を要した。さらに福島からの避難者は、高台移転や公営住宅建設などの住宅再建事業が完成するまで長い間待たなければならず、また自分たちの町の将来の住みやすさに対する不安を抱えていた。

第2節　震災が破壊したパラダイム

　「**従来までの常識と必要だった対応**」　日本では、政府が被災者のための避難所と、住居の提供を段階的に支援している。まず、緊急時に安全に滞在できる避難所として、通常は学校や公共の建物が提供される。次に仮設住宅が建設され、恒久住宅ができるまでの間、滞在することができる。1995年の阪神淡路大震災後の政府による住宅復興事業は主として公営住宅の提供であった。その数年後、法改正がなされ、政府が、被災者の自宅再建のための資金援助をできるようになった。東日本大震災後の住宅復興事業は、仮設住宅や復興公営住宅の提供、そして自力再建支援など過去の支援事業と同様のものであったが、各事業にはそれぞれの特徴もあった。諸外国における災害後の住宅復興期の課題の多くは、日本のそれと似ているが、住宅復興事業には、日本の事業と類似するものと異なるものがある。各国の優れた住宅復興支援に共通する点として1) 多様な選択肢の中から被災者が選べる柔軟性と、2) 快適な住環境を担保する「良質な建築（設計と建材の両方）」がある。この2つは融合することもでき、コミュニティの持続可能性にも貢献する。

第3節　新しいアプローチ

　東日本大震災後と、海外の住宅復興事業には、1) 選択肢の多さとそれによる柔軟性、2) 良質な建築、の2点に関する様々な革新的な事例がある。住宅復興期における選択肢の多さは被災者にとって重要であり、また住宅復興期の各段階において、支援とニーズを合致させる最良

の方法の1つである。東日本大震災後、仮の住まいとして、みなし仮設住宅の制度が国内で初めて大規模に施行された。これは従来型のプレハブ仮設住宅の建設とは異なり、賃貸住宅を活かして、被災者が既存の賃貸住宅に滞在する場合の家賃を政府が支払うというものである。この仕組みにより、人々は居住場所についてより多くの選択肢を持つことができ、仮の住まいでの生活をより快適にすることができる。特に仮設住宅を建設する土地がない場所では、既存の住宅を利用することは効率的かつ経済的である。

　もしも東京で災害が発生した場合はこの仕組みを使うことで都市部でも住まいを提供することができる。同様の仕組みが他の地域で適用できるか考えると、米国では、ニューヨーク市でハリケーンサンディの後に宿泊施設の部屋を被災者用に供することはできたが、空室の少ないニューヨーク市内に賃貸住宅の部屋を提供することは困難であった。選択肢が多い事例としては、フィリピンでの台風ハイエンの後、家賃を提供する金銭支援、自力再建・修繕のための建材提供、仮設住宅の提供など行政やNGOが多様な複数の選択肢を提供した。

　良質の建築という視点からは、木造仮設住宅の提供は、東日本大震災後に大々的に適用された新しいアプローチの1つである。阪神淡路大震災以降、仮設住宅を迅速に提供するために全国の都道府県がプレハブ建築協会と契約し、それが標準仕様となったが、東日本大震災後、被災地全域において木造仮設住宅が建設された。福島県は、特に地場産業の復興と天然資源利用の促進、および人々にとってより快適な住環境を提供するために、木造仮設住宅の利用を推進した。木造仮設住宅の一部を隣の住戸と組み合わせて恒久的な公営住宅として再利用した事例もあった（図47-1）。

　海外においても住宅復興プロセスにおける連続性を重視して、仮設住宅を恒久住宅に転用する試みがある。米国では、2006年のハリケーンカトリーナの後に施行されたミシシッピコテージがその一例であるが、仮設住宅として使用されたコテージ（建物）を、その土台を改良することで恒久住宅に転用した（図47-2）。全ての仮設コテージが転用されたわけではないが、転用されたコテージの住人は非常に満足していた。米国からの別の一例ではRAPIDOプロジェクトのコアハウスがある。これは、仮設住宅をコア（中心）としてそこに増築していくことで恒久住宅に拡張できるものである。RAPIDOプロジェクトは、仮設住宅と恒久住宅をそれぞれ別の資金で建設できるように設計されている。災害後

図47-1　福島県会津若松で仮設住宅を復興公営住宅として再利用

図47-2　仮設住宅のあとに恒久住宅として使われているコテージ

の拡張可能なコアハウスにはインドネシアにも事例がある。ジョグジャカルタ市の近くで起きた2006年中部ジャワ地震や2010年のメラピ山の火山噴火の後には鉄筋コンクリートブロックでできたシンプルなコアハウスが提供され、その後、被災者が好きなように増築することができた。

第4節　到達点とこれから

「新たな災害科学の手法」　2015年に策定された仙台防災枠組は、人間を中心とした包括的なアプローチの重要性、より良い復興、そして復興と開発のつながりを強調する最初の国際的なガイドラインである。仙台防災枠組には「よりよい復興」（ビルド・バック・ベター）が盛り込まれ強調されていて、災害後の復興プロセスの重要性に対する国際社会の関心の高さを示している[1]。仙台防災枠組では、被災者の生活再建の重要な側面として、女性、若者、高齢者、障がい者など多様な当事者を含めるインクルージョンの重要性や、頑丈で安全な建物の建設だけでなく、開発と復興とのつながりなど、復興を包括的に捉えることの重要性について言及されている。これまで紹介してきた国内や海外の事例が示すように、被災者の生活をより包括的にサポートすることができる住宅復興プロセスも進化し、改善されてきた。仮設住宅や恒久住宅を含む住宅復興事業が機能的に設計され、多様な選択肢が提供されることによって、被災者はそれぞれのニーズにあった選択ができるようになる。しかしこれらは一例に過ぎず、多くの国では住宅復興政策の大幅な改善が必要とされている。日本の場合は特に福島原発のメルトダウンによって住む場所を追われた人々がいまだに生活再建の目処が立てられず不透明な未来に直面している。

おわりに　〜執筆者から

　住宅復興における課題への理解とそれに関する知識は、日本国内、海外、国際機関や諸団体の中で進歩してきている。国際的な枠組が作られ、日本の住宅復興支援のあり方も進化し、被災者の生活再建のための住宅復興に何が必要か、我々の理解は深まってきているが、まだ全ての問題が解決されたわけではない。日本と海外がお互いに参考にしながら、今後起こりうる災害に対して住宅復興の手法が改善され続け、被災者の生活再建に役立てられることを願う。

参考文献

1) UNISDR.（2015）Sendai Framework for Disaster Risk Reduction 2015-2030.
　 http://www.unisdr.org/we/inform/publications/43291［2020年10月13日アクセス］

48章　防災の枠組みで遺体と遺族を考える

専門分野：社会人類学、災害人文学

執筆者：ボレー・ペンメレン・セバスチャン

要約

甚大な被害を伴う災害では、多数の遺体をどのように扱うかという課題に直面する。東日本大震災ではこの課題に際して、レジャー施設や公共施設が仮設遺体安置所に、空き地が集団埋葬地に転用された。本稿では国内外の災害の事例からこの耐えがたい状況について教訓を引き出し、大量死への備えという新しいアプローチを災害への備えに統合することを提案する[1]。

キーワード：大量死、悲しみ、遺体、遺族、国際化、災害への備え、減災、学際性

はじめに

　災害は、自然現象だけでなく、備えと事後の対応という人間の行動にも左右される。本稿では、大量死への備えを疎かにすることで被害が拡大することを示す。避難訓練や防波堤の設置などと同様に、大量死に備えることは防災と減災の両方に関わる問題であるといえる。

第1節　東日本大震災における犠牲者への対応の問題

　国連防災機関の推定によると、自然災害による死者数は過去20年間で約135万人に達している（https://www.undrr.org/publication/poverty-death-disaster-mortality-1996–2015）。東日本大震災の犠牲者のように、今日これらの死は即席の遺体安置所、臨時の集団墓地、そして嘆き悲しむ何千人もの人々といったイメージを想起させる。

　平成23（2011）年3月11日午後、東北地方でマグニチュード9.0の地震が発生した。地震は最大40メートルに達する津波を引き起こし、人々の居住地全体を押し流した。このうち15,083人が死亡し、3,971人が行方不明となった。これに、3,739人の関連死が加わる（https://news.yahoo.co.jp/articles/549282578e35ce24727833091c30ff22340d5a1a）。

　緊急チームが最初に直面した課題は、遺体の回収であった。警察や自衛隊、消防士、救急隊員等がこれらの作業の大部分を行い、一時的な遺体安置所や、また時には臨時の墓地への搬送

---

[1] 本文中では、災害等で一度に多数の人命が奪われてしまうという悲惨な出来事を「大量死」と表記する。この語を人間に対して用いることは現在深く浸透していないが、後述するように今後の防災を考えるうえで極めて重要な概念である。

も担った。彼らの努力にもかかわらず、今もなお 2,529 人の行方不明者がいるといわれている（https://www.nikkei.com/article/DGXMZO56536620X00C20A3CZ8000/）。

　この緊急時に際して直面した第二の問題は、遺体を収容する施設の不足である。たとえば、石巻市は 3,000 人以上の死者に対処しなければならなかった。はじめは市役所の施設や地下駐車場に遺体が収容された。1 日に 1,200 人の遺体が運び込まれる中、すぐに体育館や広場を巨大な遺体安置所に転用することが決定された。何百人もの犠牲者の遺体がこれらの遺体安置所に並べられ、身元が確認され、家族の元に戻っていった。映画監督の君塚良一は、2013 年に映画「遺体　明日への 10 日間」を公開し、この現状を伝えた[1]。

　遺体の回収と身元確認の後、地方自治体は遺体を犠牲者の家族に返還した。遺族は慣習的な火葬、葬儀、そして最後に埋葬をおこなうことを期待していた。しかし、多くの火葬場は修復不可能なほどの損傷を受け、燃料など火葬に必要な物資がないところもあった。これを受けて、政府は地方自治体に一時的な集団墓地の建設を許可した。たとえば、東松島市は山頂の旧保健所跡地（現在は火葬場）に 500 人の遺体を収容するための墓地を建設した（写真 48-1）。墓は建設会社によって準備された。遺体は、自衛隊によってビニール袋や棺に入れられて運ばれ、家族が火葬できるようになるまで、時には数ヶ月間そこにとどめられた。

写真 48-1　東松島市仮集団墓地 2011.8.13 著者撮影

第 2 節　災害の歴史から大量死を学ぶことの重要性

　ここでは、東日本大震災での大量死への対処を複雑にした主な問題について簡潔に論じる。この国には大量死の歴史があるにも関わらず準備が不足していた。規模こそ違えども、東日本大震災のような災害は研究者が何年も前から予測していた。国や地方自治体がそのようなシナリオのために何らかの予防策を講じたという証拠はほとんどない。唯一、大手の葬儀社が大量死のシナリオの予測に応じて施設をつくりかえていた事例が知られている[2]。このような備えが欠如した状況では、遺族と同様遺体に直接対応した人々もまた、ストレスにさらされたことであろう。

　大量死への備えには、文化的知識と国家の関与が必要である。日本の葬儀は災害時であっても私的なものとされる。東日本大震災では、ガレキの中から回収された遺体へのその後の対処を遺族がおこなうことが求められた。遺体を隣の県にある火葬場に運ぶため、自家用車やレンタカーで数百キロを移動した人もいた。一方多くの遺族はそのような移動をおこなうだけの手段や余力を持ち合わせていなかった。このような事態を避けるために、政府やその他の公的機

関は、慰霊碑や記念碑の建設を含めて、遺体を取り扱うプロセスに関与することが求められるかもしれない[3]。

第 3 節　死と社会の慣習

　大量死に備えることの重要性は、死が生物学的なプロセスであるだけでなく、社会的なプロセスでもあるという文化的理解に基づいている。人類学者は、個体の死は生物的な死（たとえば心不全）から始まり、社会的な死（たとえば遺体の処理、葬儀、ときに埋葬）で終わると理解している。もし生物学的死を変えることができないならば、死の社会的プロセスのために備えることで、大量死により良く対応し、社会への影響を軽減することができる。社会的死に関する人々の需要に応えるためには、死の文化に関する知識に基づいた新しいアプローチが必要である。

　新しいアプローチはまた、大量死が公衆衛生に関連するという考えと統合されるべきである。日本以外の近年の事例では、応用人類学者のチームが世界保健機関（WHO）と協力してエボラ出血熱の危機緩和に取り組んだ際に、死者の管理と公衆衛生との関連が顕著に示された（http://www.ebola-anthropology.net）。彼らは、エピデミックの渦中では、現地の葬儀の習慣や信仰に関する知識によく通じていることが、より適した医療対応と公衆衛生の向上を可能にすることを示した。

第 4 節　世界の大量死シナリオから学ぶ

　大量死が起きてしまった際の課題をより良く理解するために、日本以外の災害を研究している。一つの比較対象は、インドネシア・アチェ州における 2004 年のスマトラ津波である。アチェ州だけでも 12 万人以上の遺体を埋葬しなければならなかった。イスラム教徒が多数を占めるアチェの人々にとって、遺体は死後 24 時間以内に埋葬すべきとされる。しかしながら膨大な数の遺体、資源の不足、そしてインフラの状態が、これを不可能にした。最終的に、救急隊と生存者たちは、津波の犠牲者のための複数の集団墓地を建設することができた（写真 48-2）。しかし、遺体の記録は総数のみで場所は控えられず、普通の慣習に即さない方法で急いで埋められた。現在でも、多くの人々は自分の家族がどこに埋葬されているかを知らぬまま集団墓地に祈りに訪れる。

　このような大量死の極端なケースに際して、犠牲者への対応を改善し残された人々の

写真 48-2　シロン集団墓地、バンダアチェ市、インドネシア（46,718 名の犠牲者）2013.12.25 著者撮影

苦痛を軽減するために、何をすることができるだろうか？たとえば、遺体を包むために十分な数の専用の袋を準備することや、集団墓地の建設計画を立てること、遺体の DNA から埋葬後の位置を記録するシステムを作るなどの解決策が挙げられるかもしれない。これらは、本研究が答えを導き出したいと考えている実践的問いの一部である。

　また自然災害だけでなく、パンデミック（エボラと COVID-19）や人災（テロ）も視野に入れた研究を行っている。世界中の多くの都市は、とりわけテロによる大量死の脅威を予測してこなければならなかった。ロンドンとパリ、そして両国の政府は、大量死とそれに関連する出来事に対処するため、独自の設備設計をおこなった。この計画では、病院、救急チーム、および種々の遺体安置所といったあらゆる資源が考慮されている。この計画の責任者らと共同することにより、国内外の大量死に対するより良い解決策を立案することを志している。

おわりに　～執筆者から

　災害研究の専門家は、南海トラフ地震や首都直下地震が今後 30 年以内に大量死を引き起こすと予測している。避難の方法を改善するための対策は講じられているかもしれないが、犠牲者の遺体の取り扱いや遺族の悲しみという大きな課題については、何の議論もなされていないように思われる。今後本研究では、引き続き過去の事例から教訓を引き出すことでこの溝を埋め、大量死に対処するための新たな構想を提案していきたい。

参考文献

1）君塚良一「遺体　明日への十日間」2013 フジテレビジョンファントーム・フィルム
2）菅原裕典「3.11 東日本大震災—清月記　活動の記録」出版委員会　2012「3.11 東日本大震災—清月記　活動の記録～鎮魂と追悼の誠を挙げて～」株式会社　清月記
3）Boret, Sébastien and Shibayama, Akihiro, 2017, The roles of monuments for the dead during the aftermath of the Great East Japan Earthquake, International Journal of Disaster Risk Reduction, 2017/09/01, 10.1016/j.ijdrr.2017.09.021

49章 災害調査

専門分野：災害医療国際協力、災害調査

執筆者：**江川新一、緊急調査ワーキンググループ**

要約

東日本大震災の後にはさまざまな災害調査が行われ、現在も継続している。その後の災害でも調査結果が、専門家のみならず、災害に関係する多様な関係者の間で速やかに共有され、リスクを減らし次の災害に備えることに役立てられている。災害調査は被災者や被災自治体に負担をかけることも多く、災害サイクルに合わせて適切に行われる必要がある。

キーワード：災害調査、災害研究の変化、情報共有、被災者の負担、災害サイクル

はじめに

災害はサイクルとして捉えることができ、発災直後に必要な調査、数日、数週間以内に必要な調査、数か月から数年単位で必要な調査、次の災害に備えるために必要な発災前の調査を行い、そのデータをまとめ解析した研究成果が災害科学になっている。

第1節 東日本大震災が明らかにした問題

「何が起きたのか？」 東日本大震災はマグニチュード 9.0 というわが国の記録として最大の地震であり、地震の揺れは日本列島ほぼ全てで体感され、海底の動きによる巨大な津波が沿岸部を襲った。地震と津波の被害は、被災地の地形、人口と居住の形態、産業や構造物の位置などの地域特性によってさまざまに変化し、とくに福島県では原子力発電所を津波が襲い、放射性物質が大気中と海水に放出され、放射線という新たなハザードによる複合災害を作り出した。このような巨大な災害の全容を把握することは容易ではない。非常に数多くの現地調査がなされたが、それぞれは調査をする専門家や省庁、自治体の担当分野に限定されていることが多く、また、膨大な調査結果をまとめるのにも、調査結果が共有されるまでにも多くの労力、費用と時間を要した。

「被害の実態」 東日本大震災の人的被害は、発災直後は警察と消防による情報がもっとも用いられた。それでも死者数の統計が最初に発表されたのは、発災から 1 週間が経過した 3 月 18 日であり、全国で 6,911 人という報告がなされ、福島県における死者数が初めて報告された 4 月 5 日時点での全国の死者数合計は 12,321 人、警察庁が 2012 年 3 月 11 日時点で死者 15,854

人、行方不明者 3,155 人、負傷者 26,992 人とまとめている（警察庁. 東日本大震災と警察：平成 23 年回顧と展望. 焦点第 281 号　https://www.npa.go.jp/archive/keibi/syouten/syouten281/pdf/ALL.pdf）。一方、消防庁は 2012 年 3 月 13 日時点で、各都道府県から報告のあった数として、死者16,278 人、行方不明者 2,994 人、負傷者 6,179 人としている（消防庁災害対策本部第 145 報https://www.fdma.go.jp/disaster/higashinihon/assets/jishin145.pdf）。どちらが正しいかということではなく、それだけ震災の規模と被害が大きく、全体像を把握する困難さを物語っている。

　2012 年 3 月 11 日現在での建物被害は警察庁の報告では全壊 129,107 戸、半壊 254,139 戸、全焼・半焼 281 戸、床上浸水 20,427 戸、床下浸水 15,503 戸となっている。消防庁の同時期の報告はほぼ同数である。すべての地方自治体からの情報を集約できる行政調査と情報発信は災害の全体像をつかみ、政策を決定するために必要かつ有用である。

　一方、行政調査とは異なり、災害のメカニズムを探り、被害に影響を与えた因子を探り、防災の方針を決定するためには、研究者による調査も必要不可欠である。他の章でも触れられているように、地震と津波を引き起こした太平洋プレートの動きをさぐるための GPS と海中ソナーを応用した海底変動の測定機器が全国的な共同研究として震災前から設置されていたために、東北地方太平洋沖地震は、海底の動きが正確に計測され、沖合での発生から沿岸部到着までの津波の動きを精緻にとらえることができたはじめての地震となった。このような調査がおこなわれていた根底には、災害は繰り返し発生し発災、対応、復旧、復興、次への備えというサイクルをとるので、海底の動きを捉え津波の早期警報の準備をすることの重要性が認識されていたことがある。

第 2 節　震災が破壊したパラダイム

　「従来までの常識と必要だった対応」　東日本大震災のエネルギーの強さと地理的範囲の広さは被災地の特性により実にさまざまな被害を作り出した。揺れ、津波、放射線というハザードとハザードへの暴露（Hazard & Exposure）の程度、人間と地域社会のもつ脆弱性（Vulnerability）や対応能力（Coping Capacity）とのバランスによって被害の形態や程度が大きく異なった。被害は人的被害、建物被害のみならず、道路や橋、通信拠点、電気・ガス・水道などのライフラインのためのインフラ、行政・医療・教育機関などの社会システム、すべての産業の生産拠点、サプライチェーンなどに大きな影響を与えた。人々のからだとこころ、生活、コミュニティも大きな影響を受け、家族や地域社会の文化や歴史を伝えるものが多く失われた。したがって、ある一面からだけの調査では被害のメカニズムを分析し、効果的な対策へとつなげることは困難であった。個人情報保護は災害時であっても重要で守られるべき法律であるが、被災者の個人情報を共有することの障害にもなり、たとえ行政調査であっても被災者から得た情報を他の行政組織や研究者、企業などと共有するには個人の同意が必要であり、結果的に似たような調査が何度も繰り返して行われることにもなった。同じ調査が繰り返され、しかも、何のために行う調査なのかがわからなければ、被災者の時間的心理的な負担になるばかりで

あった。

　調査は被災者に対する調査だけではなかった。多くの自治体は人員も削減されつつあった状況のもと、自らが被災者であっても中央政府などからの要請による調査報告の業務をこなし、住民と地域社会の被害状況を把握しなければならなかった。さらに研究者による調査への協力依頼や、許諾などへの対応も必要であった。

第 3 節　新しいアプローチ

　東日本大震災をきっかけに、災害調査のあり方にも一石が投じられた。とくに人を対象とする研究の場合には、アンケート調査であっても研究の目的、科学的合理性、研究方法の妥当性、倫理性などについての倫理審査を経て実施することが望ましいと考えられるようになった。これは、人を対象とする医学的研究の倫理指針[1]の考え方に基づいている。医学的な研究はこの倫理指針に厳格に沿う必要があるが、医学的な調査ではなくとも、研究者ではない一般人や男女の両方を含むメンバーで構成された倫理委員会（Institutional Review Board: IRB）に対して計画を提出し、審議されることによって、よく準備された必要な調査を行い、不要な調査を減らすことになる。また、協力していただいた自治体や被災者への謝意を表す方法や、研究成果を地域に還元することも前もって決めておくことができる。自然現象である地震や津波、異常気象や洪水などの調査にはそのような審査は不要であるが、もし、その調査が人間社会との関わりや避難行動、被災者・被災地の復旧・復興活動に関わる研究として行われる場合には、審査を受けることで、なぜ、どのような調査をするのかを明確にしておくことに役立つ。

　内陸型地震による地表面の断層など、発災後すぐに行わないと復旧活動によって消えてしまう現象もある。家屋が崩壊したときに発生するがれきには貴重な文化財や家族の思い出が含まれている。避難所や自宅での診療の記録は機微な個人情報を含んでおり、医学的研究を行う際にも匿名化による個人情報保護は必須である。ボランティアの活動や、企業の復旧・復興・次の災害に備える事業継続計画などの社会的な調査も行われている。教育の現場では、災害を乗り越えてより強くたくましくなろうとする心的外傷後成長 post-traumatic growth という現象もみられる。被災地の社会復興、コミュニティ再生なども調査をしなければ実態はわからず、いろいろな角度からの調査が行われている。

　地理情報システム（Geographical Information System: GIS）はハザードや被害を地図上で視覚的にとらえることを可能にする非常に有用な技術である。海底の動きを捉えることができるような技術や、世界中の海水の温度や塩分濃度などを定点観測するロボット、人工衛星からの画像などの先端技術、文化財をデジタルデータにする技術、シミュレーションなどの技術革新によって、調査で得られる情報は質的にも量的にも飛躍的に増えている。災害調査の結果はすぐに地図上に反映され、かつ社会的因子や医療・歴史情報など様々な情報を重ね合わせて表示することができる。調査して得られた情報は単独の研究者だけのものではなく、世界的に共有されることも多い。

第4節　到達点とこれから

「新たな災害科学の手法」　災害科学国際研究所では、国内外での災害に対して緊急調査を可能なかぎり行っている。2012年のジャカルタ洪水、2013年のフィリピン台風ハイエン、2014年のネパールゴルカ地震、2015年の熊本地震、2017年関東東北豪雨災害、2018年の7月豪雨災害、2019年の令和元年東日本台風など多くの災害に対して一般やメディアも参加可能な報告会を開催するとともに、収集した情報をウェブサイト（https://irides.tohoku.ac.jp/research/prompt_investigation/）で公開している。

　災害科学国際研究所は理工学、医学、人文社会科学の研究者が一堂に会する複合的な災害科学の研究所である。とくに災害調査については研究企画委員会のもとに緊急調査ワーキンググループを設置し、各種ハザード、医療・社会対応、歴史文化財などの専門家やマッピング担当者が必要な調査の計画と実施や発信を担当している。調査結果もハザードのメカニズムから、災害医療対応、住宅復興、社会の脆弱性と復旧・復興における特性などの多岐にわたり、調査結果を集約して論文集として報告している。調査の際には、複数の分野の研究者が合同で調査を行うことも多い。台風ハイエンやゴルカ地震の調査では、災害医学の研究者とリモートセンシング研究者、社会対応研究者などがチームとして訪問し、普段は入ることがない病院の建物被害状況の把握や、高潮による浸水域の調査、下水処理場の被災状況、住民の健康状態やニーズに応じた人道支援対応の把握も可能にした[2,3]。

おわりに　～執筆者から

　災害は、人間や地域社会に損害を与えるハザードの強さや曝露の程度と、そのハザードの影響をうける人間や地域社会の弱さ（脆弱性）と強さ（対応能力）によって被害の程度が変わる。災害調査はそのどの面に光をあてるのかによって、目的と得られるデータの種類や質、解析手法や結果の解釈などが大きく変わる。同様の調査がすでに過去の災害でも行われ、結果が出ているかもしれない。その調査は本当に必要な調査なのか、なぜ調査するのか、誰のために調査するのかをよく考える必要がある。

参考文献

1）文部科学省・厚生労働省. 人と対象とする医学的研究に関する倫理指針. 平成26年12月22日（平成29年2月28日一部改正）https://www.mhlw.go.jp/file/06-Seisakujouhou-10600000-Daijinkanboukouseikagakuka/0000153339.pdf

2）Initial Report of IRIDeS Fact-finding mission to Philippines　https://irides.tohoku.ac.jp/media/files/IRIDeS_Report_Haiyan_20140527.pdf

3）IRIDeS Fact-finding and Relationship-building Mission to Nepal　https://irides.tohoku.ac.jp/media/files/archive/NepalReseachReport-s.pdf

50章　災害科学のコミュニケーション

専門分野：社会科学、広報、科学コミュニケーション

執筆者：中鉢奈津子

要約

東日本大震災の際、従来の科学コミュニケーションのあり方が問われ、その後、災害知見を社会と共有する努力がなされてきた。例えば研究者とメディアとの連携活動はその一つである。専門家と市民が災害科学に関する相互理解に到達するのは容易ではないが、現代は社会のすべての構成員が科学の利害関係者ともいえる。専門家でなくとも科学に関心を持ち、積極的に科学コミュニケーションに参加していくことが重要である。

キーワード：災害科学、科学コミュニケーション、学術ーメディア連携

はじめに

　近年、科学を専門家の間だけに留めずに、社会と共有するための「科学コミュニケーション」がますます重要になっている。科学の中でも災害科学は、人々の生命や安全に直結するため、社会に伝える意義が大きく、社会の側からの災害知見への関心も高い。そして、10 年前の東日本大震災は、従来の科学コミュニケーションを問い直す契機であった。

第 1 節　日本における科学コミュニケーションと東日本大震災

　日本では、すでに江戸時代に自然に関する知識を普及させる文章が存在しており、科学コミュニケーションを広義に捉えれば、江戸時代まで遡ることができる。しかし、近代科学の導入は明治時代以降となる。第二次世界大戦までは、書物、科学・一般雑誌や講演会等で科学に関する啓蒙活動が行われた。戦後は 1956 年に設置された科学技術庁が科学技術の広報・啓発を牽引した。高度経済成長期、そして 1970 年代の社会における反公害・反科学技術の潮流を経て、1980 年代には政策としても、単に科学を発展させればよいのではなく、科学技術の進歩は社会のためという認識へ変わっていった。しかしこの時期以降、「若者の理科離れ」が問題となったことから、この対策としても科学コミュニケーション振興がはかられるようになり、1995 年には科学技術基本法も制定された[1]。2000 年代に入ると、市民の科学知識不足を補うための一方的な啓蒙活動の限界が認識され、双方向対話や科学者のアウトリーチ活動の重要性が強調されるようになった。複数の大学に科学コミュニケーター養成講座も設置されたが[2]、

科学コミュニケーションは、基本的には引き続き市民の科学理解増進を目的としていた[3]。

その状況が根底から問われたのが東日本大震災である。甚大な地震、津波、それに続く原発事故により、市民は切実に信頼の置ける科学的な情報を必要としたが、専門家の社会発信は混乱し、結果として市民の専門家へ対する信頼感が低下した。この状況は、科学界に従来の科学コミュニケーションのあり方についての再考を迫るものとなった。また、震災により、社会にあるリスクを科学に基づいて共有・議論し、利害関係者との合意形成を行うリスクコミュニケーションに関しても関心が高まった[3]。

ここで欧米諸国における科学コミュニケーションの状況に目を転じる。欧米では、1990 年代のイギリスで BSE（狂牛病）問題をめぐり、政府と科学者への不信感が高まったこと等を契機に、科学と社会のあり方が問われた。市民の科学理解増進が必ずしも科学の社会問題の問題解決につながらないことから、市民が意思決定の過程に参加し、科学知識と現場の当事者の知識を統合して問題解決をはかる方向へと転換していた。日本における東日本大震災は、科学と社会の関係を問い、科学コミュニケーションのあり方の再構築を迫ったという意味で、欧米における BSE 問題とも対比される[3]。

第2節　新しいアプローチ

東日本大震災の後、災害科学のコミュニケーションに関するさまざまな努力や追求がなされてきた。災害科学国際研究所はじめ、多くの大学や研究機関でウェブページが整備され、一般公開講座やサイエンス・カフェ等、科学者と市民が科学知見に関するやりとりを行う場が、積極的に持たれている。災害研究者が携わる防災教育活動も数多く行われてきたが、これらも広義では災害科学コミュニケーションといえる。

筆者が携わった発展的な科学コミュニケーション活動の一つに、2016 年から約 3 年にわたって実施した学術−メディア連携企画がある。企画を通じて、研究者と、災害科学を社会へ迅速・平易に伝える鍵となるメディア関係者との間で相互理解を深め、防災や震災記憶の継承で協力する道を追求した。研究者と、さまざまな地域の新聞・テレビ・ラジオ・ネットメディア関係者との対話の場を設け、さらに学術−メディアで協力して活動を行ったが、なかでも、研究者と朝日学生新聞社との協働活動では一定の手ごたえを得ることができた。例えば、同社が発行する小学生向け新聞の読者である小学生と災害研究者が共に被災地を巡検し（写真 50-1）、小学生が体験記事を同紙面上で発表した。また、研究者が災害科学の基礎知識・最先端

写真 50-1　災害研究者と小学生が被災地を巡検
（2017 年 3 月、仙台市荒浜）

知見を、小学生読者に向けて平易に解説する記事を通算 1 年半にわってリレー連載した（写真 50-2）。これらは小学生およびその保護者にとっては災害科学に触れる機会となり、また研究者にとっては子ども向けに科学をかみ砕いて説明する機会となった。これらは総じて、メディアを介して研究者と若い世代がコミュニケーションをはかる良質な活動となった。

写真 50-2　小学生新聞における研究者のリレー連載記事例

第 3 節　到達点と課題

　東日本大震災の後、災害科学のコミュニケーションは変わったのだろうか。震災後の政策においては、コミュニケーションの双方向性と、倫理的・法的・社会的課題への対応が強く意識されるようになった[2]。文部科学省「科学技術に関する国民意識調査—2016 年 3 月〜2018 年 10 月　科学技術の関心と信頼と自然災害—」（2018 年 12 月）によれば、震災直後に約 4 割まで落ち込んだ科学者への信頼度は、2018 年には約 8 割まで回復している。しかし今日に至るまで、科学コミュニケーション現場で見られる最も一般的な形は、研究者の発表に続いて市民参加者との簡単な質疑応答を行うような、比較的双方向性が弱い講義形式である。欧米で起こったような、市民が意思決定の過程に参加し、科学知識と現場の当事者の知識を統合して問題解決をはかろうとする社会システムへの転換は、あまり進んでいないようにも見える。その一因として、日本と欧米では市民の権利意識や社会的文脈が異なることが考えられる。しかし、そもそも不確実性を含んだり、正解が一つとは限らない科学の最前線知見となると、科学者とそうでない人々が共有し、相互理解に到達するのは容易でない。

　このような状況を総合すると、震災を経て日本の科学コミュニケーションにパラダイム・シフトが起きたとまでは言えないのかもしれない。しかし、学術−メディア連携企画に参加した複数のメディアから、震災後、東北大学研究者の社会発信は積極的になったという証言も得ている。東日本大震災によって科学コミュニケーションの現実と課題が浮かびあがり、震災が、そのよりよいあり方を追求する契機になったのは間違いない。

おわりに

　本稿を執筆している現在、新型コロナウイルス感染症をめぐって再び科学コミュニケーションの現状と課題が浮き彫りになり、専門家、政治家、メディア、市民をはじめとしたさまざまな利害関係者のあり方が議論されている。今後も社会の安心・安全が揺らぎ、科学に基づく対

応が必要となるたびに、科学と社会の関係と、科学コミュニケーションのあり方が問われていくことになるだろう。現代人は科学と無縁ではいられず、否応なく科学に影響された生活を送っている。科学コミュニケーションの当事者は、科学知見の生産者である研究者、その知見をわかりやすく発信するメディア、筆者のような学術機関の広報担当だけではない。専門家ではない市民も科学に関心を持ち、積極的に科学コミュニケーションおよび科学に関する意思決定に参加していくことが重要である。

参考文献

1) 藤垣裕子、廣野喜幸.（2008）日本における科学コミュニケーションの歴史. 藤垣裕子、廣野喜幸 編. 科学コミュニケーション論. 東京大学出版会（東京）. ISBN 978-4-13-003207-0.

2) 標葉隆馬.（2016）政策的議論の経緯から見る科学コミュニケーションのこれまでとその課題. コミュニケーション紀要 27: 13-29.

3) 田中幹人.（2013）中村征樹 編. ポスト 3.11 の科学と政治. ナカニシヤ出版（京都）. ISBN 978-4-7795-0722-9.

51章　産業界との連携

専門分野：津波工学・海岸工学

執筆者：山下　啓、サッパシー・アナワット

要約

東日本大震災では沿岸域における防災・減災に関する課題が浮き彫りになった。本章では、地震・津波災害のリスク評価や実用的な防災・減災システムの検討、さらに防災教育・啓発などの社会課題の解決に向けた取組など、東京海上日動火災保険株式会社と東北大学との産学連携によるリスクを軽減するために取り組まれた総合的な活動について紹介する。

キーワード：産学連携、地震津波リスク評価、Eco-DRR、津波避難、防災教育・啓発

はじめに

　東日本大震災以降、地震・津波に対する防災の在り方やリスクを軽減するための研究は「社会が強く求める課題」として認識されることになった。関連する研究開発や人材育成等の相互協力が可能な事項について、産業界との具体的な連携・協力を効果的に実施することにより、科学技術の発展と社会課題の解決に資することが期待される。

第1節　東日本大震災が明らかにした問題

　「何が起きたのか？」　東日本大震災（以下では大震災と呼ぶ）では岩手県から茨城県沖にわたって日本海溝沿いの断層が破壊された。観測史上4番目に大きいマグニチュード9.0の超巨大地震により発生した津波は、高さ10mを超える超巨大津波として東日本沿岸の広い地域を襲った。津波の最高遡上高は40mに達し、浸水範囲は561 km^{2}にひろがった。この巨大地震・津波による被害は多岐にわたり、国の従来想定をはるかに超える被害に沿岸各地は見舞われた。地震の揺れや液状化による建物被害、それに続く津波による浸水被害にとどまらなかった。土砂移動や漂流物、津波火災、その他、都市型津波等、これまで十分に考慮されてこなかった津波の脅威への脆弱性等の問題が露になったのである。

　「被害の実態」　巨大津波による強い流れは地盤を削り地形を一変させ、大量の土砂を伴い黒い津波と化して沿岸各地域を襲った。その影響は浸水範囲や破壊力を増大させていた可能性が指摘される他、津波に巻き込まれて誤嚥（ごえん）した海水や土砂に含まれる有害物質または

細菌を原因とする津波肺の発症が確認されている。更に、津波の収束後に陸上に残されて乾燥した堆積物から舞い上がる粉塵によって近隣住民の健康が害された他、堆積物に含まれる砒素等の重金属の溶出により土壌や地下水系が汚染の危険にさらされる事例もみられた。他方、家屋や瓦礫、車や船舶等、あらゆるものが漂流物と化して津波流の複雑さと破壊力は増し、津波に巻き込まれた人々の津波からの脱出や生還をより一層困難にさせた。さらに、浸水域内の瓦礫に引火して起こった津波火災は消火活動が難しいため二次被害の原因となった。都市部では、建物が密集するため周囲を見渡しづらく、津波襲来の察知や避難行動の開始の遅れに繋がったほか、比較的頑丈な建物により津波は道路に集中して加速し、建物を回り込むように海とは異なる方角から人々を襲って避難をより困難にさせた。これが都市型津波の被害実態であった。さらに津波避難においては、車による避難に伴い交通渋滞が発生し、渋滞中の車中で津波に巻き込まれて犠牲となったケースも多数発生した。津波時には徒歩による避難が原則とされるものの、徒歩避難が困難な方々や地域があることも事実であり、地域での防災や避難の在り方が課題として浮き彫りとなった。

　一連の巨大地震・津波による経済被害総額は約16兆9,000億円にのぼった[1]。この被害により、約77万件の案件に対して総額約1.2兆円の損害保険金の支払いがあった[2]。支払いに至るまでには損害保険会社関係者各位の多大なる貢献があり、被災者の生活再建の支援として地震保険制度が大きな役割を果たしたことが各方面から評価された。その一方、人々の安心・安全な生活を支える健全な保険システムを維持するためにも、より適切な保険設計に資する地震・津波の影響・リスク評価が必要不可欠となった。

第2節　震災が破壊したパラダイム

　「従来までの常識と必要だった対応」　我が国の地震保険制度は、保険加入者が負担する保険料のみで運営されて税金が一切投与されることのない完全な「自助」のシステムである。1964年新潟地震を契機として1966年に地震保険法が制定されて以来、大震災までに2.4兆円が積み立てられ、大震災の被害によって1.2兆円が支払われた。大震災以降の保険加入者の増加も受け（地震保険への世帯加入率は2011年度から2019年度にかけて、26.0%から33.1%に上昇している）、その後にも相次いだ地震被害で多額の保険金が支払われる中、多くの被災者の生活再建が支えられてきた（たとえば、2016年熊本地震では約3,860億円（歴代2位）、2018年大阪府北部を震源とする地震では約1,070億円（歴代3位）が支払われた[3]）。ところで、この地震保険制度には総支払限度額が設けられている。大震災当時には5.5兆円であった限度額は、その後の様々な議論を経て現在では11.7兆円にまで引き上げられている。一方、大震災の被害実態や最新知見を踏まえて、内閣府は南海トラフ巨大地震・津波の被害想定を見直した。その結果、最悪の場合、人的・経済的な被害はともに大震災を大きく上回ることが推計された。死者数は32万人を超え、経済被害は我が国年間予算の約2.2倍に相当する220兆円である。まさに国難災害の想定である。従来保険システムでは満額の保険金を賄いきれないほどの被害

が起こりうる南海トラフ巨大地震・津波のような巨大災害が想定される中、保険だけに頼らない、また、ハード施設に頼り切らない防災・減災の在り方が社会課題となった。大震災の被害実態を踏まえ、あらゆる手段を用いることでリスクを軽減する備えが必要である。

第 3 節　新しいアプローチ

　平成 23 年 7 月 26 日、東北大学と東京海上日動火災保険株式会社は連携協力協定を締結し、復興支援と災害研究（特に津波リスク）の充実を図るために、災害科学国際研究所に地震津波リスク評価（東京海上日動）寄附研究部門（代表：今村文彦教授）を設置することに合意した。東北大学における津波リスク評価等の解析技術、知見・データ等と、東京海上日動火災保険株式会社がこれまで保険ビジネスで培った地震・津波リスクに対する知見・データ等を融合させ、両者が連携協力して同分野の研究開発や人材育成を強化していくとともに、研究成果や得られた情報・知見を広く社会に提供して防災教育・啓発にも取り組むことを目的とした研究部門である。部門発足以来、地震・津波のリスク評価研究のほか、防災教育・啓発など、ハードとソフトの両面からリスクを軽減するための総合的な活動が展開された。

第 4 節　到達点とこれから

　「新たな災害科学の手法」　本節では、産学連携の当部門による活動成果を紹介する。リスク評価に関する研究では、まず、津波ハザードの確率論的評価手法を高度化し、東北地方太平洋沿岸における確率津波波高やその不確実性、ならびに再現期間別の津波ハザードマップから津波リスクを定量化する手法が提案された。また、東北地方太平洋沖地震津波における石巻市の建物被災実績データと最先端の統計学的手法を駆使することで、津波の浸水深や流速と建物被害との関係性（フラジリティ関数）を従来より高精度に評価することに成功し、防災に関する対策立案や意思決定に役立てられるようになった。また 2019 年度からは住家等の建物以外へ対象をひろげ、企業資産を対象とした津波フラジリティ関数の開発に取り組み、企業・経済活動の災害強靭化に向けた検討を進めている。

　Eco-DRR（Ecosystem-based Disaster Risk Reduction）にも取り組んできた。海岸林が有する津波減災効果に関する研究では、仙台湾沿岸の 7 市町を対象にした建物被害実績のビッグデータを用いて海岸林幅と背後にある建物被害との関係を明らかにした。また 2020 年度より、環境DNA 分析と呼ばれる新手法を用いた試みを始めた。環境中から検出できる大型生物由来のDNA を分析し、持続可能な社会実現に向けて生態系の時空間的特徴を把握することで自然力を効果的に活用するための研究であり、今後の成果が期待される。

　また、大震災で観測・調査された複雑で複合的な津波被害の予測・評価、減災手法を確立することを目的に、土砂移動や漂流物移動を含む津波を再現可能な津波統合モデルの開発と高度化も進めてきた。平成 27 年度に終了した国家的戦略プロジェクト（HPCI 戦略分野 3、津波課

題代表：今村文彦教授）の一環として開始されて以来継続してきた本研究では、大震災の宮城県気仙沼市における土砂移動や漂流物を伴う複合的な津波ハザードを世界で初めて再現することに成功し、複雑な被災メカニズムや被害拡大シナリオの解明に貢献することができた。関連成果は、南海トラフ等の津波リスクの高い地域や世界の他の津波にさらされる沿岸地域における将来の被害評価を見直す機運を高め、実際に、臨海域の神奈川県川崎市などでは黒い津波に関する具体的な取り組みが始まっている。本手法は従来想定が難しかった複合的な被害リスクの評価を実現可能にして、今後の国土強靱化に資することが期待される。

　一方、津波避難訓練支援に関する活動では、研究所内外の協働体制で取り組む「カケアガレ！日本」と連携し、現地に即した避難方法や訓練手法を実践した。例えば、宮城県山元町では、自動車を使用した津波避難訓練の避難状況調査に協力し、交通が集中しやすい交差点における適切な交通誘導が、避難する車の渋滞緩和・避難時間の短縮に効果を発揮することが確認された。また、宮城県気仙沼市の津波避難計画策定に協力し地域防災に貢献した。

　防災教育についても国内外で広く展開した。サイエンスとして自然災害のメカニズムを子どもにもわかりやすい形で解説し、子どもたち自らの判断力と行動力を育てるような意識啓発活動を継続的に実施した（第29章に詳述される）。産学官民・メディア連携の推進にも取り組み、震災伝承と防災啓発の発信基盤づくりに努めている。その他、東京海上グループと連携した社会貢献活動として、防災教育（出前授業）、防災・減災ホームページ「あしたの笑顔のために」の助言・監修によって社会への発信を継続的に行なってきた。

　以上の産学連携による当部門の研究・防災教育等の知見や活動を、東京海上グループと協力して国内外の学会やメディア、様々な防災イベントにおいて社会の防災・減災に資するよう広く社会に発信してきた。今後も被災地での復興を支援する中でハードおよびソフトの両面からリスクを軽減する総合的で実効的な対策の検討を行なっていく必要がある。

おわりに　〜執筆者から

　東日本大震災のような巨大津波災害リスクの軽減のためには、土砂移動・漂流物なども含めた各段階の津波挙動や津波脆弱性を明らかにして、大震災の被害実態と科学的な根拠を基に、効果的な津波防御や避難のための議論や合意に繋げなければならない。そのためには、研究機関だけではなく、多様なステークホルダーによる専門知識や技術と多角的な視点が必要である。産官学の分野にとらわれず互いが持つデータや知見を共有して議論を重ねることが、巨大地震・津波の脅威への備えにとって重要である。

参考文献

1) 内閣府政策統括官室（経済政策分析担当), 地域の経済 2011 − 震災からの復興、地域の再生 −, 2011.
2) 栗山泰史 (2012) 東日本大震災における損害保険業界の対応および地震保険制度の仕組みと今後の課題, 保険学会誌 619: 63-82
3) 損害保険料率算出機構 (2020): 火災保険・地震保険の概況, 2019 年度版.

コラム4

研究教育雑考～災害の科学と学問～

源栄正人

東北大学 名誉教授

専門分野：地震工学・地震防災

　筆者は、振動・波動の基礎理論をベースに、建物の地震対策として建築構造学・地震工学の研究教育に携わるとともに、都市・建築の総合的地震対策に向けた活動を長年行ってきた。ここでは、災害科学に関する学問の研究教育に関して、次世代を担う若者に伝えたいことを俯瞰的視点から述べる。

　災害科学に関わる学問分野は、理学、工学、社会学、医学など、多くの学問が関わり、各学問分野の専門領域を横断した学際連携が必要であり、災害科学国際研究所が目指す「文理融合による実践的防災学の構築」が求められる。

　10年前の東日本大震災を一言で語るのは難しいが、敢えて簡潔に表現するならば、「細分化社会を襲った巨大地震」と表現できるのではないだろうか。災害対策で重要なのは、先達の教えである「弱点の把握とその解消」である。別角度・別視点で物事を捉え、異なる要素の組み合わせにより新しいものを創出する「融合」による都市・建築の総合的地震対策が求められる。

　災害調査で重要なのは、ハード・ソフトの両面において、何が明暗を分けたか「際」（キワ）を科学的に解明することである。東日本大震災では心のケアの問題も顕在化した。ポジティブ要因とネガティブ要因を整理する必要がある。「際」の明確化とその科学的解明が次の災害対策の出発点となる。

　「防災」は「防災学」として体系化されていない現状である。いろいろな知識を学問として体系化するには、諸要素の相違点を見つけて分析し、共通点を見つけて統合する必要がある。分析と統合により体系化して整理することが、「全体」と「部分」の関係を理解することに繋がる。また、災害低減のために必要なのは、入出力関係の明確化と「災害制御」の考え方である。地震対策では、地震時の揺れという「入力」に対し、信頼性のある「物理システム」や「社会システム」を通した「出力」としての地震被害を低減するための「災害制御」が求められる。

おわりに ―災害研究のこれから―

災害科学国際研究所 副所長

丸谷浩明

　本書では、東日本大震災により必要性の認識が一層高まった災害研究について、東北大学の取り組みを中心に幅広い分野の展開をご紹介した。大震災から丸10年を迎え、復興の研究はもちろん継続する必要があるが、多くの災害研究の分野では、震災被災地のためにこれから何を研究するか、熟慮すべき節目を迎えていると思われる。例えば、大震災の教訓を「忘れずに活かしていく」ことも一つのポイントであろうが、個々の研究分野で視野を広く持って方針を立てることを期待する。

　将来の災害被害を軽減するという災害研究の目的からすると、大震災の経験は古くなってきた部分も多い。典型例は通信手段で、携帯電話はスマホに代わり、Wi-Fi が広がり、WEB 会議アプリや SNS が当たり前となった現在は、当時と状況がかなり異なる。行政の防災制度や民間部門の備えにもそれなりの変化があった。したがって、最近の災害の研究に取り組みながら、東日本大震災の経験を振り返ることが必要になる。すなわち、災害研究のこれからには「常に新しい知見」が求められる。

　加えて、東日本大震災の研究の経験からも、災害研究の発展には「学際性を高めること」が必要である。総じて災害対応に求められるアプローチは多面的で、相互に密接に関係する。最近では、コロナ禍において災害対応にあちこちで医療連携の重要性が際立った。災害科学国際研究所は、理工系、医学系及び文系の融合による学際研究をめざしているが、工学的な分析・調査に歴史的な視点を組み合わせ、人の安全と健康を考慮することで、専門の企業防災の勉強会で関心を高めることができた例を私も経験している。専門分野の深い研究と同時に、他分野の研究に接する機会を大切にしたい。

　そして最後に、災害研究で「地域を大切にする」ことと「国際連携に取り組む」ことを両立させたい。地域の面では、広域災害も個々の場所では地域的であり、地域特性の把握は基本である。また、災害大国日本の防災教育ニーズに比べ災害研究者の数は少ないので、専門分野にかかわらず皆が地域を支援することが望まれる。一方、国際面では、日本の防災は先進的と評価され情報発信への期待が高いが、ガラパゴス化している部分があると海外に詳しい同僚から指摘を受けた。確かに、体育館で避難者を密集させる日本の避難所はそうかもしれないと思ったが、新型コロナ対策で改善が急務となった。

　以上のように述べると、将来を担う若手の研究者からそんなに手が回らないと言われそうだ。しかし、命に関わるので十分で慎重な検討が必要な研究分野であるため、要求も高くなる。不得意分野は得意な仲間とともに乗り越えるのがコツで、学際連携を活かしてほしい。そして、ベテランの研究者には、災害研究を魅力的なものとして研究の仲間を増やすことが宿題だと考えている。

キーワード索引

・各章（「巻頭言」を含む）の「キーワード」に挙げた項目を五十音順にまとめた。
・項目の後の数字は各章（「巻頭言」を含む）を指す。

執筆者一覧 （執筆順）

巻頭言　今村文彦（いまむら ふみひこ）東北大学災害科学国際研究所 所長

第1部
第1章　木戸元之（きど もとゆき）東北大学災害科学国際研究所海底地殻変動研究分野
第2章　遠田晋次（とおだ しんじ）東北大学災害科学国際研究所活断層研究分野
第3章　菅原大助（すがわら だいすけ）東北大学災害科学国際研究所低頻度リスク評価研究分野
第4章　サッパシー・アナワット　東北大学災害科学国際研究所津波工学研究分野
　　　　今村文彦（いまむら ふみひこ）東北大学災害科学国際研究所津波工学研究分野
　　　　門廻充侍（せと しゅうじ）東北大学災害科学国際研究所津波工学研究分野
第5章　森口周二（もりぐち しゅうじ）東北大学災害科学国際研究所計算安全工学研究分野
第6章　有働恵子（うどう けいこ）東北大学災害科学国際研究所環境変動リスク研究分野
第7章　細井義夫（ほそい よしお）東北大学大学院医学系研究科放射線生物学分野
第8章　田所　論（たどころ さとし）東北大学大学院情報科学研究科応用情報科学専攻
第9章　渡邉　豊（わたなべ ゆたか）東北大学原子炉廃止措置基盤研究センター
　　　　青木孝行（あおき たかゆき）東北大学原子炉廃止措置基盤研究センター
第10章　大野　晋（おおの すすむ）東北大学災害科学国際研究所地域地震災害研究分野
第11章　榎田竜太（えのきだ りゅうた）東北大学災害科学国際研究所地域地震災害研究分野
　　　　　五十子幸樹（いかご こうじゅ）東北大学災害科学国際研究所最適減災技術研究分野
第12章　寺田賢二郎（てらだ けんじろう）東北大学災害科学国際研究所計算安全工学研究分野
第13章　越村俊一（こしむら しゅんいち）東北大学災害科学国際研究所広域被害把握研究分野
　　　　　マス・エリック　東北大学災害科学国際研究所広域被害把握研究分野
コラム1　平川　新（ひらかわ あらた）東北大学災害科学国際研究所（初代所長）

第2部
第14章　邑本俊亮（むらもと としあき）東北大学災害科学国際研究所災害認知科学研究分野
第15章　杉浦元亮（すぎうら もとあき）東北大学災害科学国際研究所災害認知科学研究分野
第16章　奥村　誠（おくむら まこと）東北大学災害科学国際研究所被災地支援研究分野
　　　　　マス・エリック　東北大学災害科学国際研究所広域被害把握研究分野
第17章　丸谷浩明（まるや ひろあき）東北大学災害科学国際研究所防災社会システム研究分野
第18章　村尾　修（むらお おさむ）東北大学災害科学国際研究所国際防災戦略研究分野
第19章　岩田　司（いわた つかさ）東北大学災害科学国際研究所都市再生計画技術分野
第20章　平野勝也（ひらの かつや）東北大学災害科学国際研究所災害復興実践学分野
第21章　小野田泰明（おのだ やすあき）東北大学大学院工学研究科都市・建築学専攻

第 22 章　姥浦道生（うばうら みちお）東北大学大学院工学研究科都市・建築学専攻

第 23 章　増田　聡（ますだ さとる）東北大学大学院経済学研究科経済経営学専攻

第 24 章　島田明夫（しまだ あきお）東北大学法学研究科公共政策大学院

第 25 章　福田　雄（ふくだ ゆう）ノートルダム清心女子大学文学部

　　　　　高倉浩樹（たかくら ひろき）東北大学東北アジア研究センター

第 26 章　川内淳史（かわうち あつし）東北大学災害科学国際研究所歴史資料保存研究分野

　　　　　佐藤大介（さとう だいすけ）東北大学災害科学国際研究所歴史資料保存研究分野

第 27 章　木村敏明（きむら としあき）東北大学大学院文学研究科宗教学分野

第 28 章　桜井愛子（さくらい あいこ）東北大学災害科学国際研究所災害復興実践学分野

第 29 章　保田真理（やすだ まり）東北大学災害科学国際研究所地震津波リスク評価（東京海上日
　　　　　動）寄附研究部門

第 30 章　佐藤　健（さとう たけし）東北大学災害科学国際研究所災害復興実践学分野

第 31 章　柴山明寛（しばやま あきひろ）東北大学災害科学国際研究所災害アーカイブ研究分野

第 32 章　佐藤翔輔（さとう しょうすけ）東北大学災害科学国際研究所防災社会システム研究分野

第 33 章　蝦名裕一（えびな ゆういち）東北大学災害科学国際研究所災害文化研究分野

第 34 章　福島　洋（ふくしま よう）東北大学災害科学国際研究所海底地殻変動研究分野

コラム 2　川島秀一（かわしま しゅういち）東北大学災害科学国際研究所

第 3 部

第 35 章　江川新一（えがわ しんいち）東北大学災害科学国際研究所災害医療国際協力学分野

第 36 章　國井泰人（くにい やすと）東北大学災害科学国際研究所災害精神医学分野

　　　　　富田博秋（とみた ひろあき）東北大学大学院医学系研究科精神神経学分野

第 37 章　三木康宏（みき やすひろ）東北大学災害科学国際研究所災害産婦人科学分野

　　　　　伊藤　潔（いとう きよし）東北大学災害科学国際研究所災害産婦人科学分野

第 38 章　栗山進一（くりやま しんいち）東北大学災害科学国際研究所災害公衆衛生学分野

第 39 章　藤井　進（ふじい すすむ）東北大学災害科学国際研究所災害医療情報学分野

　　　　　中山雅晴（なかやま まさはる）東北大学大学院医学系研究科医学情報学分野

第 40 章　小坂　健（おさか けん）東北大学大学院歯学研究科国際歯科保健学分野

第 41 章　牧野祐子（まきの ゆうこ）東北大学大学院医学系研究科災害感染症学分野

　　　　　児玉栄一（こだま えいいち）東北大学災害科学国際研究所災害感染症学分野

第 42 章　鈴木正敏（すずき まさとし）東北大学災害科学国際研究所災害放射線医学分野

　　　　　千田浩一（ちだ こういち）東北大学災害科学国際研究所災害放射線医学分野

第 43 章　佐々木宏之（ささき ひろゆき）東北大学災害科学国際研究所災害医療国際協力学分野

　　　　　石井　正（いしい ただし）東北大学病院総合地域医療教育支援部

コラム 3　服部俊夫（はっとり としお）吉備国際大学保健医療福祉学部

第 4 部

第 44 章　小野裕一（おの ゆういち）東北大学災害科学国際研究所社会連携オフィス

第 45 章　泉　貴子（いずみ たかこ）東北大学災害科学国際研究所国際防災戦略研究分野

第 46 章　井内加奈子（いうち かなこ）東北大学災害科学国際研究所被災地支援研究分野

第 47 章　マリ・エリザベス　東北大学災害科学国際研究所国際研究推進オフィス

第 48 章　ボレー・ペンメレン・セバスチャン　東北大学災害科学国際研究所国際研究推進オ
　　　　　フィス

第 49 章　江川新一（えがわ しんいち）東北大学災害科学国際研究所災害医療国際協力学分野
　　　　　緊急調査ワーキンググループ　東北大学災害科学国際研究所

第 50 章　中鉢奈津子（ちゅうばち なつこ）東北大学災害科学国際研究所広報室

第 51 章　山下　啓（やました けい）東北大学災害科学国際研究所地震津波リスク評価（東京海上
　　　　　日動）寄附研究部門
　　　　　サッパシー・アナワット　東北大学災害科学国際研究所津波工学研究分野

コラム 4　源栄正人（もとさか まさと）東北大学（名誉教授）

おわりに　丸谷浩明（まるや ひろあき）東北大学災害科学国際研究所　副所長

<編集>
東北大学災害科学国際研究所
<協力>
指定国立大学 災害科学 世界トップレベル研究拠点
東北大学変動地球共生学卓越大学院プログラム
東北大学災害科学・安全学国際共同大学院プログラム
東北大学コンダクター型災害保健医療人材の養成プログラム
革新的研究開発プログラム　タフ・ロボティクス・チャレンジ

装幀デザイン：松井健太郎＋桑原大輝（BLMU）

東日本大震災からのスタート
―災害を考える 51 のアプローチ―

51 Approaches to Disaster Science :
Lessons from the 2011 Great East Japan Earthquake

© International Research Institute of Disaster Science, Tohoku University 2021

2021 年 3 月 11 日　　初版第 1 刷発行

編　者　東北大学災害科学国際研究所
発行者　関内　隆
発行所　東北大学出版会
　　　　〒980-8577　仙台市青葉区片平 2-1-1
　　　　TEL：022-214-2777　FAX：022-214-2778
　　　　https://www.tups.jp　E-mail: info@tups.jp
印　刷　東北大学生活協同組合
　　　　〒980-0845　仙台市青葉区荒巻字青葉 468-1
　　　　東北大学みどり厚生会館内 2 階
　　　　TEL：022-262-8022

ISBN978-4-86163-357-7　C3000
定価はカバーに表示してあります。
乱丁、落丁はおとりかえします。